本丛书系武汉大学"985工程"项目
"中国特色社会主义理论创新基地"和"211工程"项目
"马克思主义基本理论及其中国化研究"成果

本书系2010年度湖北省社会科学基金项目"十一五"规划资助课题
结题成果（项目批准号：[2010]198）

武汉大学马克思主义理论系列学术丛书

哈贝马斯的话语民主理论研究
——以公共领域为视点

杨礼银 著

A STUDY ON HABERMAS'S THEORY OF
DISCOURSE DEMOCRACY

中国社会科学出版社

图书在版编目（CIP）数据

哈贝马斯的话语民主理论研究：以公共领域为视点／杨礼银著.
北京：中国社会科学出版社，2013.3
ISBN 978 - 7 - 5161 - 2321 - 8

Ⅰ.①哈…　Ⅱ.①杨…　Ⅲ.①哈贝马斯，J. - 民主 - 研究
Ⅳ.①D095.16

中国版本图书馆 CIP 数据核字（2013）第 061529 号

出 版 人	赵剑英
选题策划	田　文
责任编辑	金　泓
责任校对	韩海超
责任印制	王炳图

出　　版	中国社会科学出版社
社　　址	北京鼓楼西大街甲 158 号　（邮编100720）
网　　址	http：//www.csspw.cn
	中文域名：中国社科网　　010 - 64070619
发 行 部	010 - 84083685
门 市 部	010 - 84029450
经　　销	新华书店及其他书店

印　　刷	北京奥隆印刷厂
装　　订	北京市兴怀印刷厂
版　　次	2013 年 3 月第 1 版
印　　次	2013 年 3 月第 1 次印刷

开　　本	710×1000　1/16
印　　张	14.25
插　　页	2
字　　数	242 千字
定　　价	45.00 元

总　序

顾海良

新世纪之初，马克思主义理论学科的设立，是马克思主义中国化的显著标志，也是中国化马克思主义发展的重要成果。设立马克思主义理论学科，不仅是由马克思主义理论本身的科学性决定的，也是由马克思主义作为我们党的指导思想和作为国家主流意识形态建设的需要决定的，而且还是由当代马克思主义发展的新的要求决定的。

在马克思主义理论学科建设中，武汉大学一直居于学科建设与发展的前列。武汉大学政治与公共管理学院作为学科建设和发展的主要承担者，学院的教师和研究人员为此付出了极大的辛劳，作出了极大的贡献。现在编纂出版的《武汉大学马克思主义理论系列学术丛书》就是其中的部分研究成果。

回顾马克思主义理论学科建设和发展的实际，给我们的重要启示之一就是，马克思主义理论学科的建设和发展，既要尊重学科建设和发展的普遍规律，又要遵循学科建设和发展的特殊要求，要切实提高马克思主义理论学科的影响力。希望《武汉大学马克思主义理论系列学术丛书》的出版，能为切实提升马克思主义理论学科的影响力增添新的光彩。

第一，要提高马克思主义理论学科建设的学术影响力。把提高学术影响力放在首位，是从学科建设视阈理解马克思主义理论学科建设的要求。学科建设以学术为基础。马克思主义理论作为一个整体的一级学科，在提升学科的学术性时，要按照学科建设内在的普遍的要求，使之具有明确的学科内涵、确定的学科规范和完善的学科体系。

学术影响力是学科建设的重要目标，也是学科建设水平的重要体现。马克思主义理论学科的学术影响力，不仅在于国内的学术影响力，还应该树立世界眼光，产生国际的学术影响力。在国际学术界，马克思主义理论是以学术研究为基本特征和主要导向的。注重马克思主义理论的学术研究，不仅有利于达到学科建设的基本要求，而且还有利于国际范围内的马克思主义理论研究的交流，产生国际的学术影响力。比如，一个时期以来，国际学术界对《德意志意识形态》、《共产党宣言》等文本、传播的研究，马克思经济学手稿的研究，科学考据版《马克思恩格斯全集》（MEGA2）的编辑与研究等，就是国际范围内马克思主义理论学术研究的重要课题。作为以马克思主义为指导的社会主义国家，在马克思主义理论学科建设和发展中，不但要高度关注和重视世界范围内马克思主义理论研究的重大课题，而且要参与国际范围内马克思主义理论重大课题的研究。在国际马克思主义学术论坛上，我们要有更广泛的话语权，要能够更深刻地了解别人在研究什么、研究的目的是什么、研究到什么程度、有哪些重要的理论成就、产生了哪些理论的和实践的成效等。如果一方面强调建设和发展马克思主义理论学科，另一方面却在国际马克思主义论坛上被边缘化，这肯定不是我们希望看到的学科建设的结局。

第二，要提高对中国特色社会主义理论与实践的影响力。任何学科都有其特定的应用价值。马克思主义理论学科对中国特色社会主义理论与实践的影响力，就是这一学科应用价值的重要体现，也是这一学科建设和发展的重要目标和根本使命。在实现这一影响力中，深化中国特色社会主义理论体系的研究是重点；运用中国特色社会主义理论体系于实践、以此推进和创新中国特色社会主义理论体系是根本。马克思主义理论学科对中国特色社会主义理论与实践的影响力，要体现在对什么是马克思主义、怎样对待马克思主义，什么是社会主义、怎样建设社会主义，建设什么样的党、怎样建设党，实现什么样的发展、怎样发展等重大问题的不断探索上，并对这些问题作出新的理论概括，不断增强理论的说服力和感召力，推进中国特色社会主义理论体系的发展。马克思主义理论学科的建设和发展，一定要对中国特色社会主义的经济、政治、文化、社会、生态文明建设以及党的建设的理论与实践产生重要的影响力，为中国特色社会主义道路发展中的重大理论和实践问题的解决提供基本的指导思想，充分体现学科建设的应用价值。

第三，要提高对国家主流意识形态发展和安全的影响力。马克思主义作为党和国家的指导思想，自然是中国特色社会主义的主流意识形态。要深刻理解马克思主义理论学科的特定研究对象。马克思主义是我们立党立国的根本指导思想，社会主义意识形态的旗帜，是社会主义核心价值体系的灵魂，是全党全国各族人民团结奋斗、夺取建设中国特色社会主义新胜利的共同思想基础。在学科建设中，我们要以高度的政治意识、大局意识和责任意识，进一步推进马克思主义中国化的发展和创新，进一步巩固马克思主义在思想政治理论领域的指导地位，进一步增强社会主义核心价值体系的建设成效，进一步维护和发展国家意识形态的安全。

建设马克思主义学习型政党作为新世纪党的建设重大而紧迫的战略任务，对马克思主义理论学科建设提出了新的更高的要求。建设马克思主义学习型政党的首要任务，就是要按照科学理论武装、具有世界眼光、善于把握规律、富有创新精神的要求，坚持马克思主义作为立党立国的根本指导思想，紧密结合我国国情和时代特征大力推进理论创新，在实践中检验真理、发展真理，用发展着的马克思主义指导新的实践。

第四，要提高全社会的思想理论素质，加强全社会的思想政治教育的影响力。全社会的思想理论素质是一定社会的软实力的具体体现，也是一定社会的国家综合实力的重要组成部分。特别是在青少年思想道德教育、大学生思想政治教育中，如何切实提高马克思主义理论学科的影响力，是当前马克思主义理论学科建设的最为重要和最为紧迫的任务和使命。在这一意义上，我们可以认为，马克思主义理论学科的影响力，首先就应该体现在大学生思想政治理论课程建设的全过程中。用马克思主义理论，特别是用当代发展的马克思主义理论，即中国特色社会主义理论体系教育人民、武装人民的头脑，内化为全体人民的思想观念与理论共识，是马克思主义理论学科建设的艰巨任务，特别是其中的思想政治教育学科建设和发展的重要目标。

以上提到的四个方面的影响力——学术的影响力、现实应用的影响力、意识形态的影响力和思想政治教育的影响力等，对马克思主义理论学科发展是具有战略意义的。在对四个方面影响力的理解中，既不能强调学科建设和发展的学术性而否认学科建设和发展的政治性与意识形态性；也不能只顾学科建设和发展的政治性与意识形态性而忽略学科建设和发展的学术性。要从学科建设的战略高度，全面地探索和提高马克思主义理论学科建设和发展的影响力。

我衷心地希望，《武汉大学马克思主义理论系列学术丛书》能在提高以上四个方面影响力上作出新的贡献！

序

　　杨礼银曾经在北京师范大学跟我读博士，毕业后到北京工商大学任教，后又去武汉大学做博士后，并留在武大任教。她以极大的热忱投入到哈贝马斯的公共领域和交往民主问题的研究中，取得了许多成果。现在她把这些成果集结起来，创新思索，构成一部专著，可喜可贺。她邀我为她写个序。但因为近来刚到新的学校任职，事务繁忙，抽不出更多时间完成这个要求。故把我过去对相关问题的思考放在这里，权作为序吧！这些思考曾经在她攻读博士时与他们讨论过，这也是我们师生之间的一种交往性商谈。与学生们的讨论，激发了我的思考；反过来，如果我对他们说的话也促进了他们的发展，那我们就算是构成了一个民主地开展学术研究的小的公共领域了。

一

　　近些年来，人们都非常关注"公共领域"问题。无论在现实生活中还是在学术研究领域，"公共领域"都是很重要的议题和话语，这个问题与这些年来我所关注的现代性、文化认同以及社群主义等问题紧密相关。实际上，民主与公共领域密切相关，现代民主与公共领域的联系更加紧密。

　　显然，"公共领域"（public sphere）一词的出现，与现代社会的组织方式发生转变有关。如果说汉娜·阿伦特在20世纪50年代提出了这一概念，那么我们可以认为在现实历史中的公共领域恐怕早在这之前就已经形成、发展了。对问题的研究往往是在现实问题得到比较充分暴露的情况下才能展开，因此，只有当相对于私人领域的公共空间真正成为现实的情况下，人们才能从学理层面加以梳理。如果说"公共领域"的热潮1989年才来到的话，那么真实的原因恐怕是"冷战"的结束使被意识形态对立遮蔽的这个问题显现出来。人们对德国著名哲学家哈贝马斯的著作《公共领域的结构转型》的阅读，只能是伴随着社会历史转折的话语现象或表面原因。公民意识的提升和公民社会的形成与发展是公共领域的真实基础。

公共领域也不是一天形成的。我个人认为，公共领域在历史上肯定早就存在，但是其广度和深度有一个历史发展过程。就典型意义的公共领域而言，这应该是近几个世纪人类自由交往活动的产物。实际上，正如政治学家拉兹说的，"一般说来，所有的价值、权利和规范原则都是历史性的"[①]。"自由的理念本身就是一个历史的产物。它并不是一直存在的。"公共领域是与公民自由相联系的。自由是历史的产物，因而公共领域也就具有历史性。"自由理念的关键点，就在于它是历史性的。""政治自由和其他的政治理想是历史的产物。……这种理想存在于历史之中，它并不是从来就有的。"[②] 理想的东西都是历史发展到一定程度的产物，其实现程度也是随着历史的发展而发展。

首先，公共领域是现代（modern）社会的产物，具体说，现代社会的生产方式和生活方式为公共领域的形成提供了前提。公共领域不可能在自然经济或封建主义制度下形成，换言之，公共领域是市场经济的产物。在自然经济状态下，人们是遵循着自然季节的节律而生活的，由于生产力低下和手工劳动，经济单位往往是分散的家庭。在那种氛围下，人们往往崇尚或屈从于家长制，因为年龄本身就体现着随岁月增长的经验知识和道德权威。而在现代工业社会，许多人聚集在一起工作，这为公共领域的孕育创造了条件；而平等地进行等价交换，也为公共生活的平等交往提供了可能性。后工业社会或知识经济所创造的超权威的差异和自由的文化，进一步把公共交往和话语交流的空间拓展，从而推进了公共领域的扩大。

其次，公共领域是民主社会或人民有了自由、平等权利之后的产物，具体说，人们之间平等、自由的讨论是公共领域形成的条件。在封建制度下，私人性质的事务用不着在公共领域讨论，即使那些非私人性质的事务，也无法在公共领域内讨论，如密室政治、国家外交活动，等等。封建

---

① ［英］约瑟夫·拉兹：《政治中的自由：在自主性与传统之间》，载李建华主编《伦理学与公共事务》第 3 卷，湖南人民出版社 2009 年版，第 18 页。

② 同上书，第 8、18 页。

制度下的国家事务，本质上不属于公共领域内讨论的话题，相反地，那时，人们明哲保身的做法是"莫谈国事"。在这个意义上，公共领域是具有平等权利的公民自由行使话语权的地方，在这个领域形成公共舆论和文化认同。

最后，现代通信手段以及媒体的力量（例如报纸、杂志、电台、电视、网络等媒介）是公共领域的重要载体。公共领域最初只能表现在沙龙、会议室、广场等地方，在这里人们可以面对面的交流，但是这种公共领域在尺度上是有限的，往往成为某些精英们操纵的领域；广播、报纸和电视扩大了公共领域，但是，其互动的可能性大受限制，在某种意义上仍然无法真正体现公共领域自由、平等对话的性质；而现今的网络、手机、博客、微博等新媒体则进一步推进了互动的空间，从而也拓展了公共领域。

可见，公共领域伴随着现代社会的发展进步而不断形成和拓展自己的空间。我认为，对这个问题的研究和探索本身也促使公共领域进一步得到拓展。公共领域有自己的功能：形成舆论，监督权力；达成共识，强化认同；话语交流，视野融合；讨论话题，文化创新……公共领域是一个富有创造力的领域，构建富强、民主、文明、和谐的社会，必须推进公共领域的拓展，形成公民自由表达话语的空间。"但是，无论我的看法是多么地认同自由的历史性，它也绝不是相对主义的。我相信，自由的理念是以具有说服力的理由（cogent reason）为基础的，而这些理由是人们不得不承认的。"① 我不同意拉兹的这种观点，我认为自由的理念也好，其他价值观念也好，其具有了说服力是基于人们的历史活动和社会实践促成的历史进步。正是基于人们的社会斗争，才可能出现拉兹所说的情况："通过转变为真实的历史存在物，自由就在传统中获得了自己的身份（identity）。"② 正是通过人们的社会实践，人的自由才能转化为历史存在物，获得自己的法定权利。有了自由权利和自由自主的实践活动，才能形成和拓展真正的公共领域。

公共领域的概念来自西方，但是公共领域所涵盖的问题不单纯是西方

---

① ［英］约瑟夫·拉兹：《政治中的自由：在自主性与传统之间》，载李建华主编《伦理学与公共事务》第 3 卷，湖南人民出版社 2009 年版，第 9 页。

② 同上书，第 13 页。

的。改革开放以来，中国社会结构已经发生了深刻、全面和实质性的变化。如果说 1949 年新中国的成立在政治上确立了人民当家做主的社会制度，那么社会主义市场经济模式的建立，才真正为新的政治制度找到了适宜的生产方式和经济基础。在改革开放以前的很长时期内，由于未能真正找到这样一种生产方式，我们的事业出现了许多徘徊甚至曲折。这是可以理解的。因为根据历史唯物主义的观点，生产力的发展和经济基础的变化是社会发展的最基础性的和最根本的原因。因此，我国二十多年的改革开放所引起的社会变化和结构性转型，必然引出思想、意识文化和行为方式方面的改变。换言之，由于社会结构性的变化，以村落社会和单位社会为特征的熟人社会正逐渐变成以所有人权利平等为特征的公民社会。我们的公共生活空间越来越大，公共领域也就得到拓展。

首先，公共领域培育公民共性，有利于强化国家认同。因为公共领域的公共规则和共同话语都造就共性。法国学者德贡布（Vincent Descombes）指出："为了人们能拥有共同的规则，他们必须处于某个社会背景中。然而一个由不同行动者所构成的单纯众多，或人群，不可能提供这样一种背景。"① 必须有共同的事业，才能有共同的行动，有了共同的行动，才能培育共同的文化特性。

其次，公共领域应该也能够促成公民之间相互理解相互宽容的文化氛围，有利于巩固公民团结。公共领域需要宽容，因为它是思想试验和交锋的地方。反过来，公共领域也促成宽容文化的形成。正如哈贝马斯指出的："只要自己的利益与他者的利益必须协调起来，那么，实用话语也就表明了妥协的必然性。在伦理—政治话语中，关键在于阐明一种集体认同，这种集体认同必须为个体生活方案的多样性留有余地。"② 只有在宽容的气氛下，人们才能做到知无不言，言无不尽，只有在这种情况下我们才可以看到公共领域的形成。如果大家都不敢讲真话，那么再多的话语也是传达或重复，而不是交流或对话。我想，一个和谐社会必定是公共领域得到充分拓展的社会，也是公民自由权利和个性发展得到尊重的社会。学

---

① ［法］文森特·德贡布：《集体同一性问题：建立机制的我们与被机制化的我们》，载《哲学门》2009 年第 1 期，北京大学出版社 2009 年版，第 221 页。

② ［德］哈贝马斯：《对话伦理学与真理的问题》，沈清楷译，中国人民大学出版社 2005 年版，第 92 页。

术界的讨论能够进一步深化我国对公共领域的研究，这种研究本身也可以促进公民自由而负责任地表达公共话语权。总之，公共领域与宽容文化能够使大家都沐浴在宽容文化氛围之中，人人为构建和谐社会作贡献。一种人人可以自由生活于其中的文化，也就是人人愿意生活于其中的文化，这也就是大家普遍认同的文化。

最后，公共领域能够促进国家范围内公民互助共同体的形成，这有利于加强公民认同。伴随着社会的发展，国家和社会越来越多地承担起过去家庭的责任，如对老弱病残的帮助以及福利社会的建立。由于每个人都可以得到社会的帮助，所以才能不像古代社会那样依附于任何人，从而维持做人的尊严，这就形成了公民归属感。在现代社会，无论是自然灾害还是其他危机，一国之内的公民仍然是命运共同体。大家必须相互扶持、相互帮助，才能共渡时艰并且获得集体安全感。近年来，无论是汶川地震还是玉树地震，全国人民的无私支援就体现了中华民族互助共同体的力量。

二

我认为，没有不依赖于历史条件的、永恒不变的理想民主形式。民主无非是社会成员之间为了达成利益妥协而安排的某种妥协程序，以便能够实现某种公共生活。

首先，从存在论的角度看，现实存在的人是单数的，复数的人是单个人的累加。人民不能思考，是人民中的一个个的个人在思考；人民没有行使权力，他们是借助某些个人在行使权力。如果一种权力由全体人民平等地行使，那么它就不成其为权力。

理想的民主应该是每一个人的意见都得到平等的尊重，这是不可能的。因为人们的意见是不可能完全一样的，在社会分工和社会结构日益复杂的情况下更是如此。达尔指出："良好的目的彼此常常存在冲突，而资源又有限，因此，无论个人还是政府的政策决定，几乎总是需要权衡，需要对不同目的进行平衡。"[1] 这里的"权衡"或"平衡"就是妥协。民主

---

① ［美］罗伯特·达尔：《论民主》，李柏光、林猛译，商务印书馆1999年版，第79页。

需要持不同意见的人们之间的妥协，形成某种多数人可以接受的"共识"。共识不是全体一致，而是某种相互妥协的方案。在这里，人人都无法完全实现自己的目标，但是可以通过联合和说服实现部分的目标。如果认为民主就是达到人民思想的统一，那是非常危险的。正如萨托利（G. Sartori）指出的，"至少在政治学中，极端一致性的结果是，理性主义民主总是处在变成一种想象的民主的危险之中，它有可能离开现实太远，以致无力应付现实世界产生的问题"。① 同时，人们有可能借助完全的民主（公意）而走向专制和暴政。

民主显然是通过计数而实现的多数或多数的代表的治理。民主需要计数获得授权，但是计数之后仍然应该有妥协，否则胜利一方就可以合法地依据多数的优势而制裁少数，从而成为托克维尔所说的"多数暴政"。政治精英依靠多数获得授权，但是他不应该只为多数行使权力。应该有约束多数的机制，使多数派不致变成绝对的权力。权力不能全部给予多数派，应该使少数人得到某种保护。民主不能成为胜者全吃，执政者应该对其他社会阶层负有某种责任。政治家必须掌握妥协的理念和意向，否则社会就没有对差异的宽容。如果没有对差异的宽容，民主也就失去了它的意义。

其次，民主应该是社会各成员超越隔绝状态，形成公共生活空间的形式。民主不能是各自为政和离群索居，而是构成某种类似生命机体的社会存在。就其语义学意义，民主应该是"人民治理"。但是，人民直接、平等的参与恐怕只是一种理论上的理想，现实的民主只能是某种妥协所形成的参与感。因此，民主制度应该使不同的利益阶层达成某种妥协，以便使各个方面都获得某种在场，至少应该获得在场的感觉。"民主政治就是一种在场的政治"（a politics of presence）。②民主的在场，就是通过妥协使大家或至少大多数都获得在场感。

不同的阶层都需要自己的代表，这样才能实现自己的政治在场感。譬如，在美国民主制建设的初期，人们意识到："只有以一种明确的代表形式，允许德裔人士、浸礼会教友、工匠、农夫等等都可以选派自己的代表进入政治领域，美国社会在民主方面的特殊之处才能得到体现。"③ 使各

---

① ［美］萨托利：《民主新论》，冯克利、阎克文译，东方出版社1998年版，第61页。
② ［英］约翰·邓恩编：《民主的历程》，林猛等译，吉林人民出版社1999年版，第174页。
③ 同上书，第122页。

种利益集团都进入政治，才是美国民主的理想，尽管这种理想往往得不到充分的实现。现实中人们看到的往往是妥协的结果。美国宪法就是充满妥协的文本。例如，众议院按人口分配，参议院每州两席，就是实现照顾大小州不同利益的"伟大妥协"（Great Compromise）。[①] 通过妥协，实现了美国历史的生成性进步。

妥协是情景化的，具有很强的历史性。譬如，在现代民主制的初期，人民对民主的期望往往不是积极地参与民主，而只是希望统治者不要任意侵犯人民的权利。这里就有明显的妥协性质。有些国家的民主历史，甚至与封建贵族和君主之间争夺权力有关，国王的集权欲望与封建贵族的独立倾向之间的妥协，形成了某种议事程序。手工业、商业和金融业的发展促成了城市中产阶级的产生和壮大，缺钱花的封建统治者既需要这个金库，同样意识到不能杀鸡取卵，因此不得不与他们达成某种妥协，就征收税款安排某种程序，这就成为近代民主化进程的起点。

再次，民主制度赖以存在的理由之一就是能够容纳差异和批评。民主制度之所以为人们所追求，不是因为它可以消弭差异，实现完全的一致，而是因为它可以在平等对话的框架内实现差异之间的妥协，从而包容了差异。不仅差异的存在以及承认这种差异的不可消弭是支持民主的一个重要理由，而且民主制度就是为了保护这种差异状态。专制和极权都是强行实现同一，用单一标准强加于人，而民主就是在对话和妥协的框架下达到和而不同。能够容忍差异，并且使差异或个性存在的社会生活，才是值得过的生活。绝对的一致，别无选择的生活，是最难以忍受的生活。

文化或宗教差异需要妥协，才能和平共处。某些宗教或文化往往把某些东西看做原则，不容任何退让和妥协，"没有丝毫商量的余地"。"而一个和平、民主的过程，通常都要求用谈判、调解和妥协的方式解决政治的冲突。"[②] 毫无约束的权力或霸道，是不受欢迎的。雷蒙·阿隆曾经说："通过暴力夺取与行使政权，必须以谈判或妥协无法解决的冲突为前提，换言之，必须以民主程序的失败为前提。"[③] 这从反面说明了民主与妥协

---

① ［美］麦迪逊：《辩论美国制宪会议记录》，尹宣译，辽宁教育出版社2003年版。

② ［美］罗伯特·达尔：《论民主》，李柏光、林猛译，商务印书馆1999年版，第159页。

③ ［法］雷蒙·阿隆：《知识分子的鸦片》，吕一民、顾杭译，译林出版社2005年版，第39页。

之间的内在联系。

　　虽然某些传统的民主理论往往把差异看做实现真正民主国家的障碍，但是，多元文化和女权主义的研究则提醒人们：既然人们存在着差异，那么差异正是促使人们追求平等权利和民主的东西。民主就是为了不同的人有平等的权利表达自己的意见，维护自己的利益。如果没有差异，民主就成为没有实际意义的东西。第三产业的从业人员不能把自己的利益看做全体人民的利益，否则第一、二产业的人们就成为被压迫者。男人不能按照男人的生理特征去要求妇女干同样的体力劳动，妇女在制订劳动法时应该有自己的发言权，否则就是歧视妇女。平等不是强求同一，强制实现同一也不是民主，而是独裁或极权。民主不是依靠多数人的力量消弭差异，而是差异之间的平等对话和妥协之道。达尔认为，"民主国家的公民和领袖们都掌握了妥协的艺术"①，这可能说得有些绝对。但是，妥协是民主精神的体现，毫不妥协却是违背民主原则的，这的确是事实。当然，妥协未必全是民主的（民主应该是一种使妥协得以实现的制度性安排，因此缺乏程序安排的妥协就可能是非民主的。我将在后边论述这个观点），但不妥协绝对是不民主的。

　　不仅一个社会内部的民主是建立在容忍差异的基础上，而且国家之间的平等关系也必须容忍差异。如果一种文化宣布自己这种文化是唯一的文明，那么这就不是民主的态度。针对美英绕开联合国攻打伊拉克并且推翻萨达姆政权这个事件，法国总统希拉克说："我们希望世界是多极的，而且每一极在解决问题时都应采取平衡各方利益、可以保障和平与民主的办法。"② 同在民族国家范围内一样，不同国家之间的关系，也不应该建立在消弭差异的基础上，而应该建立在差异的对话之中。通过消弭差异而实现的一致，只能导致压迫性的、不平等的国际关系。

　　最后，民主在历史上的发展过程，实际上就是通过妥协而不断演化的过程。在希腊克利斯提尼时代，"'民主'是一个侮辱性的字眼，表示'乡巴佬的统治'（rule by the cousins）"③。亚里士多德并没有给民主以特别的荣誉，他认为，民主只是最坏政制中最好的一种，而最好的民主制形

---

① ［美］罗伯特·达尔：《论民主》，第65页。

② 《俄法德不要"新雅尔塔"》，《参考消息》2003年4月13日，第1版。

③ ［英］约翰·邓恩编：《民主的历程》，第10页。

式应该是民主程度最低的。实际上，13 世纪之前，"民主"从来没有成为欧洲人追求的政治理想。13 世纪中叶，摩尔贝克的威廉首次把亚里士多德的《政治学》译成拉丁文，并且选用"Democratia"表达亚里士多德提到的"人民的统治"，从此"民主"才成为欧洲政治学说的核心话语的一部分。

实际上，直到美国革命和法国革命之后，民主的价值才成为欧洲政治的核心概念。不过，后来由于雅各宾派的恐怖，拿破仑的军事冒险，使人们对民主制心存疑虑，而且许多保守派人士仍然把"民主"一词用于贬义，致使"民主主义者"也一度在美国成为令人憎恶的对象。法国大革命之后的民主，之所以让许多人不放心，就在于其对立集团的极端对立，没有可以互相交叠的共识理念，难以达成妥协。当人们学会宽容和妥协的时候，民主的价值才开始为人们所接受。通过社会进步的演化和积累，愿意接受民主，愿意生活在以民主为特征的体制下的人，变得越来越多。历史进程的曲折与反复证明了，政治不是在绝对专制和民主理想之间非此即彼的选择，而是进步的政治实践与政治理想之间的相互塑造。经过历史的磨砺，民主不再是某种乌托邦式的集体狂想，它依赖观念和制度的格式化而覆盖了传统的封建制度和思想。民主的思想与制度已经日益深入人心。但是，民主仍然有很多方面需要完善。譬如，在美国，黑人和妇女很晚才得到投票权。像比利时、法国、瑞士这样多数人认为非常民主的国家，妇女到了第二次世界大战以后才获得了投票权。

显然，代议制民主的建立与其说是人为设计的结果，不如说是在力量对比过程中历史演化的结果，民主的演化本身就是妥协的产物。最初，代议制与其说是民主的，不如说是君主为了获得迫切需要税收，以便应付战争和其他花费的需要。民主在现代社会中的发展，仍然需要妥协。

正因妥协的必要性，宪政体制才不能过于僵硬，在规定上不能太死板，以至于无法适应变化的环境。

另外，只有妥协还不是民主的，民主制度需要稳定、开放和可靠的程序。民主是一种通过查人数而决定政策走向的治理，也就是说是依靠人数的优势获得决策权。如果没有权威而公开的程序，就不能实现计数授权的过程。如果没有程序的限制，某些野心家或许能够通过煽动而任意改变程序，从而破坏整个民主制度。如果没有开放的程序，妥协就可能成为少数人的秘密交易。有个人魅力的人物是民主政治的大敌，因此希腊曾经有贝壳放逐制度。个别有魅力的人物，会使舆论趋于一致，从而使妥协的程序成为多余。

为了保证民主制，必须使公开的程序成为不可逾越的关口。这样，人们可以在这些程序过程中进行比较、鉴别、谈判和妥协，避免被人操纵。遵循程序而获得的人数优势，赋予治理以合法性。但是，民主需要考虑和尊重少数人的利益。

首先，程序会使某些政府决策采取渐进的方式，从而避免莽撞和冒进。达尔说："即使是民主国家，即使它遵循了民主的程序，这种时候它所犯的不公正仍然是不公正。多数人并不能因其为多数便是正确的。"①但是，民主程序可以通过减缓巨变的震荡，避免更大的灾难。这符合历史稳步发展和文明进步的一般规律。

以渐进的或妥协的方式应付社会问题似乎太缺乏理性，但经过仔细考察人们就会发现：在一个充满不确定性的世界里，要进行重大的变革，通过协商和妥协的方式逐渐解决问题，却是一种非常理智的或"非常理性的方式"。②"幻灭来自幻想，造成幻灭的不是现实主义，而是理想主义。现实主义如果是及时而有效的话，倒是能防止幻灭的。"③历史上为人类带来灾难的决定，往往是那些没有民主制约和缺乏妥协精神的专制领导人作出的。

其次，一定的程序可以起到保护弱者的作用。17世纪英国平等派思想家提出："严格地说，最贫穷的人如果在政府统治之下没有任何发言权的话，那他也没有服从这个政府的义务。"④实际上，民主就是给弱者留有某种发言权，使他们的权利通过妥协得到某种实现。如果没有这样的程序保障，强者很可能使弱者失去一切。如果胜者全得，败者全失，那么民主也就打折扣了。

再次，妥协的程序还可以保护少数人的个人自由与权利。如果没有一定的程序，"民主也可能损害个人的文化和价值"⑤。如果说"民主是一种

---

① ［美］罗伯特·达尔：《论民主》，第55页。
② 同上书，第195页。
③ ［美］萨托利：《民主新论》，冯克利、阎克文译，东方出版社1998年版，第55页。
④ ［英］约翰·邓恩编：《民主的历程》，第97页。
⑤ 同上书，第153页。

把公共偏好转化为公共政策的机制"①，那么这个机制就是妥协的程序。如果没有妥协的程序，民主就可能以多数人的决定为绝对尺度，要求所有人无条件地服从，从而造成多数人对少数人的统治。有了妥协的程序，多数人才可能给予少数人某种让步。有了这种让步，社会才能在容忍差异的前提下，逐步达成某种程度的共识。

最后，有了妥协的程序，民主才会获得尽可能多的人的支持，从而形成民主的社会氛围，建立社会和谐。实际上，在现实中，"法律如果不被舆论支持"，它就"没有任何作用"。② 可见，法治是某种包容历史性妥协的程序框架。假设一项政策得到90%的人的赞成，另外有10%的人反对，那么该政策就应该在讨论过程中得到某种修正，以给予10%人群某种妥协，使他们的权利得到某种尊重。随着赞成与反对人数差异的缩小，妥协的可能空间就应该更大。例如，如果是51%对49%，那么程序就应该保证少数人获得尽可能大的妥协空间，否则就容易导致社会的分裂。民主应该有这样一个随着差异观点人数的变化而实现不同程度妥协的程序性或制度性的安排。

总之，不能把妥协理解为民主功能的一个消极层面，妥协就是通过交往形成公共领域的过程。妥协具有积极的意义：（1）在社会现实之中，往往妥协才能产生实质性的民主成果；（2）妥协的机制也使社会各方面保持某种互相批判的语境，从而保持社会各方面的平衡。

三

在当代中国，如何构建民主的公民社会和公共领域呢？在公民社会，公民的归属感和认同感首先需要经济形态和经济基础的支持。以社会主义公有制为主体的基本经济制度，为公共领域的发展提供了最为坚实的土壤。公有制的主体地位确立了公民的主人和主体地位，社会主义市场经济又为公民之间的自由交往创造了条件。公共领域就是使人们的思想文化超越地域、族群和狭隘习惯的束缚，凝聚公民之间的共同感或我们感。例

---

① ［日］猪口孝等编：《变动中的民主》，林猛等译，吉林人民出版社1999年版，第5页。

② ［美］里夫斯：《美国民主的再考察》，吴延佳、方小良译，商务印书馆1997年版，第131页。

如，有人研究了民族地区积石山县乡村公共空间。在那里，"历史上，尽管乡村公共空间一直都存在，然而在父辈/祖辈生活的20世纪80年代，这些空间往往被刻印上了明显的族群标签，不同族籍身份的人往往聚集在不同的空间场所，而且，这些空间之间并没有交叉，更谈不上重合"①。实际上，从现代标准看，这"还不能称为完全意义上的公共空间"。从20世纪90年代开始，"各个民族开始逐渐抛弃了曾经属于自己的公共空间，或者走进了另一民族的公共空间，或者共同开辟出一块新的公共空间"。"公共空间内的聊天与讨论进一步拉近了各个民族之间的心理认同距离。在这一历史过程中，一个非常重要的现象是，几乎每个村庄都形成了以村口小卖部为'据点'的公共空间。"② 可见，改革开放和社会主义市场经济的历史进程，促成了中国公共领域的形成，也就促进了公民共性和国家认同的形成。

　　除了基本经济制度作为基础之外，公共领域、交往民主和公民认同也需要社会互助组织的支撑。在当今世界，公民社团的活跃已经成为公民互助的一种现象。拉兹认为，"尊重人们的自主性，意味着人们能够自主地行动而不是被强制或操纵……意味着人们可以享受现有的条件，以至于如果他的判断像他所认为的那样好的话，那么只要不是运气太坏，他就会过上有意义的生活"。拉兹又说，"然而同时，尊重他人所涉及的内容，的确不限于对他人的判断和选择不加于干涉。一个无家可归的、没有工作的、无一技之长的穷困潦倒之徒，也许人们不会去干涉他，可是他的自主性对他自己却并无助益。无论他做什么，他也不会过上有意义的生活。因此，要去保护有意义的自主性，就必须要去保护人们能够过上有意义的生活的条件，如果他们的判断是正确的而且运气不坏的话"③。拉兹意识到，没有经济上的独立，就很难获得有意义的生活，这是正确的。不过，为了让每个人都过上有意义的生活，社会就必须是相互扶持的。这种扶持不再是过去基于血缘和地缘的关系，而是基于公民之间的责任。拉兹注意到，让每个人过上有意义的生活，这也是很重要的，这与我们党和政府提出的

---

① 刘涛：《民族关系与乡村公共空间》，载《中国社会科学报》2010年1月5日。
② 同上。
③ ［英］约瑟夫·拉兹：《政治中的自由：在自主性与传统之间》，载李建华主编《伦理学与公共事务》第3卷，湖南人民出版社2009年版，第21页。

让人民生活的"更有尊严"的要求有吻合之处。但是，我认为，他把问题都归结为个人判断和运气，这不是历史的观点，因而是不符合历史唯物主义的。

强化公共领域，也需要社会主义民主政治建设。只有在民主的条件下，公民意识才能得到提升。当然，培育公民共性是一个历史的过程。这是一个历史进步的过程，公共领域的形成与政治状态是相呼应的。民主不是一蹴而就的，而是不断发展的。英国自由主义者约瑟夫·拉兹承认："对政治理念的信仰是一个历史的过程。""自由、法治、平等、宽容、民主以及其他理想，只有当它们成为民众所信服的内容时，才会成功地实现。"①一旦民主制度建立，公民的民主权利得到确认，那么他们必然会越来越珍惜自己的权利。当公共事务成为大家都关心的事情时，公共领域就形成了，公民的意识和认同也就形成了。

强化公共领域，也需要社会主义公民文化的支撑。随着经济社会和信息传播渠道的多元化，社会思想或意识形态的多样化也属正常，这本没有什么可怕的，可怕的是我们在意识形态上失去先导性和吸引力，可怕的是我们没有凝聚全国各族人民的共同价值理想。我们应该通过公共领域的扩展，建立共同的公民文化，超越地方的、族群的狭隘界限，形成公民认同。只有当公民有共同的文化规范和文化形式时，公共领域也就得到了巩固。

韩震

北京外国语大学，2012 年 9 月 22 日

---

① ［英］约瑟夫·拉兹：《政治中的自由：在自主性与传统之间》，载李建华主编《伦理学与公共事务》第 3 卷，湖南人民出版社 2009 年版，第 5、7 页。

目　录

导　论

一　现代社会的"民主"

人们是否非得要民主地生活？对于这个问题的争论之声从民主诞生以来就没有停止过。然而，历经了专制的苦难之后，人们终于认识到："专制制度的唯一原则就是轻视人类，使人不成其为人。"① 而要使人成其为人，有必要奉行民主的原则，沿行民主的道路。人是"被抛"到世界上来的，无法选择自己的出生，只能够并且必须依靠自己的意志来选择自己的生活。所以，每个人的生活都是本己的，不可逃避的，不可替代的，不可操纵的。民主地生活正是本己地生活。按照自己的合理意志自由地生活是公民作为社会生活的主体不可逃避的责任。正是生活的这种独特性构成生活的意义，构成民主的伦理基础。强加任何生活意志于他人都是专制或奴役，而放弃自我的生活意志就是放弃自由，就是自我奴役。正如卢梭所说："放弃自己的自由，就是放弃自己做人的资格，就是放弃人类的权利，甚至就是放弃自己的义务。对于一个放弃了一切的人，是无法加以任何补偿的。这样一种弃权是不合人性的；而且取消了自己意志的一切自由，也就是取消了自己行为的一切道德性。"② 然而，人的自由永远只是生活的可能性，而非现实性，民主就是力图把可能的自由生活变成现实。但是，现实的民主生活永远在途中，它解除一个个横亘在生活面前的"无往不在的枷锁"。因为，民主与专制总是相对而生的。

在许多方面，民主与专制都是截然对立的：民主声称一切权力来源于人民、属于人民，为了人民，而专制则不敢如此声称，或者与这样的"声称"背道而驰；民主是和平的，以共同体成员间的话语交往为基本方

---

① ［德］马克思：《马克思致卢格》，载《马克思恩格斯全集》第1卷，人民出版社1956年版，第411页。

② ［法］卢梭：《社会契约论》，何兆武译，商务印书馆2003年版，第12页。

式，以自主生活为基本取向；而专制的基本方式却是暴力，以实现统治者的利益而压制被统治者的利益为基本取向；民主追求普遍的利益和价值，包括共同的物质利益、集体的伦理价值以及普遍的道德共识，而专制却依托暴力和话语的强势地位追求特殊的利益和价值；民主以多元的社会生活为基础，承认和尊重共同体所有成员的生活方式，而专制却以高压的国家统治机构为基础，否定、打击和压制共同体部分成员的生活方式。从这些对立中可以看出，民主与专制的根本分歧就在于国家的公共权力是否是人民生活意志的凝结。

然而，民主恰恰就是在与专制的博弈中确证自我和实现自我的。人类的历史就是一部不断摆脱专制从而趋向民主自由的历史。从人类历史来看，专制有各种各样的形态：行为的专制，主要表现为对身体的管制；制度的专制，表现为以制度的形式对生活方式的管制，比如封建等级制对平民生活的管制；思想的专制，表现为对生活理念的诱导和控制，以消磨人们对生活的反思和批判，比如对言论自由的禁锢；科学技术的专制，即人类不自觉地陷入技术的陷阱，按照技术的程序机器般生活而不自知；如果说以上的专制还可以找到冤头债主，那么在晚期资本主义社会中，却出现了无主体的专制，人们找不到始作俑者，就连被誉为统治阶级的资本家也处在被奴役当中。

与这些专制形态相对应，民主也有不同的表现形态。当然，这些表现形态往往是交织在一起的，只是在人类不同的发展阶段，某些形态表现得突出一些。比如在生产力低下的社会里，一部分人凭借掌握的生产资料对另一部分人进行人身控制，这时候的民主体现在那些摆脱了人身依附的人的自由生活之中。而在生产力发展了的社会里，由于生产与生活的普遍交往增多，人与人的依赖加强，凭借暴力对人身的管制转化为文明的制度控制，并从思想上将专制制度予以合法化。与此相应的民主则表现为统治阶层的自主生活和被统治阶层的有限自主生活。而在生产力较发达的社会里，专制往往表现为以技术性程序对生活的遮蔽或压制，即生活的技术异化。这是一种全面的社会压制，虽然人们已经获得有形的自由（可以随心所欲地计划自己的生活，并为此奋斗），但是生活本身却变得索然无味了。民主失却了方向，人们感到无所适从。

民主从古代的诞生、发展、衰落到现代的"新生"，都是在自我反思和批判中行进。从历史上来看，早在 2000 多年前，雅典民主制度就曾盛极一时。虽然在当时就受到不少思想家的诟病，并且专制的力量后来将它推下了历史的舞台，但雅典民主制还是成了西方现代民主制度的源泉。其政治理想——公民平等、自由，对法律的尊重和正义等——已经成为现代民主追求的基本价值，它的大多数原则也成为现代代议制民主制度的基本原则。正是凭借这不灭的民主精神的指引，资本主义现代化在反抗封建专制的同时重振民主的雄风，建立了现代民主政治制度。

时至20世纪，许多国家都建立了密尔所认为的最好政府——"代议制政府"，"民主已经成为当今时代政治合法性的基本标准"①，并且"民主的观念和信仰比人类历史上的任何时候都要深入人心，发扬光大"②。民主似乎取得了前所未有的胜利，任何政府都宣称它的权力来源于人民，其施政纲领代表了最广大人民的普遍利益。但是，民主，特别是现代民主远没有完成它的历史使命。20世纪、21世纪仍然是一个宰制社会，专制的乌云仍然笼罩在所谓民主社会的上空，只不过今天的乌云夹杂着些许彩虹的色彩，并以此欺骗了相当一部分人民的眼睛。比如，希特勒通过"民主选举"攫取了权力，建立了所谓的民主政府，然而实行的却是极端的极权统治。民主在此充当了专制的垫脚石。

法西斯独裁统治被颠覆以后，即使在人人都"有权"参与民主选举的民主国家，人们的生活还是往往受到各种各样专制的威胁。其中最明显的专制形式有两种：一是技术—官僚统治，一是阶级统治。

其实早在19世纪，除了马克思对资本主义阶级统治和劳动异化的批判之外，许多哲学家也已经意识到了资本主义的技术—官僚统治对生活的威胁。他们看到，人们热衷于对物质生活的追求，资本主义的本性——最大限度地攫取剩余价值——以"自由"的形式控制了生活的全部意志。因而，很多哲学家都投入到拯救生活危机的行列，其中表现突出的是19世纪的德国唯心主义者。他们怀着坚定的理性主义信念，高扬人的主观能动性的旗帜，坚信人能为自然乃至自由立法，热衷于坐在书斋里编织一个又一个规模宏大的、无所不包的、令人目眩的思想体系，试图营建一个至

---

① ［英］戴维·赫尔德：《民主的模式》，燕继荣等译，中央编译出版社2004年版，"英文版序言"，第4页。

② ［美］罗伯特·达尔：《多头政体——参与和反对》，谭君久、刘惠荣译，商务印书馆2003年版，第4页。

善至美的、绝对理念的王国，憧憬着在这个王国里精神能够回到自身，让人过上既有德行又幸福的美好安逸的生活。但这种"憧憬"只能是憧憬而已，他们所设想的美好生活至今都从来没有实现过。与此同时，不甘于技术之平庸化专制的叔本华扛起了"唯意志主义"的大旗，以对抗理性主义的一统天下，试图使冷漠的理性成为服务于激情意志的助手，以此重新发现人的本真生活状态。然而，叔本华最终却想要彻底否定生命意志，达至无思无欲的涅槃境界，以摆脱现实生活的痛苦。在这个意义上，叔本华和思辨唯心主义哲学家们一样：都在逃避现实的生活。①

　　到了 20 世纪 20 年代，海德格尔分析了人的生存结构中的"常人"状态，并把常人的意见歪曲为"公众意见"："庸庸碌碌，平均状态，平整作用，都是常人的存在方式，这几种方式组建着我们认之为'公众意见'的东西。公众意见当下调整着对世界与此在的一切解释并始终保持为正确的。这不是基于公众意见有一种对'事物'的别具一格的与首要的存在关系，不是因为公众意见对此在具有格外适当的透视能力，这倒是以'对事情'不深入为根据，是因为公众意见对水平高低与货色真假的一切差别毫无敏感。公众意见使一切都晦暗不明而又把如此掩蔽起来的东西硬当成众所周知的东西与人人可以通达的东西。"② 不可否认，在人的生存结构中，的确存在海德格尔所谓的这种"常人"的生存状态，它从根本上说是非自立非本真的。海德格尔将这种常人状态看成民主的基本状态，并从一开始就对民主持怀疑态度。在《什么召唤思》中，海德格尔赞同尼采对"现代民主"特征的描述，即将之看做一种"国家的衰败形态"（Verfallsform des Staats）。③

　　与其说"常人"的状态是民主的状态，毋宁说常人状态是专制的温床。因为民主的职责不是让生活享受安逸，而是显现生活之动荡不安的本

　　① 西美尔就曾明确指出："这种状态在叔本华那里达到了高潮：终极目的、绝对的生活理念的缺失，对某种囊括了所有生活细节的确定价值的渴望。"（格奥尔格·西美尔：《宗教社会学》，曹卫东译，上海人民出版社 2003 年版，第 196 页）
　　② ［德］海德格尔：《存在与时间》，陈嘉映、王庆节译，生活·读书·新知三联书店 1999 年版，第 148 页。
　　③ ［美］理查德·沃林：《存在的政治》，周宪、王志宏译，商务印书馆 2000 年版，第 112 页。

质，并让生活担当起自身不可替代的使命。① 正是在非自立非本真的常人状态中，专制消解了自主生活意志的权力，或者将专制者的意志强加于"常人"头上。被消解了生活意志的常人形成的"公众意见"要么是为了逃避本真生活的靡靡之音，要么是被强加的专制者的"意识形态"。对常人的操纵就是专制。当然这种专制的主体不仅仅是统治阶级，它有时候是通过无主体的技术来实现的。不管怎样，这是一种最高的极权，它是对思想的控制，让人们在不知不觉中服从专制者的独裁统治。但是，"常人"并非人的永恒状态，人作为公民必须担负起两种责任：一是作为生活者的"此在"的责任，二是作为共同体成员的"公众"的责任。这两种责任都要求人从"常人"状态跳出，作出生活意志的决断。

海德格尔将生活意志的决断诉诸"国家社会主义运动"。开始，他坚定地认为，"国家社会主义变革正在导致我们德意志此在的根本改变"②。1933 年，海德格尔就任弗莱堡大学校长一职，并作了《德国大学的自我宣言》的演讲，从此走上国家社会主义运动的道路。他当时毫不掩饰自己对国家社会主义的信念，"从我接受校长职位第一天以来，（我履行校长一职的）明确原则和本真的（但愿逐渐可以实现）目标，始终是在这个国家社会主义国度的力量和要求基础上，实现学术教育的根本转变。……个人是微不足道的。在这个国家，我们民族的命运压倒一切"③。他企图通过"国家社会主义"来拯救德意志的民族精神，从而把西方从持续的虚无主义没落中挽救出来。但这是一条死胡同，海德格尔还没等法西斯独裁统治的正式爆发，就于 1934 年 2 月放弃了校长的职位。尽管"海德格尔这只老狐狸"④ 之后对自己这次"国家社会主义运动"的经历一直保持沉默，但历史证明，"国家社会主义"并不能拯救本真的生活。从根本上说，所有的专制和独裁都是与本真生活相背

---

① 朱松峰：《理解生活——基于现象学和生命哲学的视角》，中国社会科学出版社 2010 年版，第 72 页。

② 转引自［美］理查德·沃林《存在的政治》，周宪、王志宏译，商务印书馆 2000 年版，第 11 页。

③ 同上书，第 12 页。

④ 这是阿伦特对海德格尔的称呼。参见阿伦特《海德格尔这只老狐狸》，一生归宁译。此译文来自阿伦特 1953 年的思考笔记。转引自 http://www.cnphenomenology.com/modules/article/view.article.php/104。

离的。其实，海德格尔所要的本真生活就是民主地生活，只是他一直将
"民主"看成是"常人"的生存状态，而没有看到民主的"本真生活"
的一面。

如果说海德格尔从人的生存结构识破了"常人"作为专制对象的秘
密，那么霍克海默和阿多诺则在对启蒙的反思中揭开了工业社会专制统
治的谜底。他们在《启蒙辩证法》一书中揭示：启蒙理性在带来人类
文明的同时，又使人类陷入被奴役的境地。这种奴役一方面表现为工业
社会的技术统治，另一方面表现为资产阶级对无产阶级的阶级统治，前
者为后者提供了条件。技术原本是人支配自然的手段，但是在工业文明
中却成了统治者。"每一种彻底粉碎自然奴役的尝试都只会在打破自然
的过程中，更深地陷入到自然的束缚之中。这就是欧洲文明的发展途
径。"① 人们获得技艺、知识、生产力以及物质享受的同时，"又被迫返
回到了更原始的阶段"。这是启蒙带来的人类进步中的退步。"启蒙在
为现实社会服务的过程中，逐步转变成为对大众的彻头彻尾的欺骗"②，
启蒙瓦解了大众的生活意志，它通过资本主义的生产规律将大众牢牢地
束缚在技术合理性的链条上，不仅让他们不能反抗，而且消解了他们反
抗的意识。这是一种大众的退步，"表现为他们毫无能力亲耳听到那些
未闻之音，毫无能力亲手触摸到那些难及之物，这就是祛除一切已被征
服了的神话形式的新的欺骗形式。……社会的现实工作条件迫使劳动者
墨守成规，迫使劳动者对诸如压迫人民和逃避真理这样的事情麻木不
仁。让劳动者软弱无力不只是统治者们的策略，而且也是工业社会合乎
逻辑的结果；因为工业社会竭力想摆脱本来的命运，最后却还是落入了
这一本来的命运"③。工业文明的技术理性不仅使得大众心甘情愿地劳
作，而且通过文化工业消解人的个性存在，使人们沉浸在大众文化千篇
一律的消费与享乐之中。"今天，正因为每个都可以代替其他人，所以
他才具有人的特性：他是可以相互转变的，是一个复制品。作为一个
人，他完全是无价值和无意义的，随着时间的流逝，当他丧失了相似性

---

① ［德］霍克海默、阿多诺：《启蒙辩证法》，渠敬东、曹卫东译，上海人民出版社2003
年版，第10页。

② 同上书，第40页。

③ 同上书，第33—34页。

以后，才会发觉确实如此。"① 可见，霍克海默和阿多诺担忧的是现代社会的奴役，这种奴役是对人作为特定社会中特定个人存在意义的消解；而他们呼吁的正是民主的生活状态，这种状态要求明确人作为特定社会中的特定个人的职责，确定每一个人作为世界一员的不可消磨的独特地位。

　　霍克海默和阿多诺对现代工业社会的这种批判引起了其同事马尔库塞的共鸣。后者在《单面人》中指出，发达工业社会已蜕变成一种"单面的社会"，活动在其中的只是具有"单面思维"的"单面人"。单面人只知道物质享受而丧失精神追求，只有物欲而没有灵魂，只有屈从现实而不能批判现实。现代发达工业社会在技术理性和市场权力的宰制之下，正在泯灭对抗、批判和超越的因素，政治、经济、文化等都显示出被主导力量同化的势头，整个社会正在从兼具否定与肯定的"双面社会"变成只有肯定的"单面社会"，一切都在为既定现实进行辩护和论证。马尔库塞认为，要改变这一局面，就必须对此现实持"绝对拒绝"的态度，希望在于那些下层民众，那些被压迫被剥削的有色人种、其他人种、失业者和不能就业者，其中也包括社会青年和青年学生，唯有这些人的对抗才是革命性的。而他所向往的正是瓦解了技术理性统治地位的民主社会，在这里，公民不仅仅追求物质利益，不仅仅追求自我的利益，更重要的是意识到并且认真履行作为社会生活之主体的公共批判的职责。

　　可见，民主已经成为19世纪以来发达资本主义社会中的思想家的理论旨趣之一，然而与古代民主相比，这种民主具有了特定的内涵。它不仅表现为人们对专制制度所导致的阶级压迫的反抗，更是人们对本真生活的探寻、拯救和守护，以及对人作为特定存在的存在意义的理解和实现。然而，从上述这些思想家对现代社会各种专制的揭示与批判中可看出，一方面，现代社会远远不是太平盛世，民主政治还任重而道远；另一方面，许多思想家都把直面生活、拯救生活的任务寄希望于极端的社会运动，而丢弃了民主对于拯救与维护生活的本质和职责。哈贝马斯正是继承了这些先辈思想家对民主的使命，担当起了批判资本主义社会中各种专制的重要责

① ［德］霍克海默、阿多诺：《启蒙辩证法》，渠敬东、曹卫东译，上海人民出版社2003年版，第163页。

任。只是他选择的道路既不是马克思主义传统的阶级革命，也不是海德格尔等的激进运动，而是选择了话语民主①的道路。

二　哈贝马斯的"话语民主"及其研究现状

哈贝马斯②无疑是当今世界最重要、最有影响的哲学家和社会理论家之一，半个世纪以来一直活跃在哲学论坛上，并在某种程度上引领了社会批判理论的潮流。他的哲学涉猎广泛，包括哲学、宗教学、政治学、法学、社会学等多个领域，因此不可能用一句话来准确概括其哲学思想。而且，哈贝马斯是一位论战型哲学家，他不但对许多先辈们的某些思想进行了批判和清理，而且与同时代的许多哲学家进行过激烈论战。因此，本书对他的研究不可能穷尽所有的相关领域，而只能选取某个特定视角一窥堂奥。

（一）哈贝马斯公共领域在场的"话语民主"概念

政治哲学是哈贝马斯哲学理论的重要组成部分，也是其哲学理论的基点，"从学术生涯起始，政治哲学似乎就没有离开他的视野"③。而这种政治哲学的理论抱负就是找到一条通达无强制的民主生活的道路。这种抱负首先是由哈贝马斯的生存环境决定的。正如理查德·伯恩斯坦（Richard Bernstein）所说："如果我们忽视了那些塑造了他们（哈贝马斯和德里达）的理论作品的重要的个人成长经历，我们就根本不会理解他们在'维护什么'，不会理解他们'感受整体推力的方式'。……而对于哈贝马斯来说，最重要的成长经历就是青少年时期当他发现纳粹主义的恐怖时的

---

①　本书采取"话语民主"（discourse democracy）一词而不是"审议民主"（deliberative democracy）的主要缘由如下：其一，在哈贝马斯的所有理论中，"话语"（discourse）具有核心的地位，民主理论也不例外；其二，本书的"话语"采用其名词形式，而不是形容词（discoursive）形式，既表达了作为名词的"话语"，也包含"以话语方式的"、"话语的"等作为形容词的意义。因而，"话语民主"（discourse democracy）的含义较"话语的民主"（discoursive democracy）和"审议民主"（deliberative democracy）更能涵盖哈贝马斯的民主意蕴；其三，哈贝马斯的民主理论不仅指公共领域中的审议（deliberate），还包括公共权力系统与公共领域的相互作用，"审议民主"涵盖不了这两方面的意思。这一点与德莱辛克（John S. Dryzek）的看法相近，但是他采取了 discoursive democracy 一词。参见本书第102—103页。

②　本书统一用"于尔根·哈贝马斯"来翻译"Jürgen Habermas"，正文都用"哈贝马斯"，意指注释作者时都统一用"于尔根·哈贝马斯"。

③　艾四林、王贵贤、马超：《民主、正义与全球化》，北京大学出版社2010年版，"前言"，第1页。

震惊。这种震惊构成了几乎他所有作品的背景。"① 这种评价无疑是中肯的。正是对纳粹极权主义的震惊与对社会公众的民主意识与批判力量的反思奠定了哈贝马斯政治哲学的基调。

哈贝马斯的战前战后经历促使他走上审视和重构现代民主的批判之路。1929 年，哈贝马斯出生在德国科隆附近的一个小城。正值形成世界观和人生观的青少年时期，他却亲眼目睹了法西斯纳粹的暴行，以及由此带来的世界战争。② 法西斯暴政直接冲击了青少年哈贝马斯的世界观，同时也激发起他对真正民主的理解。这种冲击和激发对他来说是深刻的，难能可贵的是，哈贝马斯并没有因此而放弃前辈们所追求的民主的社会价值，相反，这种经历恰好促使他在新的复杂环境中反思民主的实现路径，可以说，正是这种经历成为了促使他走上理论生涯尤其是走上话语民主致思之路的原始动力。

法西斯暴政的消灭是否意味着民主社会的来临呢？哈贝马斯从战后的经历中认识到了法西斯暴政并不是最可怕的专制，现代民主还有更深层次的危机。他后来回忆说："十五六岁时，我坐在收音机前收听纽伦堡审判前国人的谈话。一些人非但没有对眼前可怕的灾难感到震惊，而是在辩论审判的正当性、程序和法理学问题，我感到出现了裂痕，真正的裂痕。的确，我因为敏感容易受到伤害，我不能像我的兄长那样对集体犯下的不人道事实熟视无睹。"③ 这种"裂痕"是什么？那就是康德、黑格尔以及马克思等人留下的关于理性、公正和自由等的文化传统，与作为后代的一些德国人对待这些传统的态度之间的裂痕。哈贝马斯那时似乎已经意识到了某种确定的需要维护的生活信念。如果说这种生活信念在第二次世界大战中受到的冲击还不致命的话，那么战后"一些人"对待这种冲击的态度

---

① ［美］理查德·伯恩斯坦：《现代性/后现代性的比喻：哈贝马斯和德里达》，江洋编译，载《马克思主义与现实》2005 年第 6 期。

② 在此，本书无意去详细追溯哈贝马斯的生活环境对他到底有多大的影响，但是需要注意的一点是，第二次世界大战的生活背景及德国人对第二次世界大战的反思是哈贝马斯政治哲学的一个重要基点。有兴趣的读者可参见 Martin Beck Matustik 的 *Jürgen Habermas：A Philosophical-Political Profile* 一书。在该书中，Matustik 从社会背景的角度阐释了哈贝马斯的政治哲学思想，特别是针对哈贝马斯出生以来的政治事件，分析了哈贝马斯政治思想的变化历程。Martin Beck Matustik, *Jürgen Habermas：A Philosophical-Political Profile*, Maryland：Rowman & Littlefield Publishers, Inc, 2001.

③ 转引自 Richard J. Bernstein, *Habermas and Modernity*, Cambridge, Mass.：Polity Press, 1985, p. 2。

则从根本上颠覆了这种生活信念，这在哈贝马斯看来是绝对不可饶恕的。对政治的这种切身感受不仅决定了哈贝马斯的政治观点，而且促使哈贝马斯走上了社会批判的哲学道路。

从此以后，民主问题成为哈贝马斯社会批判的重要问题之一。可以说，哈贝马斯一生都在致力于民主的事业，因此被誉为"民主斗士"①。对他来说，民主既是一种理想，也是一个责任，人们既不能甩开民主的事业另觅他途，也不能一相情愿地宣告"历史终结"，民主实现了。人们总是走在民主的途中，因为人总是需要按照自主的生活意志在社会生活中不断地选择和创造。不过，哈贝马斯向人们指出了这条路的一个方向："在以下情况下，个人的权威将转化为理性的民主话语：所有成年公民在形成一种政治公众舆论的条件下，通过自身意志的深思熟虑的表达，以及对这种意志的实现实行有效的监督，将社会生活的发展完全掌握在自己手中。"② 在他看来，民主就是通过语言的相互理解构建自由的和无强制的生活。相对于保守主义来说，这是一种激进的话语民主思想。它是激进的，因为这种民主的实质不在于采取什么形式或者遵循什么程序，而在于公民对生活的自觉，并根据生活意志积极参与到政治活动中，从而主宰自己的生活。哈贝马斯曾指出："如今激进民主化方向的特征是，原则上保留下来的'权力分配'内部的力量发生了转移。其中，应当在社会整合的不同资源之间，而不是国家权力之间，建立起一种新的力量均衡关系。目的不再是'消解'资本主义经济制度和官僚统治体制，而是以民主的方式阻挡系统对生活世界的殖民式干预。这样，我们就告别了实践哲学中异化和占有客观本质力量的观念。合理化过程转向激进民主，其目标是，在社会整合的种种力量之间达成新的均衡，以求在面对金钱和行政权力这两种'暴力'时，使团结这一社会整合力量——'交往的生产力'——得以贯彻，从而使以使用价值为转移的生活世界的要求③得以满足。"④ 可见，他的激进民主与其说是力

---

① 曹卫东：《权力的他者》，上海教育出版社 2004 年版，第 33 页。

② ［德］于尔根·哈贝马斯：《文化与批判》，法兰克福 1971 年版，第 12 页。转引自［德］德特勒夫·霍尔斯特《哈贝马斯传》，章国锋译，东方出版社 2000 年版，第 13 页。

③ 结合英文翻译，本书建议将此处的"以使用价值为转移的生活世界的要求"理解为"生活世界中在实践上具有导向作用的要求"。

④ ［德］于尔根·哈贝马斯：《公共领域的结构转型》，曹卫东等译，学林出版社 1999 年版，"1990 年版序言"，第 21—22 页。

量的均衡器，不如说是生活的守护者。维护生活世界，表达生活意志是其民主的宗旨。这一宗旨决定了民主意志的来源、形成过程和执行过程，也就是说决定了政治权力的合法性。政治权力只能来源于生活世界中生活意志的表达和维护。但是哈贝马斯批判了卢梭式的"非公众舆论的民主"，承认"相互角力的平等的生活方式具有无法透视的多元性"，因此，民主意志不是建立在公共权力的权威或者先验假设上，而是建立在社会公众以语言为媒介的话语交往活动中。也就是说，民主意志的合法性取决于所有相关的人通过语言讨论、辩论、审议的话语交往过程。"因此，'政治公共领域'作为交往条件（在这些条件下，公民公众能够以话语方式形成意见和意愿）的总体性，成为规范民主理论的基本概念。"① 这样，哈贝马斯就将其对民主的思考最终定位于话语民主理论。

　　哈贝马斯的话语民主是通过公共领域来实现的。这种民主观的要点就在于：一方面，坚持把所有相关的人在参与了合理的实践话语之后的共识（这是一个普遍的程序性的条件，而不是限于某个特殊的利益集团或伦理共同体的标准）作为公共权力合法性的基础；另一方面，又准备把这种合理共识的范围本身最后缩小到实践话语的程序上。这样，民主并不意味着"人民"直接行使政治权力。在复杂、多元的当代社会中，这既不可能，亦无必要。但民主也不仅仅意味着"人民的代表"代替人民行使权力，这种没有参与的"代议民主"是对民主本意的违背。重要的是要有原则上向全体公民开放的多向度的"政治公共领域"，使在这个公共领域中非正式公众舆论的形成过程，成为立法机构中正式的公共意志形成过程的基础。

　　公共领域是哈贝马斯1961年在《公共领域的结构转型》中提出的重要概念。这本书具有浓厚的马克思主义色彩，哈贝马斯采用了马克思主义的基本分析方法——阶级分析法，提取了"资产阶级公共领域"作为特定研究对象，并把资产阶级公共领域作为资产阶级民主的一个范型，从历史的角度详细考察了它的产生、发展、衰落以及相应的结构和功能的转变。由此，哈贝马斯赋予了"资产阶级公共领域"以"划时代的意义"。② 除了在其中对马克思的市民社会理论进行批判分析外，他还深受西方马克

---

　　① ［德］于尔根·哈贝马斯：《公共领域的结构转型》，曹卫东等译，学林出版社1999年版，"1990年版序言"，第23页。

　　② 同上书，第1页。

思主义的代表霍克海默和阿多诺的影响，将工具理性批判和大众文化批判引入其中，分析了公共领域衰落的社会根源。他甚至发现，"研究公共利益结构转型所采用的民主理论视角，可以回溯到阿本德洛特有关民主和社会法制国家向社会主义民主体制发展的观念"①。当然，这本书的理论来源非常复杂，还体现出了康德、黑格尔、韦伯，以及自由主义意识形态等的明显影响。尤其是马克斯·韦伯的社会研究方法对之影响甚大，就连哈贝马斯自己都坦承："乍看起来，《公共领域的结构转型》一书是一部马克斯·韦伯式的社会史著作。"② 其实正是从这本书开始，哈贝马斯就从来没有真正摆脱韦伯的阴影，以至于"太多的韦伯，太少的马克思，已经给他的理论造成消极影响"③。

虽然这本书的目的是"分析'资产阶级公共领域'（bürgerliche Öffentlichkeit）"，从中还看不到"交往行动"（Kommunikativen Handeln）④

---

① ［德］于尔根·哈贝马斯：《公共领域的结构转型》，曹卫东等译，学林出版社 1999 年版，第 20 页。

② 同上书，第 19 页。

③ 汪行福：《通向话语民主之路——与哈贝马斯对话》，四川人民出版社 2002 年版，第 246 页。汪先生认为，在现代性的起源、对现代社会异化的批判、现代性的前景、资本主义异化的根源等问题上，哈贝马斯都与韦伯很相似。

④ 在哈贝马斯的文本中往往相对照使用两个概念"Handeln"和"Verhalten"，就目前来看，它们在中文里主要有两种译法：第一，将"Handeln"译成"行为"，而将"Verhalten"译成"态度"、"举动"（参见曹卫东译的《交往行为理论》，上海人民出版社 2004 年版）；第二，将"Handeln"译成"行动"，而将"Verhalten"译成"行为"（参见《在事实与规范之间》，生活·读书·新知三联书店 2003 年版；童世骏：《批判与实践——论哈贝马斯的批判理论》，生活·读书·新知三联书店 2007 年版，特别是在此书第三章作者对这两个词的翻译进行了详细的解释）。在此先对曹卫东先生和童世骏先生等在这方面的卓越贡献表示衷心感谢！本书斟酌再三，鉴于如下两方面主要原因而采用第二种译法。第一，哈贝马斯专门区分了两个词 Handeln 和 Verhalten。哈贝马斯认为，"行动"（Handeln, action）是"行为"（Verhalten, behaviour）的一种类型，"行动"是有目的的"行为"，只有那些有意义的行为才是行动，只有那些能对自己的行为负责的主体的行为才是行动，只有那些受规范支配的行为才是行动（参见 Jürgen Habermas, *On the Pragmatics of Social Interaction*, trans. by Barbara Fultner, Cambridge：Mit Press, 2001, pp. 4 - 6）。第二，在汉语里，"行为"原指人的有意识有目的的活动，现在人们逐渐将它的意思扩展到生物体的有意向的活动，比如"动物行为"。"行动"一词专指人的有目的有意识的行为。它们之间的含义和区别类似地对应于"Verhalten, behaviour"和"Handeln, action"。但是，需要说明的是，在哈贝马斯这里，"Handeln"是范围广泛的日常活动，他在《交往行动理论》中提出了四大类行为，比如我与家人的聊天就属于"Handeln"。而在汉语里"行动"一词在日常生活中

和"生活世界"（Lebenswelt）等关键概念，但是"哈贝马斯自己把《公共领域的结构转型》看作他进入学术公共天地，建立自己学术空间和理论立场的开山之作，更是其交往行动理论的萌芽。"② 也就是说，这本书已经孕育了"交往行动"的种子，那就是自主公众间非强制的话语和行动。相对于其享誉世界哲学论坛的《交往行动理论》而言，《公共领域的结构转型》的"重要性在于哈贝马斯不但建立起了自己独有的跨学科的内在批判这一方法论模式，而且还找到了批判现代社会的一个契机，这就是作为一种理想类型的'公共领域'，从而使得他能够沿着自己的思路建构其社会进化模式，即社会交往模式"③。需要指出的是，哈贝马斯在这本书中运用了"有关社会和社会自我组织的总体性概念"。这种概念认为，"通过有计划的立法，自我调控的社会为所有生活领域及其经济再生产安排了秩序"。可是在功能发生分化的复杂社会里，这种总体性的社会概念就"不再具有可靠性了"④。这种社会概念的转化决定了对民主的理解，同时也决定了哈贝马斯理论的转换。

虽然公共领域是被作为民主生活的一种理想类型来叙述的，但它还是具有较强的历史性和现实性。在哈贝马斯看来，它首先是自由资本主义时期的一种社会历史形态："资产阶级公共领域是一种特殊的历史形态，它尽管与其在意大利文艺复兴时期城市中的前身具有某些相似之处，但它最先是在17、18世纪的英格兰和法国出现的，随后与现代民族国家一起传遍19世纪的欧洲和美国。"⑤ 当然，这样一个历史范畴不是凭空产生的，

并不十分常用，它经常指按照特定计划、采取特定手段、完成特定目标的特定行为。目标实现，行动成功，否则，行动失败。比如"他采取了××行动"。人们常说的是"行为"。比如我与家人聊天，就通常说成"一种行为"，而不说成"一种行动"，除非我的聊天行为是特意安排的，具有某种特定目标。所以，汉语语境中"行动"与"行为"并不能完全准确地表达德语语境中"Handeln"与"Verhalten"的意思和区别。虽然如此，目前也没有别的更好的词来表达，就只好暂且如此了。参见安德鲁·埃德加《哈贝马斯：关键概念》，杨礼银、朱松峰译，江苏人民出版社2009年版，译者注1。

② 曹卫东：《权力的他者》，上海教育出版社2004年版，第35页。

③ 同上书，第35—36页。

④ ［德］于尔根·哈贝马斯：《公共领域的结构转型》，曹卫东等译，学林出版社1999年版，"1990年版序言"，第20页。

⑤ ［德］于尔根·哈贝马斯：《关于公共领域问题的答问》，载《社会学研究》1999年第3期。

它是在政治文化的积淀中逐渐形成的。它依托于西方传统的政治文化，特别是古希腊的民主政治文化和中世纪以来的反封建的追求自由平等的民主传统，从封建社会的代表型公共领域逐渐转变成自由主义模式的资产阶级公共领域。

哈贝马斯详细考察了公共领域的历史发展过程，并且指出："其最突出的特征，是在阅读日报或周刊、月刊评论的私人当中，形成一个松散但开放和弹性的交往网络。通过私人社团和常常是学术协会、阅读小组（Lesegesellschaften）、共济会、宗教社团这种机构的核心，他们自发聚集在一起。剧院、博物馆、音乐厅，以及咖啡馆、茶室、沙龙等对娱乐和对话提供了一种公共空间。这些早期的公共领域逐渐沿着社会的维度延伸，并且在话题方面也越来越无所不包：聚焦点由艺术和文艺转到了政治。"①由此可见，公共领域来源于人们的私人生活领域，是处于国家与市民社会之间的一个中介领域，因此它存在的首要条件就是国家与社会的分离。在不受国家干扰的、相对独立的公共领域，公众通过无强制的公共话语，独立自觉地表达生活意志，将私人社会领域中面临的共同问题转变成为公共问题。当然，关于生活意志的表达也不是随意的，不是纯粹的私人交往，而是关乎他者的共同利益的公共交往。因此，公共领域需要借助一些公共交往的媒介和机制。在自由资本主义时期，这些媒介和机制表现为协会、社团、咖啡馆、沙龙等公共交往形式。这些机制不是徒有其表，而是蕴涵着（或大或小）共同体的成员之间共同的生活意志。这种生活意志既包括作为个人行动界限的消极自由，也包括作为公民共同行动的积极自由。而公共领域的历史性就表现在其条件的转变。

随着国家与社会相融合，自由资本主义向福利国家资本主义转变，国家公共权力受到私人利益集团的渗透而逐渐失去公共性，私人生活领域作为公众意义的源泉，却受到代表集团利益的政党或国家公共权力的诱导、干扰或操纵。这样，私人利益排挤共同利益，私人意志变成公共意志，公众批判变成利益妥协，公共领域就变成了徒有公共交往空壳的利益争夺的舞台。虽然各种协会有增无减，虽然咖啡馆早已遍布世界，虽然报纸发行量呈几何数字变化，并且增加了广播、电视等电子媒体，但是哈贝马斯还

---

① ［德］于尔根·哈贝马斯：《关于公共领域问题的答问》，载《社会学研究》1999 年第 3 期。

是宣告了公共领域实质的瓦解。公共领域失却了灵魂——公共性，变成了植物人。

历史的进程能唤醒这个植物人吗？据说已经唤醒了。东欧和中欧的政坛发生了更迭，即对社会生活实行高度集权统治的苏联和其他一些社会主义国家纷纷倒向资本主义，这让哈贝马斯满怀希望地宣称："中欧和东欧的追补革命使我们目睹了公共领域结构的转型。"① 一些人的确从这次"革命"中感受到了公共领域再生的可能。于是在 1999 年，沉寂了近三十年的《公共领域的结构转型》得到了人们的再认识。随着该书第一个英文版问世，一场公共领域的大讨论轰轰烈烈地拉开了序幕，"几乎波及到了所有社会科学和人文科学领域"②。这场讨论主要是围绕着"哈贝马斯与公共领域"的主题展开的，同时涉及亚里士多德、黑格尔、马克思、杜威、阿伦特、泰勒等人的相关思想。从这些讨论来看，其实，与其说是所谓的"追补革命"唤醒了公共领域，还不如说是人们看到了自主社会生活的发展空间。福利国家的大众民主本身并没有因为追补革命而改变，生活意志依然是通过代议制投票选举来表达，而人们参与投票选举的热情并没有增加，反而减少，现实社会生活依然受到公共权力和利益集团的干扰和操纵，人们只不过从追补革命中认识到公共领域的民主潜能③还有待进一步发掘。于是在 1992 年的巨著《在事实与规范之间》中，哈贝马斯对公共领域委以重任，即把它当做公共权力的合法性来源和构成激进民主的基本机制。在分析批判多元主义民主理论、合理选择民主理论等民主模式后，哈贝马斯"提出一个社会学模式，它把注意力集中在受法治国家规范的、因而是官方的权力循环的经验意义上。这种意义首先取决于市民

---

① 参见［德］于尔根·哈贝马斯《公共领域的结构转型》，1990 年版序言。本书无意去追究所谓的"追补革命"与公共领域的关系。需要说明的是这里的"转型"不同于在《公共领域的结构转型》中所描述的转型，在书中的转型是指从自由主义的资产阶级公共领域向福利国家中的受到操纵的公共领域的转变，这种转变意味着公共领域公共性和批判性的衰减。而哈贝马斯此处的"转型"是指从受到国家公共权力导控的公共领域转变成具有公共性和批判性的自主的公共领域。因此，这才让他少了一些悲观色彩，对公共领域重新寄予厚望。

② 曹卫东：《权力的他者》，上海教育出版社 2004 年版，第 37 页。

③ 通过分析大众传媒的功能，哈贝马斯认为"公共领域的民主潜能具有暧昧特征"，即公共领域在大众传媒的影响下不完全是生活意志的表达，同时还面临着社会和个人的认同危机，以及真正体现生活意志的权力的空缺。

社会能不能通过共鸣的、自主的公共领域而形成一种活力，足以把种种冲突从边缘带入政治系统中心"①。如果说自由主义的资产阶级公共领域在于为反对封建专制统治，为市民自由表达生活意志提供一种公共空间和交往机制的话，那么对于 20 世纪末"醒来"的公共领域来说，一方面要挣脱公共权力和社会权力的束缚，另一方面还要为政治系统提供关于生活世界各种问题的公众舆论，为社会生活提供一种与权力和货币相对的另一种整合社会的资源——团结。

（二）哈贝马斯民主理论的研究现状

至今，对哈贝马斯的研究已形成蔚为壮观之势，不管是其本土的德国还是英法美，不论是西方还是东方，都不同程度地刮起了"哈贝马斯热"，并由此形成了"哈贝马斯学"。② 本书无法详述关于哈贝马斯的所有研究著作，在此需要说明的只是关于其民主理论的研究状况。

虽然哈贝马斯从一开始就关注民主的理论与实践③，甚至从来没有离开过民主的视野，但在 1989 年其《公共领域的结构转型》英文版问世之前，对其民主理论却少有详细的论述，只不过是在论述其交往行动理论之余对之有所提及而已④。也就是说，对哈贝马斯民主理论的热切关注是 20 世纪90 年代及以后的事情。特别是其政治哲学巨著《在事实与规范之间》问世后，其民主理论才真正成为对哈贝马斯的思想进行研究的主题之一。

---

① ［德］于尔根·哈贝马斯：《在事实与规范之间》，童世骏译，生活·读书·新知三联书店 2003 年版，第 411—412 页。

② 关于哈贝马斯的研究著作，参见于尔根·哈贝马斯《后民族结构》，"附录二：哈贝马斯研究文献"，曹卫东译，上海人民出版社 2002 年版；《包容他者》，"附录一：哈贝马斯政治（法）哲学著作与研究文献"，曹卫东译，上海人民出版社 2002 年版；以及《哈贝马斯在华讲演集》，"附录三：哈贝马斯在中国（出版物目录）"，人民出版社 2002 年版。但是这些仅限于 2002年前的。近几年又出现了大量的研究著作，包括专著、发表的论文和博硕士毕业论文。

③ 早在写于 1958 年的《大学生与政治》和 1962 年出版的《公共领域的结构转型》中就对资本主义民主进行了深刻的反思和批判。参见曹卫东《曹卫东讲哈贝马斯》，北京大学出版社 2005 年版，第 52—56 页。

④ 类似文献参见 Thomas McCarthy, *The Critical Theory of Jürgen Habermas*, Oxford：Polity Press, 1984；汪行福：《通向话语民主之路》。汪先生认为，话语民主理论是交往行动理论的自然延伸，也为交往行动理论画上了圆满的句号，所以他从哈贝马斯的交往行动理论的角度来阐述和批判哈贝马斯话语民主思想。在此需要特别注明的是，约翰·基恩在 1984 年的《公共生活与晚期资本主义》一书中，从公共生活的角度对哈贝马斯的公共领域观念进行了详细的论述。其评论虽然有些偏颇，但在当时的条件下还是很有洞见的。对此在第四章将详加论述。

到目前为止，对哈贝马斯民主理论的研究大体可分为这样几个方面：

一是依据《在事实与规范之间》，从法律角度论述其话语民主理论，代表作有高鸿钧等的《商谈法哲学与民主法治国》、郑永流主编的《商谈的再思：哈贝马斯〈在事实与规范之间〉导读》、任岳鹏著的《协商对话的法律》，这些著作都企图阐明哈贝马斯思想中法律与民主之间的矛盾关系。

二是从伦理学角度论述其话语民主理论，代表作是王晓升著的《商谈道德与商议民主——哈贝马斯政治伦理学思想研究》，其着力点在于阐明哈贝马斯政治思想中的道德、法律与民主的关系；孙国东著的《合法律性与合道德性之间：哈贝马斯商谈合法化理论研究》，从哈贝马斯对当下道德意识与法律意识结构的时代诊断和社会理论重构出发，立基于他对后传统社会的道德哲学建构，分别以康德式理性自然法和韦伯式实证论合法化理论为外部参照框架，着重分析了哈贝马斯话语合法化理论的内在理路及其相对于前述两者的知识增量。

三是从全球化角度来探讨哈贝马斯民主理论的意义及其局限，以艾四林等著的《民主、正义与全球化》为代表。该书系统梳理了哈贝马斯对民主、正义、人权、永久和平以及全球化压力下民族国家等问题的哲学解释，并进而说明基于交往理性和“话语理论”的程序主义民主范式是哈贝马斯政治哲学问题域的核心和一以贯之的理论主线。

四是从审议（deliberative）程序角度研究哈贝马斯的政治思想，并由此将哈贝马斯的民主理论称为审议民主理论，这以刘建成、张翠和张扬金为代表。刘建成以《第三种模式：哈贝马斯的话语政治理论研究》为题，以审议政治的思想史梳理为线索，刘建成揭示了审议政治理论在后形而上学时代的政治理性意义，以及审议政治理论在西方政治哲学史上特别是当代政治哲学中的地位，值得注意的是他以专章论证了话语政治理论中的程序主义民主理论，将哈贝马斯的民主理论的着力点置于“程序”上。虽然作者用了“话语”一词，但它是对 deliberative 一词的翻译，因而是本书所指的“审议”而有别于本书的“话语”（Diskurs）。① 在《民主理论的批判与重建：哈贝马斯政治哲学思想研究》中，张翠则反其道而行之，

---

① 参见刘建成《第三种模式：哈贝马斯的话语政治理论研究》，中国社会科学出版社 2007年版。

根据哈贝马斯思想发展的逻辑从审议民主的视角来反观哈贝马斯的政治哲学，并将商谈机制与民主机制看成是哈贝马斯审议民主理论的基本机制①；在其《权利观与权力观重塑：哈贝马斯的协商民主理论研究》一书中，张扬金以政治学中的权利与权力的规范性视野，深入挖掘哈贝马斯审议民主思想中的精髓要旨——权利与权力之间的张力②。

　　而本书以上述的研究为基础侧重从公共领域的角度来阐述哈贝马斯的话语民主理论。

　　毫无疑问，20世纪90年代以来，哈贝马斯的"公共领域"思想在世界学术论坛引起了轩然大波。它作为哈贝马斯话语民主理论的关键词已经得到广泛承认，并从哲学和社会学领域扩展到了政治学、法学、传播学、历史学、文学、管理学等领域。尽管如此，人们关于公共领域的探讨仍然不能绕开哈贝马斯的公共领域思想。大致说来，人们对哈贝马斯公共领域思想的研究主要是在以下这几个方面展开的：

　　第一，针对哈贝马斯的《公共领域的结构转型》，对公共领域的历史发展进行进一步详细考察，质疑哈贝马斯所描述之公共领域的真实性。凯斯·迈克尔·贝克（Keith Michael Baker）以《详述18世纪法国的公共领域：哈贝马斯所提出的一个主题的变种》为题，指出18世纪法国的政治文化并非如哈贝马斯所提出的那样，表现为资产阶级公共领域。贝克（Baker）承认18世纪的法国的公共生活的确已经出现了文学、印刷刊物以及其他社会交往的形式，并从中产生出公共意见，但是从中并不能提炼出"资产阶级公共领域"这样一个交往的理想类型。在他看来，公共意见只是在绝对权威出现危机情况下的一种"政治创造"（political invention）③。大卫·扎雷特（David Zaret）以《17世纪英国公共领域中的宗教、科学和印刷品》为题，把哈贝马斯的公共领域当作一个理想类型，承认公共领域的产生的确是民主实践的一个重要发展，但同时指出：哈贝马斯对公共领域的叙述，由于要适应马克思主义的理论框架而让人有些削

　　① 参见张翠《民主理论的批判与重建：哈贝马斯政治哲学思想研究》，人民出版社2011年版，第107页。

　　② 参见张扬金《权利观与权力观重塑：哈贝马斯的协商民主理论研究》，中国社会科学出版社2012年版。

　　③ Keith Michael Baker，"Defining the Public Sphere in Eighteenth-Century France," in Graig Calhoun，*Habermas and the Public Sphere*，Cambridge：The MIT Press，1992，pp. 191 – 192.

足适履的感觉。在《民族、公众与政治文化：将哈贝马斯置于 19 世纪》一文中，杰夫·埃里（Geoff Eley）赞扬了哈贝马斯在公共领域的历史叙述方面所作的贡献："在当时能够获得文献资料有限的情况下，在历史方面的论证却论据可靠而又富于想象。"另外，他还指出，对公共领域的研究，哈贝马斯在很多方面都受惠于雷蒙·威廉（Raymond Williams）对大众文化的研究。① 对此，哈贝马斯自己也予以承认。② 然而埃里认为哈贝马斯对资产阶级公共领域的过分渲染导致了不正确的理想化，即夸大了以阅读为中介、以交谈为核心的公共交往的合理层面。值得关注的是国内的李佃来较早地从市民社会、公共领域与生活世界这三者之间的关系来阐明"公共领域"范畴在哈贝马斯思想中的重要地位，认为公共领域构成了哈贝马斯早期或第一阶段的市民社会的话语背景。

　　历史学家们对公共领域的上述解读说明了"公共领域"存在着历史性与理想性之间的张力。存在于 17 至 19 世纪欧洲社会生活的一种历史形态是否可以被当做一个普遍的理想民主生活模式，这自然还需要讨论。但无可疑义的是，随着社会的发展，作为社会生活的一种形式，哪怕是内容受到扭曲或操纵的形式，公共领域还是被历史延续了下来。与其说是哈贝马斯从当时的特定语境中抽离出这样一种理想类型，不如说是人类社会发展的结果。

　　第二，对资产阶级公共领域作为一元主导公共领域的评论。卡罗尔·佩特曼（Carol Pateman）、玛丽·P. 瑞安（Mary P. Ryan）等人对公共领域的性别问题进行了相关论证。卡罗尔·佩特曼指出，政治公共领域至今仍具有缺乏公共主题的私人领域的父权特征。哈贝马斯对这种评论给予了认可："她打破了契约理论对民主法治国家的辩护，旨在证明，理性权利必定反对父权制统治，旨在将父权制加以现代化，使之成为兄弟制。"③以《性别与公众准入：19 世纪的美国女性的政治》为题，玛丽·P. 瑞安从性别角度对哈贝马斯的公共领域进行了解析。她承认哈贝马斯公共领域

---

① Geoff Eley, "Nations, Publics, and Political Cultures", in Graig Calhoun, *Habermas and the Public Sphere*, Cambridge: The MIT Press, 1992, p. 294.

② ［德］于尔根·哈贝马斯：《公共领域的结构转型》，曹卫东等译，学林出版社 1999 年版，"1990 年版序言"，第 4 页。

③ 同上书，"1990 年版序言"，第 8 页。

的建构对于女性主义者来说创造了一种有利条件：它将政治从国家的铁腕统治中解放出来，并赋予女性以公民地位，和作为公众的主体地位。另外，在《反思公共领域：对批判现今民主的贡献》一文中，南茜·弗雷泽（Nancy Fraser）批判了哈贝马斯公共领域的资产阶级观念。她认为，资产阶级公共领域并不足以批判晚期资本主义社会现存民主的局限性。她提出了其自己的"公共领域观念"及其四个条件：第一，一种自足的公共领域观念不仅要悬置而且要消除社会不平等；第二，不管是在等级社会还是平等社会，公众的多元性都要优先于单一的公共领域；第三，一种能够自持的公共领域观念支持的不是排挤性的而是包容性的利益和问题，这些利益和问题被资产阶级和父权主义者贴上"私有的"标签而占为己有；第四，一个可以辩护的公共领域观念必须拥有强的公众（议会主体）和弱的公众（被排挤的公众）。最后她提出一种后资产阶级公共领域的概念。①

以性别为视角对哈贝马斯公共领域的研究开拓和凸显出了民主的性别领域。长期以来，绝大多数民主理论家都将民主限定在无性别的或父权制社会中，将女性的民主生活排除在外，而事实是，妇女总是以其特有的方式和普遍的方式参与了生活意义的创造，不管是曾经受专制压迫或现在正在受到压制并进行反抗的妇女，无疑都应当是民主的主体。公共领域作为民主生活意志的表达场域，作为对公共权力进行监督和批判的场域，理所当然地需要妇女的参与，而这种参与是否需要严格地划分性别视角，还有待研究和尝试。

此外，查莱特（David Zaret）和费洛伦查（F. S. Fiorenza）从神学角度对哈贝马斯的公共领域提出了质疑。通过对英国历史的分析，指出宗教在英国资产阶级革命萌芽和高涨之时始终在公众生活中占有一席之地。费洛伦查则认为，哈贝马斯对教会作为一种社群所具有的公共制度特征的否定是很成问题的。另外，左翼代表耐格特（Oskar Negt）和克鲁格（Alexander Kluge）针对哈贝马斯的资产阶级公共领域，提出了无产阶级公共领域的重要意义。②

---

① Nancy Fraser, "Rethinking the Public Sphere", in Graig Calhoun, *Habermas and the Public Sphere*, Cambridge：The MIT Press, 1992, pp. 136 – 137.

② 参见曹卫东《权力的他者》，上海教育出版社 2004 年版，第 38 页。

　　所有这些评论和质疑促使哈贝马斯从作为一个理想类型的一元公共领域转向了多元的公共领域。到 1990 年，哈贝马斯承认"公共领域一开始就是多元的"①，而且在 1992 年的《在事实与规范之间》，他不再使用"资产阶级公共领域"这一术语，而是直接使用"公共领域"或"政治公共领域"。

　　第三，运用哈贝马斯的公共领域观念丰富审议的民主模式。对此，国内的艾四林等人在专著《民主、正义与全球化——哈贝马斯政治哲学研究》中认为，公共领域问题在哈贝马斯的民主理论中居于核心地位，作为思考民主政治理想性及其现实性的理论切入点，直到最晚近的讨论，公共领域问题始终贯穿于哈贝马斯的思考框架中。② 同时，他们还揭示了公共领域的内在悖论与民主政治的困局，指出在国家公共权力的侵蚀与垄断资本主义的扩张下，作为民主政治理想模型的资产阶级公共领域必然瓦解。汪行福的专著《通向话语民主之路：与哈贝马斯对话》以哈贝马斯思想的发展历程为线索，揭示了哈贝马斯的哲学生涯其实就是"通向话语民主之路"，"它的核心是通过语言的相互理解构建个人自由和无强制集体生活的激进民主制理想"。③ 宝琳·约翰逊（Pauline Johnson）的《哈贝马斯：拯救公共领域》对哈贝马斯的公共领域理论进行了系统的研究，但是对于公共领域与民主之间的本质联系没有准确地揭示。以《审议民主与超越：自由主义者、批判论者及其争论》为题，约翰·S. 德莱辛克（John S. Dryzek）区分了审议（deliberative）民主与话语（discursive）民主，并论证了话语的民主优于审议的民主。受哈贝马斯影响，他主张把公共领域的话语作为民主的关键因素，但是要求摒弃哈贝马斯过于理想化的成分，而接受福柯的话语霸权理论，并对自由宪政民主理论、社会选择理论和差异民主理论模式进行了批判。④

---

　　① ［德］于尔根·哈贝马斯：《公共领域的结构转型》，曹卫东等译，学林出版社 1999 年版，"1990 年版序言"，第 6 页。

　　② 艾四林、王贵贤、马超：《民主、正义与全球化》，北京大学出版社 2010 年版，第 1 页。

　　③ 汪行福：《通向话语民主之路：与哈贝马斯对话》，四川人民出版社 2002 年版，第 2 页。

　　④ John S. Dryzek, *Deliberative Democracy and beyond：Liberals*, *Critics*, Contestations, Oxford：University Press, 2002.

约斯华·科恩运用哈贝马斯的公共领域概念发展出话语民主模式，这种模式后来与哈贝马斯的民主理论进行了互动，得到了哈贝马斯的认可①。另外，卢克·古德（Luke Goode）的《哈贝马斯：民主与公共领域》则从民主的视角对哈贝马斯的公共领域概念进行了批判式解读和扩展，如他对网络公共领域进行了阐释。②

第四，运用哈贝马斯的公共领域观念反思特定政治文化和民主模式。影响较大的有汉学界对中国近现代以来"市民社会"的考察。借助于哈贝马斯的公共领域概念，黄宗智对从清末到当代的中国"市民社会"的历史作了概要的清理，并提出了"第三领域"的概念。他指出："国家与社会的二元对立是从那种并不适合于中国的近现代西方经验里抽象出来的一种理想构造。我们需要转向采用一种三分的观念，即在国家与社会之间存在着一个第三空间，而国家与社会又都参与其中。"③ 在他看来，中华帝国晚期的第三领域就表现为由血缘和习俗维系的宗族/社区领域、县级以下的行政领域以及地方乡绅商贾等，国民通过这些第三领域调解纷争，与国家公共权力发生关系。在当代中国，第三领域逐渐制度化，并起着国家公共权力的作用。许纪霖指出，在 19 世纪中国已经出现了公共领域，比如报纸、杂志、学会、学校等，并根据中国当时的国情分析了公共领域在中国早期现代化中的特征和作用。④ 杨仁忠的《公共领域论》对公共领域的古典传统、近现代生成、现代理论发展、理论特征、运行机制、宪政民主功能以及中国意义等问题进行了系统的梳理、探讨和研究，既对公共领域及其理论进行了社会史和学术史的考察与梳理，又对公共领域及其概念进行了机制分析和理论界定，同时还在东西方不同语境下探讨了公共领域及其理论的宪政民主功能和时代价值。⑤ 还有人把公共领域概念运用到了对美国政治文化、穆斯林政治文化、欧洲政治文化的分析中。

---

① 参见哈贝马斯《在事实与规范之间》，第 377 页。

② Luke Goode, *Juergen Habermas*: *Democracy and the Public Sphere*, London: Pluto Press, 2005.

③ 邓正来：《国家与市民社会》，中央编译出版社 2002 年版，第 420 页。

④ 许纪霖：《近代中国的公共领域：形态、功能与自我理解——以上海为例》，载《史林》2003 年第 2 期；《中国早期现代化研究：中国早期现代化中的公共领域》，载《光明日报》2003年 1 月 21 日。

⑤ 参见杨仁忠《公共领域论》，人民出版社 2009 年版。

　　第五，从传媒角度对公共领域的研究也出现了一些成果，例如，尼古拉斯·加纳姆（Nicholas Garnham）的《媒介和公共领域》[1]、展江的《哈贝马斯的"公共领域"理论与传媒》以及张志安的《传媒与公共领域》等。

　　以上这些研究为理解哈贝马斯提供了有益的视角和资源，但是本书以为，哈贝马斯民主理论的研究文献中对公共领域的论述仍然过于粗略，它们并没有展现哈贝马斯话语民主理论的精髓，也没有揭示出公共领域的灵魂，作为表达生活意志的民主机制的公共领域似乎被遮蔽了。人们看到的是，在其中交往行动得以实现、话语机制得以实施的抽象公共领域，而没有看到鲜活的作为展现生活、维护生活的公共领域。话语民主在哈贝马斯看来正是成熟的现代生活的映现，而公共领域是实现其话语民主的根本机制。他从来没有离开过"生活"，而是时刻关注"生活"，揭示"现代生活"的软弱，可以说守护"本真生活"是哈贝马斯话语民主的价值取向。正如他在1968年论尼采的文章中所言："脱离了任何实践生活的关联，并试图以这样的方式把握现实结构的纯粹理论，当它试图解释自在之物时必然是虚假的。因为，认识活动植根于一种意义关联之中，而这种意义关联只有在生活实践，在语言和行动所具有的本质中才能成立。"[2] 然而在已经除魅了的现代社会中，生活已经多元化。在多元化的生活世界里，自主生活不可能依靠国家的抽象形式自上而下给以规定或引导，而只能依靠作为生活主体的公众在作为公共交往网络的公共领域中自由表达、判断、权衡与认同。因而，他指出："即使现代国家也代表了一种政治生活形式，它并不完全归结为对普遍法律原则的建制化的抽象形式。这种生活形式构成了普遍主义宪法原则必须在其中得到落实的那种政治文化情境，因为只有习惯于自由的人们才能使自由的建制生存下去。"[3] 如何在国家与社会生活中保持必要的合理的张力？如何既发挥国家建制化的功能，又有效地限制其对社会生活的僭越？如何守护和实现本真的社会生活？面对这些问

---

　　① 参见 Nicholas Garnham, "The Media and the Public Sphere", in Graig Calhoun, *Habermas and the Public Sphere*, Cambridge：The MIT Press, 1992, pp. 359 – 376。

　　② Jürgen Habermas, Kultur und Kritik. Verstreute Aufsätze, Frankfurt am Main, 1973, S. 224.

　　③ ［德］于尔根·哈贝马斯：《哈贝马斯精粹》，曹卫东选编，南京大学出版社2004年版，第271页。

题，哈贝马斯将着眼点置于公共领域中公众的自主自律。然而，这是一个充满他者的社会，是一个为他者承认而斗争的社会。他者既是排挤自我、掠夺自我的消极因素，同时也是构成自我、塑造自我的积极因素。自由离不开他者的话语。哈贝马斯的话语民主正是为了预防、抵抗甚至消除当代社会中出现一种压制他者的专制形式。而其基本的手段就是公共领域的实践话语机制。这种话语机制在他者在场的公共交往中为习惯于自由的人们提供了自主生活的可能途径。

三　本书的研究视角和主要内容

综合上述对哈贝马斯的研究状况，可见公共领域之作为表达和维护社会生活的民主意蕴并没有得到准确而充分地揭示，这无论是对于其公共领域理论还是民主理论的研究来说都是严重的缺陷，对于前者而言，没有切中公共领域理论的旨趣——话语民主，对于后者而言，则忽视了公共领域在话语民主理论中的基础地位。而本书拟以此为主题，即以公共领域为视角来研究哈贝马斯的话语民主思想。

第一章分析哈贝马斯对现代民主的诊断。虽然哈贝马斯没有单独诊断过现代民主，但是，从其早期著作来看，审视现代民主一直是他的主题。从《公共领域的结构转型》、《理论与实践》、《作为意识形态的技术与科学》以及《合法化危机》来看，哈贝马斯的哲学宗旨之一就在于对技术统治的批判。他考察了现代社会哲学取代古典政治学的思想历程和资本主义社会，尤其是晚期资本主义社会中科学技术成为"意识形态"的过程，揭示出现代民主政治中科学技术对政治实践话语的排挤，并得出结论：现代民主已经难于担当实践生活的守护者，而逐渐沦为技术专制统治的形式。技术至上的工具理性侵占了经济社会和政治社会，使经济社会蜕变成以金钱为媒介的交易系统，使政治社会蜕变成以权力为媒介的官僚统治系统，这两个系统扭结在一起不仅忘却了生活的实践话语，而且作为系统的强大力量还侵入了生活领域，使生活世界殖民化。由此，社会整合的方向由自下而上变成自上而下，社会生活变得被动、软弱。国家公共权力的合法性不再来源于生活领域，而就来源于系统本身，生活世界只不过为其提供形式上的大众忠诚而已。这就是资本主义的合法性危机。事实上，早在《公共领域的结构转型》对公共领域的分析中，哈贝马斯就已经触及了这个问题，并奠定了其整个政治理论的基调——现代民主正在走向危险的境地。在他看来，要挽救民主生活于这种合法性危机，就只有重建公共领域，充分发挥公共领域的民主潜能。

第二章分析哈贝马斯公共领域观念及其民主潜能。正是"公共领域"将哈贝马斯引进了学术的殿堂，但是，公共领域并非他的首创，其早已具有了悠久的历史。公共领域从一开始就是作为民主的一个视角存在的。它是人们自由交往、表达意见以及获取共同认识的地方，其中蕴涵了民主的所有机制和旨趣。本章通过考察公共领域观念的历史来说明哈贝马斯公共领域概念的独特性。他的公共领域充满私人性与公共性之间的张力，它是伦理、道德与政治的实践话语的结合。公共领域的话语民主机制表现为，自主自律的公众通过交往行动将生活世界的议题在公共领域自由讨论、辩护和批判。

第三章将哈贝马斯的公共领域置于其整个话语民主理论中来系统论证其话语民主机制，尤其是阐明公共领域与公共权力之间的相互作用机制。哈贝马斯的话语民主是公共领域在场的民主：这种民主模式并非取消建制化的权力系统，而是促进公共权力系统与由实践话语形成的公共领域之间的相互作用，构成一种建立在实践话语基础上的程序主义民主模式。这种话语模式建立在民主法治国家的观念基础之上。在《在事实与规范之间》一书中，哈贝马斯分析了民主与法治的内在关系，提出了民主法治国家的观念，并在此基础上建构了话语民主理论。他将私人自主与公共自主结合起来，将人权与人民主权结合起来，认为国家公共权力来源于交往权力，交往权力通过法律及其程序转化为政治权力，并把宪法民主国家理解为以法律为中介的政治权力与交往权力的循环系统。这个系统具体表现为，社会公众在公共领域中形成交往权力，并通过议会等立法机构转化为政治权力，政治权力通过法律得到实施。因此，哈贝马斯的话语民主模式主要表现为（非正式的）公共领域与公共权力系统的相互作用。而公共领域在其中扮演着连接生活世界与政治权力的纽带的作用，它既是生活的守护者，又是政治的发源地。

第四章阐述哈贝马斯的话语民主理论对当代民主理论与实践的影响，并运用马克思主义的观点对其进行批判性分析。哈贝马斯通过对福柯问题的考察，坚守了现代性的阵地，并以话语民主来解答后者的"现代民主是否可能"的问题。哈贝马斯通过与罗尔斯的争论，坚持将活生生的生活世界作为话语民主的出发点，批判了罗尔斯假设的原初状态的理论基点，试图以公共领域的民主机制解决罗尔斯的"多元社会中民主如何可能"的问题。哈贝马斯公共领域在场的民主理论还启发了当代的审议民主理论与实践。

作为一种西方马克思主义的民主观，公共领域在场的话语民主理论与马克思主义的民主观具有一致之处，对当代建构社会主义的民主模式具有重要的启发意义。但是，这种话语民主本身也充满了悖论。它曾受到马克思主义的较大影响，在某种视野上与马克思主义相融合，但也在一定程度上又背离了马克思主义。从马克思主义的立场来看，哈贝马斯没有认识到，公共领域的民主不能脱离特定的生产关系而存在，更不能将民主的实践话语建立在所谓理想的言语情景之中。对于中国当前的民主政治制度的完善而言，哈贝马斯的公共领域在场的话语民主理论具有重要的启发意义。

第一章

哈贝马斯对现代民主问题的诊断

> 我想把"民主"理解为制度上得到保障的、普遍的和公开的交往形式，而普遍的和公开的交往涉及的是这样一个实践问题：在人们支配［自然的］力量不断扩大的客观条件下，如何能够和愿意彼此生活在一起。我们提出的问题是技术和民主的关系问题，即如何把人们所掌握的技术力量，反过来使用于从事生产的和进行交谈的公民的共识？
>
> ——哈贝马斯

20世纪的民主是现代性的民主，它体现了现代性的本质特征，民主化成了国家现代化的标志之一。但是，20世纪又是反现代性的世纪。许多哲学家纷纷举起了批判现代性的大旗，有的"重估一切价值"，有的反思启蒙，有的宣告主体的死亡，有的拒斥形而上学，总之宣称告别现代性。与此相应，正当人们为现代民主摇旗呐喊或趋之若鹜之时，具有时代最敏锐嗅觉的哲学家已经察觉了现代民主的病灶。一些理论家将民主与极权主义联系在了一切，从根本上否定了民主政治的合法性；另一些理论家从总体上承认现代民主政治的合法性，但是也诊断出其中隐藏的专制病症。

哈贝马斯就是后者中最卓越的人物之一。他的卓越不在于固守传统，为现代民主的种种功绩辩护，也不在于充当先锋混迹于后现代思想家之列，为颠覆现代民主推波助澜，而是在于他以辩证唯物主义的分析方法，辩证地、历史地剖析现代民主问题。他"把'民主'理解为制度上得到保障的、普遍的和公开的交往形式，而普遍的和公开的交往涉及的是这样一个实践问题：在人们支配［自然的］力量不断扩大的客观条件下，如何能够和愿意彼此生活在一起"。① 可见，在他这里，民主的根本特性在

---

① ［德］于尔根·哈贝马斯：《作为"意识形态"的技术与科学》，李黎、郭官义译，学林出版社1999年版，第91—92页。

于生活的实践性。在他看来，现代民主成了有病之躯，而病根就在于政治的科学技术化对社会生活之实践话语的排挤。因为这样一来，"普遍的和公开的交往形式"就失去了实践的方向，社会生活中的自主自律让位于技术的支配。缺乏实践话语的现代民主逐渐丧失其合法性，退化为一种僵化的形式。不过，哈贝马斯认为，现代性仍然是一项未完成的设计，现代民主仍然具有巨大的解放潜能。后现代主义、第一代法兰克福学派等对现代民主的诘难在一定程度上反映了社会的现实，另一方面也过于偏激和悲观。因为，我们仍然处在现代化的过程中，主要目标并非摧毁现代民主，而是继续挖掘现代民主传统的解放潜能。要做到这一点，就必须重振真正的政治公共领域。

第一节　政治的科学技术化对实践话语的排挤

现代化的过程是一个祛魅的过程，相应的也是整体性的宗教、神话世界观解体和现代世俗化世界观确立的过程。哈贝马斯从文化人类学的观点出发，认识到现代世界观不再是整体性的，而是区分性的。整体的世界观瓦解的过程就是世界分化的过程。他援引皮亚杰的发生认识论把世界分为三重：作为一切客观事物总体的客观世界、作为人际交互关系总体的社会世界和作为主体经历总体的主观世界。认识三重世界需要三种不同的语言方式：认识客观世界运用陈述语言的论断话语，认识主观世界运用表现自己的经历话语，认识社会世界运用表达调节意图的规范话语。陈述语言的论断话语追求真理性，主观经历的话语追求真诚性，规范话语追求正当性。

在哈贝马斯这里，社会世界是一个规范的世界，民主问题是社会世界的重要问题，其核心范畴也就是规范。他所说的"规范"，是指主体间所共同遵守的，对行为者或行为具有普遍合法效力的制度、规则、规定或准则。规范的基本特性是普遍性："遵守规范的中心概念，意味着满足一种可普遍化的行为要求。行为要求不是具有一种预测事件所要求的认识意义，而是具有规范性意义。"① 也就是说，规范是对于一定的社会成员具

---

① 转引自龚群《道德乌托邦的重构》，商务印书馆 2003 年版，第 56 页。

有普遍性约束力的社会存在物，规范的有效性就在于其普遍约束性。规范的普遍化是通过主体间的认同实现的，这种认同一方面是在潜移默化的文化背景中接受的文化习俗，另一方面是主体间通过实践话语达成的共识。任何单向的规定都不是规范，而是命令。而且，规范具有合法性，并内在地建构着合法的人际关系和社会秩序。这种合法性不仅建立在符合现成法律程序的基础上，而且建立在非强制的话语有效性基础上，即建立在社会成员间自主自律的交往行动基础上。

哈贝马斯认为，人类的任何活动或行为都包含有一定的兴趣。兴趣，就是基本价值取向，是"与人类再生产的可能性和人类自身形成的既定的基本条件，即劳动和相互作用相联系的基本导向"①。他把人类活动的兴趣分为三类：技术的兴趣、实践的兴趣和解放的兴趣。技术的兴趣是人们试图通过技术占有或支配外部世界的兴趣，它的基本价值取向是把人类从自然界的强制中解放出来。实践的兴趣是维护人际间的相互理解以及确保人的共同性的兴趣，它的基本价值取向是把人从对僵死意识形态的依附关系中解放出来。解放的兴趣就是人类对自由、独立和主体性的兴趣，它的基本价值取向是把人从对象化的力量中解放出来。人类历史的前进与发展，最终取决于解放的兴趣，而解放的兴趣本身又受到技术兴趣和实践兴趣的影响。

通过考察西方政治学史，哈贝马斯发现，古典政治学尤其是亚里士多德的政治学以实践话语为取向，而随着科学技术的发展，以及主体哲学的兴起，现代社会哲学取代了古典政治学，意在征服自然界的技术兴趣逐渐侵入社会世界，并排挤了其中的实践话语兴趣。

一　现代社会哲学取代古典政治学

在 1961 年写就的《古典的政治学说与社会哲学的关系》一文中，哈贝马斯通过考察近代自霍布斯以来的政治思想，认为现代政治哲学已经完全背离了古典政治哲学的基本价值取向，而变成了现代社会哲学。以亚里士多德为代表的古典政治学的兴趣在于实践话语，而现代政治哲学的兴趣却在于技术。哈贝马斯受古典政治学的影响，也坚持实践话语在政治学中的核心地位。

---

① ［德］于尔根·哈贝马斯：《认识与兴趣》，郭官义、李黎译，学林出版社 1999 年版，第 199 页。

哈贝马斯认为，现代社会哲学与古典政治学的不同主要表现在以下几个方面：（1）古典政治学是关于公民美好和正当的生活的学说，是伦理学的延续。而现代社会哲学将政治学与伦理学区别开来，旨在研究国家权力、公民权利及由此形成的社会基本制度。（2）古典政治学仅仅与实践相联系，而与技术毫不相干。但现代社会哲学则认为人类社会的最大进步应该归因于政治技术。（3）古典政治学不能以严格的科学或绝对肯定的认识作为衡量自己的尺度，而现代社会哲学则依靠科学的可靠性标准，企图一劳永逸地指明正确的国家秩序和社会秩序。①

可见，古典政治学与社会哲学的根本区别在于其旨趣是实践还是技术。"实践"概念源于古希腊，希腊文是 πραξις，德文是"Praxis"，拉丁文则是"actus"，即"行动"的意思，并且是与人的意志选择有关的行动；它的英文是"practice"，有"练习"、"实行"、"（知识的）应用"等意思。在早期古希腊人那里，实践是最广泛意义上的生活，是一切存在物包括动物在内的基本特征。而亚里士多德将实践与技术区分了开来。他把实践看做城邦中追求善的政治生活，因而它被限定于人的政治活动，同时技术的活动被排除在外。实践是人们以善为目的且正当的政治行动，是一个与道德和伦理紧密联系的概念。

哈贝马斯受亚里士多德的影响，也将实践与技术相区别，强调实践的社会规范性和话语特征。约翰·基恩（John Keane）明确指出了这种关系："青年哈贝马斯对官僚主义合理性的批判不可能被正确地理解，除非他的劳动和交往等主要概念经过必要的修正被看成是亚里士多德关于手段和目的、技术和实践以及技艺和道德—实践智慧的不同合理性的二元论的详尽发挥和重建。大多数关于哈贝马斯的设想的讨论都漏掉了这一点——如果留意到他本人明确地承认他受惠于亚里士多德，这种疏忽就更加不可思议了。"② 的确，哈贝马斯认识到："所谓政治，实际上就是民主的意见和意志形式"③，政治必须关注实践问题，而"实践问题着眼于规范，特

---

① ［德］于尔根·哈贝马斯：《理论与实践》，郭官义、李黎译，社会科学文献出版社2004年版，第44—45页。

② ［英］约翰·基恩：《公共生活与晚期资本主义》，马音等译，社会科学文献出版社1999年版，第143页。

③ ［德］于尔根·哈贝马斯：《包容他者》，曹卫东译，上海人民出版社2003年版，第286页。

别是行为规范的接受和拒绝"①。

　　虽然哈贝马斯和亚里士多德一样都强调政治的实践性，但是，他们的实践概念具有很大不同。第一，亚里士多德的实践观是传统形而上学的主体—客体思维的产物，"实践"所追求的是一元的至善。而哈贝马斯的实践观是后形而上学的主体间性思维的产物，"实践"的目标在于多元的主体在公共领域中通过话语协商，追求多元声音中的理性同一性，即在多元价值中寻求普遍共识。第二，亚里士多德的"实践"是一种指向共同善的公共政治活动，实践不具有私人性质，也就是说，这种实践只有公民的公共自律。而哈贝马斯的"实践"是一种主体间指向共识的交往活动，既有公共性，也有私人性，公民既需要具备建立在私人生活上的私人自律，也需要具备建立在公共生活世界中的公共自律。第三，亚里士多德的"实践"概念没有道德与伦理的区分，在他那里，实践的目标是共同体的至善，既包括对良好秩序的道德规范讨论，也包括对良善生活的追求。而哈贝马斯的"实践"概念对道德和伦理作了明确的区分，两者不可混为一谈。基于这些差别，哈贝马斯对现代社会哲学取代古典政治学的批判性分析并不说明哈贝马斯想要复兴古典的政治学。

　　在哈贝马斯看来，古典政治学向现代社会哲学的转化过程，就是政治的科学技术化过程。这个过程不是一蹴而就的，在思想史上，它经历了从托马斯·阿奎那、马基雅维里、莫尔直到霍布斯这几代人的思想转变。

　　哈贝马斯考察了托马斯的政治学在古典政治学向现代社会哲学转化中的作用。他指出："托马斯·阿奎那的社会哲学以其特有的方式，成了亚里士多德和霍布斯的中介。"② 托马斯继承了亚里士多德的传统，认为国家的存在只是为了人的美好生活，有德行的生活。但是他又与亚里士多德不同，因为他不再把城邦共同体看做原本就是政治的，而是认为国家是在社会中形成的，人不仅是政治动物，还是社会动物。在亚里士多德那里，城邦和家是根本对立的，而在托马斯这里，它们通过社会连接起来，并由此把社会中的生产劳动纳入了政治的范畴。但是，托马斯仍然坚持政治学

----

　　① ［德］于尔根·哈贝马斯：《理论与实践》，郭官义、李黎译，社会科学文献出版社2004年版，"新版导论"，第3页。

　　② 同上书，第50页。

作为伦理学的观点。政治的本质在于德行，而"德行由他的同胞通过舆论来加以证实"。在这里，托马斯的理论已经蕴涵了一种民主的理念，政治作为守护有德行的生活，是通过生活的主体——"他的同胞"来完成的。甚至"舆论"作为证实德行的方式，具有稍许激进民主的特征。

　　然而，托马斯这稍许激进民主的特征并没有能够抓住政治的实践方向，而是将政治引向了技术统治的道路。在哈贝马斯看来，马基雅维里和莫尔大大地推动了这种政治技术化的行进步伐，并且导致现代政治学与古典政治学的决裂："马基雅维里和莫尔以各自的方式完成了政治与伦理之间的区分。新型政治的最高准则就是：君主的唯一目的就是维护他的生活和统治。他将为他为此使用的一切手段作辩护。他们不同的是马基雅维里强调政治在于维护政权，而莫尔强调，政治在于社会秩序的重建。而共同的是他们的政治在道德上都是中性的。他们研究的都不是实践问题，而是手段或技术问题。"①

　　但是，"马基雅维里和莫尔只走完了他们要走的一半路程：他们在方法上同传统的前提决裂，并且用技术问题取代了实践的观察方向"②，他们"冲破了古典哲学中实践与创造之间的神圣界限，并在这个领域中发现了手段和技能知识的相对可靠性；这种知识解决了实践智慧的不精确性和无法传播性"③。不过，"他们却没有使用笛卡尔的严格的认识论方法，没有使用伽利略的研究方法"④。

　　哈贝马斯认为，从古典政治学向社会哲学的转变最终是由霍布斯来完成的。他指出："当霍布斯（Hobbes）在 17 世纪中叶着手研究国家的成因、形式和权力（the matter, form and power）时，他所研究的已经不再是亚里士多德所说的'政治学'，而是社会哲学了。他彻底背离了 200 年前就已陷入停滞状态的古典传统。"⑤ 马基雅维里和莫尔都没有提出过把政治学作为科学来研究的要求，而霍布斯却与他们不同，他"以明确的态度，把［资产阶级的］政治行为放在他从当时的力学中认识到的，受

---

　　① ［德］于尔根·哈贝马斯：《理论与实践》，郭官义、李黎译，社会科学文献出版社 2004年版，第 57 页。

　　② 同上书，第 61 页。

　　③ 同上书，第 63 页。

　　④ 同上书，第 61 页。

　　⑤ 同上书，第 43—44 页。

科学指导的技术的不可逾越的某种基础上来研究资产阶级的生活规律"①。

　　霍布斯根据其机械论哲学理论认为，在自然状态里，人与人像狼对狼一样，相互厮杀，每个人都生活在饥饿与死亡的威胁中。为了摆脱这种威胁，追求幸福和自由，人与人缔结契约，形成一个具有自我约束和权威的国家，人民的权力集于君主一身，保证了绝对的权威。但是，哈贝马斯认为，霍布斯以自然法理论为基础的这种社会哲学有三个问题。其一，专制与自由的矛盾。"霍布斯用自然法构想的专制主义国家的理念是自由的……从这点上讲，霍布斯是自由主义的真正的奠基人。"② 但是，霍布斯主张国家的绝对权威，君主拥有至上的权力，个人必须服从君主的命令。也就是说，自由理念被国家的专制主义所吞食。其二，作为社会技术的权力科学在实践中的软弱无力。霍布斯用物理学的方法去建立社会哲学，把实践问题中的规范法则还原为物理学中的因果法则，用社会技术去解决实践中的规范问题。在他看来，"一旦获得了对社会状态的力学的认识，人们就能够为建立正确的社会的和政治的秩序而采取技术上必要的措施"③。哈贝马斯批判了这种观点，并指出，"把理论转变为实践不同于科学结论的单纯技术上的运用；把理论转变为实践的任务无疑是把理论转变成准备行动的公民的意识和思想；理论的解释在具体的情况中必须被证明是能满足客观需求的实践上必要的解释，甚至理论的解释必须从一开始就包含在行动者的这一认识中"④。这句话说明了哈贝马斯的实践观。在他看来，实践问题始终以公民自主的意志和行动为基础，在公民的交往行动中形成共同的规范。离开了公民自主的意志和行动，仅仅依靠技术的规则和程序，就不能把理论转化为实践，而是转化为技术。其三，霍布斯的利维坦国家缺乏政治合法性，确切地说，霍布斯消解了政治合法性的问题。"霍布斯确实想指出，对专制主义社会作为一个整体可以作这样的辩护：它是一个出于所有参与者之目的合理性考虑而形成的工具性秩序。这样，

---

　　① ［德］于尔根·哈贝马斯：《理论与实践》，郭官义、李黎译，社会科学文献出版社2004年版，第64页。

　　② 同上书，第71页。

　　③ 同上书，第78页。

　　④ 同上书，第80页。

对政治统治之合法运用进行规范性论证的任务就应该是不必要的了。"①
在哈贝马斯看来，在资本主义已经萌芽，人们对封建权利的合法性已经产
生不断需求的情况下，这种思想是不合时宜的。

　　尽管霍布斯的社会哲学中出现了一些矛盾，虽然社会哲学丢掉了古典
政治学的实践旨趣，但是社会哲学在一定程度上推动了古典政治学的发
展：开启了现代民主的途径——社会话语交往。在古典政治学中，国家与
社会是完全分离的，公民的一切实践活动都在国家（城邦）生活中，公
民的美德和权利也体现在政治行动中，而社会里只有家庭及其劳动，与政
治无关。然而，现代社会哲学将社会与国家用自然权利连接起来。国家的
目的不在于城邦最高的善，而在于公民在社会中的幸福生活，社会成为国
家政治行动的源泉。但是国家与社会之间的这种连接又不是无距离的融
合。社会与国家之间是相互区别的，这种区别代替了自然状态与社会状态
的区别。

　　哈贝马斯接着考察了18—19世纪的自然法理论，认为那时的社会哲
学辩证地回归到古典的实践意识的视野中。哈贝马斯对古典政治学的态度
是暧昧的，他清楚地知道古典政治学已经不能解答现代社会中的现实问
题，故而"陷入停滞状态"，但是同时也意识到，现代社会哲学对古典政
治学的背离却并不完全意味着进步，它同时带来了问题。随着自然法理论
的进一步发展，人们认识到霍布斯自然法理论的缺陷——科学技术对实践
问题的软弱无力，提出了公众舆论的学说作为社会哲学的补充。他指出：
"公众舆论（L'opioion publicque）是在哲学家们——现代科学的代表——
指导下对社会秩序的基础进行共同的和公开的反思所得出的启蒙的结果；
它把社会秩序的自然法则概括为公民的实践活动的可靠的形式；公众舆论
没有统治权，但是，明智的统治者必须按照公众舆论的认识行事。"② 公
众舆论是公民社会实践的结果。这样，公民就对社会秩序有了自主意识，
社会秩序不再完全按照科学技术的物理学原理来建构，而是要根据公民的
社会实践意识来建构。虽然对公众舆论的重视在一定程度上恢复了公民的

―――――――――

　　① ［德］于尔根·哈贝马斯：《在事实与规范之间》，童世骏译，生活·读书·新知三联书
店2003年版，第113页。

　　② ［德］于尔根·哈贝马斯：《理论与实践》，郭官义、李黎译，社会科学文献出版社2004
年版，第83页。

政治行动的重要性，即恢复了实践话语的重要性，但是，此时的公众舆论仅仅作为科技指导下的政治统治的补充。

综观哈贝马斯对政治学从古典政治学向现代社会哲学的转向的论述可看出，他既肯定现代社会哲学不可阻挡的发展趋势，肯定社会哲学对古典政治学的发展，又对社会哲学怀有忧思："近代社会哲学只是以脱离实践哲学的经验联系为代价，它要求自身具有竞争能力和严格科学态度的性质：蜕变为独白式的社会哲学不能真正地同实践发生联系，更多的是受社会技术的宣传品操纵，是同目的理性的行动发生联系的。"① 社会哲学或掩盖或排斥实践话语及其规范问题，以科学技术为旨趣，试图运用物理学建立社会和政治秩序。随着科学技术的发展和资本主义经济的发展，科学技术在政治学和政治现实中的运用一发不可收拾，逐渐演变成为晚期资本主义的意识形态。

二　科学技术成为"意识形态"

在纪念马尔库塞诞辰七十周年的会议上，哈贝马斯发表了题为《作为"意识形态"的技术与科学》的演讲。在其中，他分析了马尔库塞对作为"意识形态"的技术与科学的批判，并提出了自己关于科学与技术的分析模式：劳动和相互作用的关系。他指出：技术统治论虽然没有成为现实，却已成为一种发展趋势。科学技术不是直接作为显性的意识形态，而是作为隐形的意识形态存在于政治统治中。

在《单向度的人》一书中，马尔库塞指出，科学技术不仅维护了资产阶级的统治地位，还掩盖了资产阶级的剥削统治，甚而科学技术本身成为了资产阶级统治的合法性基础。而哈贝马斯在批判马尔库塞的同时，以马克斯·韦伯的"合理化"思想为基础，重新分析了人类活动的范畴框架。

哈贝马斯把人的活动分为劳动和相互作用。劳动，人类运用工具改造世界的活动，属于目的理性活动，其蕴涵的是工具理性。目的理性的活动可以使明确的目标在既定的条件下得以实现。他指出："工具理性是被资本主义的唯功利原则'异化'了的理性，它仅仅着眼于'利益关系'，即

---

① ［德］于尔根·哈贝马斯：《理论与实践》，郭官义、李黎译，社会科学文献出版社2004年版，"新版导论"，第3页。

把是否能为人带来利益视为唯一的衡量尺度，因而与'伦理和道德要求'相分离（即为了获取利益，人往往可以无视道德）"①。而相互作用是以符号为媒介，按照必须遵守的规范进行的交往活动。这种规范必须得到至少两个或以上的活动主体的理解和承认。目的理性活动的有效性取决于经验的真实或者分析的正确性，而交往活动的有效性是在对意图的相互理解的主体间性中建立起来的，而且是通过普遍承认来保障的。

根据这两种行动类型，哈贝马斯按照它们在社会诸系统中的地位来区别社会诸系统。社会的制度框架由规范构成，而这些规范指导着以语言为媒介的相互作用。在制度框架之外，是目的理性活动的子系统。在传统社会中，制度框架建立在对整个现实所作的神话的、宗教的或形而上学的解释的合法性基础上。而随着资本主义生产方式的出现，随着世界观的世俗化，科学技术成了第一生产力。制度框架不再是与社会劳动系统分离，而是相互联系的，资产阶级统治的合法性依靠市场的合理性。也就是说，按照技术规则运行的目的理性的劳动系统越是发展了生产力，资本主义的制度框架越是稳定，那么资产阶级的统治越是牢固。这样，相互作用越来越从属于劳动，其间的差异日渐消失。"统治制度是依靠生产的合法的关系来取得自身存在的权利的：这就是从洛克到康德的合理的自然法的本质内容。社会的制度框架仅仅在间接的意义上是政治的，在直接的意义上是经济的。"② 资本主义统治的合法性基础从世界观转化为由科学技术决定的经济增长上。

哈贝马斯认为，在使资本主义获得合法性的过程中，科学技术主要发挥着如下作用：第一，由于科学技术成为第一位的生产力，科学技术的运用和革新成为提高劳动生产率的主要因素。而且，科学技术在社会各领域中发挥的重要作用促进了"技术至上论"意识形态的形成，并且造成了"社会系统的发展都似乎是由科技进步的逻辑决定的"假象。同时，"科技进步的内在规律性似乎产生了事物发展的必然规律性，而服从于功能性需要的政治，则必须遵循事物发展的必然规律性。但是，当这种假象发生了效力时，对技术和科学的作用所作的宣传性的论述就可以解释和证明：

① Jürgen Habermas, *Erläuterungen zur Diskursethik*, Frankfurt：Suhrkamp, 1991, p.103.
② ［德］于尔根·哈贝马斯：《作为"意识形态"的技术与科学》，李黎、郭官义译，学林出版社1999年版，第55页。

为什么在现代社会中，关于实践问题的民主的意志形成过程'必然'失去它的作用，以及'必然'被公众投票决定行政领导人的做法所代替"①。这就意味着国家统治职能的施展也依赖并服从于科技进步内在规律所产生的客观强制性。科技进步的逻辑必然性变为合理性，而科技进步的这种合理性又可以带来资本主义国家权力的合法性。第二，科技进步的体制化导致生产力的体制化，使生产力不再盲目起作用，而是随着科技进步被国家垄断，并纳入计划和管理的轨道，使制度结构从科技进步中看到自己合法性的根据。同时，现存的生产关系表现为被合理化了的社会在技术上必然的组织形式，而不再以生产力发展的可能性为基础。生产力也不再作为对现存制度进行批判的基础性因素，其本身已成为现存体制合法化的基础。第三，科学技术成为意识形态从而改变了国家的职能。科学技术渗透进国家机构，使其主要任务变为消除社会体制的机能混乱，排除威胁制度的危险因素。科学技术不仅具有为国家的技术统治辩护的意识形态作用，而且其本身也具有了统治的合法性功能。第四，科学技术不仅大大提高了人们对自然的控制能力，创造出巨大的物质财富，形成一种高标准的生活方式，而且造就了一种与这种生活方式相适应的思想行为方式即意识形态，由此证明了对人的统治和压抑的合理性。科学技术的发展起到了使公共舆论非政治化的目的，而且科学技术这种意识形态比起公平交换观念来说具有更强的辩护性和直接性。

　　但是，这种以科学与技术为指导的意识形态并非一成不变。随着资本主义从自由竞争阶段向国家干预的阶段发展，以市场规律为基础的市场交换的主导地位瓦解了，代之以国家干预资本主义提供的"补偿纲领"。然而，这种变化并没有改变以科学技术作为隐形意识形态的实质。国家干预的目的不在于扭转统治合法性的基础，即不是转变技术的主导作用，而是加强经济增长的合法性基础，并且在保障资本增值的同时，强化大众的忠诚。"只要国家的活动旨在保障经济体制的稳定和发展，政治就带有一种独特的消极性质：政治是以消除功能失调和排除那些对制度具有危害性的冒险行为为导向，因此政治不是以实现实践的目的为导向，而是以解决技

---

　　①　［德］于尔根·哈贝马斯：《作为"意识形态"的技术与科学》，李黎、郭官义译，学林出版社1999年版，第63页。

术问题为导向。"① 政治变成了官僚主义的统治，民主逐渐僵化为选举形式。实践话语隐没了，技术功能凸显了。相应地，实践理性也让位于技术理性，政治实践让位于行政管理。

尽管如此，在当今科学技术成为隐形意识形态的现实条件下，哈贝马斯并没有完全否定科学技术对政治实践的积极影响。科学技术的政治化虽然一方面排挤了实践话语的地位，但另一方面政治实践也需要科学技术。科学技术与实践话语之间并非水火不相容。相反，两者可以公共领域为中介，相互作用、相互转化。也只有如此，才能使隐没的实践话语重新成为政治的旨趣，使民主在现代性条件下重放光彩。而这一切的前提是政治公共领域的重建。

第二节　民主的合法性危机

随着科学技术的政治化和政治的科学技术化，政治与技术越来越难解难分，而与实践话语却越来越远。这产生了两个结果：一方面，政治蜕变成技术管理，大大提高了政治管理的效率；另一方面，这使得民主变得不再是理所当然的。

民主在理论和实践上都存在了两千多年，它经受了理论上的探讨、辩论、讽刺和支持，也经过了实践上的建立、蜕变和重建。然而，只是到了20 世纪，民主才充分显示出它的价值。不仅民主成为绝大多数国家追求的政治价值，而且事实上很多国家已经建立了民主政治制度。一些西方资本主义国家建立了"三权分立"的权力制衡制度和投票选举的代议制民主制度，而社会主义国家则建立了人民代表大会的制度。正如达尔所说："所有对民主的主要替代物要么烟消云散，蜕变成稀奇古怪的残存物，要么退出其原来的领域，龟缩进它们最后的堡垒中去。"② 但是，20 世纪的大多数民主运动都以争取最大的选举权利为目标，民主实践都表现为对政治权力执行者的投票选举。投票选举成为民主的基本形式。从古希腊排除奴隶的成年男性公民投票到废除奴隶制的男性公民投票，再到今天的成年

---

① ［德］于尔根·哈贝马斯：《作为"意识形态"的技术与科学》，李黎、郭官义译，学林出版社 1999 年版，第 60 页。

② ［美］罗伯特·达尔：《论民主》，李柏光、林猛译，商务印书馆 1999 年版，第 1 页。

公民投票，民主中的"民"的确更广泛了，体现了民主的平等原则。

然而，民主在高歌猛进的同时却显露出自身的合法性问题。现代国家大都实行以代议制选举为机制的民主政治制度。代议制民主政府曾被密尔等很多思想家推举为最好的政府，但是民主从其一产生开始就被批判的声音包围着。在西方，从柏拉图、亚里士多德到阿奎那再到伯克等，对民主的批判从来没有停止过。而今，民主从一种乌托邦已经变成现实的制度，可是在变成现实制度的同时，其乌托邦的引导力量却逐渐随之衰竭。选举制在晚期资本主义已经僵化，不但没有实现民主本身的价值，而且走向其反面，那就是专制。其实民主一直都伴随着专制的阴影，甚至专制的力量压倒了民主的力量。专制一方面是外在的，比如中世纪的教会专制，另一方面是民主内生的专制力量，如大多数对少数人的专制。民主内生的最突出的专制就是在"民主"的旗号（比如选举）掩盖下产生的专制统治。"和每次大选一样，向我们袭来的是铺天盖地的宣传诸如'你的一票非常关键'以及其他一些鬼话。按照官方的说法普通市民通过在选举中选择候选人控制国家。总统及其他所有官员应该是人民的公仆，政府应该是为广大人民群众服务的机构。然而这个说法是个神话。其实谁当选并不重要，因为体制建立的方式要求所有当选的政治人物必须按大企业或国家官僚体制的愿望去做而不是按人民的需要去做。民意代表只是傀儡而已。政客的言论随着当选人物的变化可能会有变化，但是他们都得去实施在既定情况下相同的政策。大选是个骗局，它的功能就是创造出这样一个假象，即'人民'控制政府，不是精英，以中和、抵消人民的反抗运动。投票所能做的只是增强了国家和统治阶级的力量，并不能有效地改变政府的政策。"① 作为民主的基本形式，选举已经致使资本主义民主处于尴尬的境地。这样，人们不禁要问：民主的问题仅仅是选举惹的祸，还是民主本身就不是好东西？

这个问题可以从哈贝马斯的民主理论中找到答案。他认为，把民主中的"主"仅仅理解为投票选举是远远不够的。投票选举仅仅是自主自律的一种表现形式，不能完全说明民主的合法性，更不能保障民主的实现。民主的宗旨在于表达和维护社会生活，其真正的合法性在于公众源于生活

---

① 莫菲斯：《骗人的民主选举》，吴万伟译（http://www.cc.org.cn/newcc/browwenzhang. php?articleid=2946）。

的自主自律的政治实践。民主的合法性不是来源于公民的投票选举，而是来源于不受压迫的、非正式的公共领域。

一　哈贝马斯的"合法性"概念

虽然"合法性"成为政治哲学的一个主题是现代的事情，但是早在古希腊时期就隐含了关于"合法性"的思想，如柏拉图和亚里士多德关于政体标准的思想等。在古拉丁文中出现了"合法的"（légitimé）这一词汇。这个词主要是指"符合法律的"、"与法律相一致的"等，在早期的使用中主要应用于司法领域。如西塞罗在论及通过合乎法律的途径而获得的权力与法官之职时，使用了"legitimumimprium"（合法的权力）和"potestaslegitima"（合法的法官）的表达，而且他还将与之签署具有法律效力的条约的敌人称为"合法的敌人"，以此来和窃贼或强盗（非法的敌人）区分。"合法性"（legitimacy）一词，最早在中世纪的文献中被使用，那时保留着"与法律相一致"的意思。同时，通过思考对权力授予是否合乎正义的证明，这一概念已经明显具有了政治内涵。① 但是，在当时所谓的"合法性"中，"法"的基础是形而上学的宇宙论、宗教以及各种本体论等最高或最后的存在。合法性中的法在人之外。

契约论出现以后，古代帝国的合法性基础开始从宇宙论、伦理学、宗教、哲学和各种本体论等终极基础转向了社会中自由个体之间的约定，即"契约"。正如哈贝马斯所看到的，"合法性的程序化类型首先是由卢梭创立的，标志着与自然相决裂的《社会契约论》提出了一种新的行为调整原则：社会"② 国家统治权不再来源于神或其他终极存在，也不来源于成文的法律，而是来源于某种契约，只是这种契约既不是君主和上帝订立的，也不是君主和社会订立的，而是在社会公众之间达成的。只有遵守这种契约的统治才是合法的统治，人民才有服从统治的义务。卢梭的契约论不仅把合法性的基础从神或其他转向人本身，而且，转向社会公众。他开启了民主的合法性的大门。

---

① ［法］让－马克·夸克：《合法性与政治》，佟心平、王远飞译，中央编译出版社2002年版，第25页。

② ［德］于尔根·哈贝马斯：《交往与社会进化》，张博树译，重庆出版社1989年版，第191页。

马克斯·韦伯则从社会学角度考察了人类历史上存在过的政治统治秩序，认为这些统治有两个基础：一是外在的客观有效性，如服从的习惯或强制性的法律；二是内在的主观有效性，即被统治者发自内心地认为统治者有权指挥他们，而自己有义务服从统治者。在韦伯那里，政治合法性的价值规范被剔除了，却实现了法律的回归，并逐渐变成"法律形式主义"了。在卢梭和韦伯的影响下，此后的研究者们对于政治合法性的探讨，基本上都是围绕统治的权力和服从的义务而展开的。

"合法性"概念在西方漫长的政治思想发展史中，历经诸多思想家的演绎，从合法律性发展到法律性、政治性兼有，从判断政体的标准到衡量统治有效性的基础，已经成为涵盖政治学、哲学、社会学、法学等诸多学科的一个重要概念。正因为如此，哈贝马斯认为，不能随随便便地使用"合法性"概念，只有政治制度才拥有或失去合法性，也只有政治制度才需要合法性。他将历史上的合法性理论，分解为经验主义和规范主义的合法性理论，并批评其各自的片面性，将两者有机地结合起来，形成了自己重建性的合法性理论。

哈贝马斯认为，马克斯·韦伯的合法性理论属于经验主义的合法性概念，它以大众是否赞同的经验作为合法性的基础，将有效性，亦即将被统治阶级的相信、赞同与否作为合法性的标准，而缺乏对有效性之基础的说明，缺乏对大众赞同、认可依据的说明，从而陷入了"历史解释的无标准性"。如果按照这种合法性概念，只要被认可、赞同的统治就是合法的，那么希特勒的统治也会因为他曾被人们赞同过、欢呼过而成为合法的了。其实，不合法的统治也会得到赞同，否则这种统治就不能维持下去，就像希特勒虽然曾经得到许多人对他的欢呼和支持，但是这并不意味着希特勒的统治是合法的。显然，经验主义的合法性概念是有缺陷的。

与经验主义相反，规范主义的合法性概念，完全排斥了大众赞成、认可的经验基础，去寻求一种永恒的正义基础和标准，从而陷入了一种抽象的思辨。这种规范主义的合法性概念，"有累于自身被嵌入其中的形而上学背景，也很难立住脚跟"①。这种规范主义的合法性概念，陷入了价值上的绝对主义，只将合法性问题视为应该不应该的问题，而根本忽略其是否得

① ［德］于尔根·哈贝马斯：《交往与社会进化》，张博树译，重庆出版社1989年版，第211页。

到大众认可的经验基础，只要政治秩序是符合永恒正义的，不管其是否得到大众的认可都是合法的，这明显地陷入了脱离经验的形而上学之中。

而哈贝马斯则认为，合法性就是承认一个政治制度的尊严性，但不应被单纯地理解为大众对于国家政权的忠诚和信仰，合法性不是也不会来源于政治系统为自身的统治所作的论证或证明。在他看来，"政治合法性的基础变成所有人能够意愿的东西，他们不是作为本体自我而是实践话语的参与者，他们采用道德观点使他们超越的不仅仅是利益导向的方面，而且还有价值基础的方面。"① 这种政治合法性是建立在公民源于社会生活的实践话语基础上，是利益与价值的结合。

哈贝马斯指出："合法性意味着，对于某种要求作为正确的和公正的存在物而被认可的政治秩序来说，有着一些好的根据。一个合法的秩序应该得到承认。合法性意味着某种政治秩序被认可的价值——这个定义强调了合法性乃是某种可争论的有效性要求，统治秩序的稳定性也依赖于自身（至少）在事实上被承认。"② 在这个"重建性的合法性理论"中，合法性意味着某种价值。哈贝马斯认为，这种价值不是凭空产生的，必须与当时所处的社会生活紧密联系。价值来源于社会生活，是一种生活价值。生活总是可经验的，并被人们经验着，而生活的经验本身又总是体现着追求着某种价值目标，这种经验和价值相互依存，不可分离。因此，政治合法性被认可的生活价值不是永恒不变的超验真理，它依赖于一定历史时期生活世界的生活经验，因而是可变的。

这种政治合法性是如何实现的呢？国家的政治权力虽然建立在社会生活的基础之上，但是，社会公众作为社会生活的主体总是与国家保持距离，那么他们如何认可政治权力的价值呢？对于这样的问题，虽然哈贝马斯发现了古典政治学向现代社会学的转向，意识到科学技术已经侵蚀到政治权力领域，并逐步成为了资本主义的意识形态，政治权力正渐渐远离其合法性基础——社会生活，并对现代民主寄予忧思，但是，他在资本主义的历史发展中还是发掘出了资本主义民主政治的一个生命源泉，那就是公

---

① Thomas McCarthy, "Practical Discourse: On the Relation of Morality to Politics", in Craig Calhoun edited, *Habermas and the Public Sphere*, Cambridge: The MIT Press, 1992, p. 52.

② ［德］于尔根·哈贝马斯：《交往与社会进化》，张博树译，重庆出版社1989年版，第184页。

共领域。① 在哈贝马斯看来，对政治合法性价值的认可不仅仅体现为对权力精英的投票选举，更在于公共领域中的实践话语。虽然哈贝马斯是在1973年明确提出这种合法性观念的，但是，早在1961年他写就的《公共领域的结构转型》中就已经蕴涵了这种观念。

公共领域在哈贝马斯那里是作为表达和维护社会生活意志的空间和机制而出现的。他指出，17世纪的英国和18世纪的法国出现了一种资产阶级的公共领域。它以国家与社会的分离、公和私的合理张力为前提，可以被理解为"一个由私人集合而成的公众的领域"②。在其中，公众以阅读为中介，以交谈为核心，凭借沙龙、俱乐部、咖啡馆、杂志和报纸等社会机制进行公共交往，自主表达生活意志，并对公共权力进行公开批判，由此产生的公共舆论成为国家公共权力的依据。这是一个"私人聚集以迫使公共权力在公共舆论面前获得合法性的场所"③，公众在其中形成民主意志，从而认可或批判公共权力。真正自主的政治公共领域由于依赖于自由竞争的市场经济环境，依赖于国家与社会的分离，所以只保持了短暂的时间，与慢慢历史长河相比只不过昙花一现。而且公共领域本身就充满了矛盾④，即使在自由资本主义时期也并没有真正如哈贝马斯所期待的那样成为资本主义民主政治统治的基础。虽然如此，哈贝马斯还是把具有公共性和批判性的公共领域作为民主政治合法化的主要场所和机制。⑤ 从19

---

① 关于公共领域的概念和特征及其民主潜能，参见本书第二章。

② ［德］于尔根·哈贝马斯：《公共领域的结构转型》，曹卫东等译，学林出版社1999年版，第32页。

③ 同上书，第24页。

④ 参见《公共领域的结构转型》第11节"资产阶级法治国家中充满矛盾的公共领域机制"。

⑤ 哈贝马斯在《公共领域的结构转型》中已经明确指出，自由竞争并不能被看成是资本主义的本质，但是正是这一时期，国家与社会分离，并且从社会中，特别是从当时的市民社会中生发出公共领域。"这个阶段不过是资本主义发展的漫长历史长河中的一个顺利的瞬间；因为它是英国在18世纪末的独特历史处境的产物。其他国家在国际贸易中从来没有毫无保留地实现自由放任原则。甚至在19世纪中叶自由资本主义的顶峰时期也是如此。但是，正是在这一阶段，市民社会作为私人领域从公共权力机关的指令下彻底解放了出来，从而使得政治公共领域在这时能够在资产阶级法治国家里得到充分的发展。"参见此书中译本，学林出版社1999年版的第88—89页。虽然哈贝马斯在此书中的基调是比较悲观的，但是他自此以后也从来没有对这一现的昙花失去兴趣与希望。

世纪末开始，随着科学技术成为"意识形态"，以及自由资本主义向垄断资本主义的转变，国家对社会领域的干预逐步增强。与此相应，国家公共权力也向社会私人利益集团转移，由此，国家和社会、公共领域和私人领域出现了融合的趋向，社会生活在一定程度上遭到国家的干预和侵蚀，从而逐步破坏了资产阶级公共领域的基础，致使公共领域发生了结构转型。公共领域中的自主讨论让位于投票选举中的大众喝彩，批判的公众变成顺从的大众，公共领域失去了公共性和批判性，民主的合法性丧失了话语基础，民主制度中的国家公共权力出现了合法性危机。

二　晚期资本主义的合法性危机

如果说资本主义合法性危机缘于公共领域的结构转型，那么公共领域的结构转型则缘于国家与社会的融合，缘于经济和政治结合而成的系统对社会生活的干预和控制，哈贝马斯称之为"生活世界的殖民化"。

在《合法化危机》等著作中，哈贝马斯重新分析了资本主义社会结构的变化，并进一步深入阐述了晚期资本主义的危机。哈贝马斯抛却了海德格尔等的哲学分析所揭示的生活危机观念，而引入了社会科学的危机概念。他指出："今天的社会科学提供了一种系统论的危机概念。根据这种系统理论，当社会系统结构所能容许解决问题的可能性低于该系统继续生存所必需的限度时，就会产生危机。从这个意义上说，危机就是系统整合的持续失调。"[1] 这种危机不仅表现为某一方面的危机，比如经济危机或者政府危机，而是社会整合的危机。他认为，晚期资本主义的社会是高度分化的，又是相互紧密关联的。他将社会分为经济系统、政治系统和社会文化系统，而社会危机的倾向就表现为经济危机倾向、政治危机倾向和社会文化危机倾向。

"国家干预"曾经是晚期资本主义获取"合法性"的重要手段。资本主义国家权力的原有合法性是以市场经济中人们之间的自由交换为基础的。然而垄断资本形成、垄断经营方式操纵市场后，等价交换原则被抛弃，国家原来借以合法化的公平交换的"意识形态"失去了现实经济运行机制的支撑。因而，晚期资本主义的合法性首先表现为资本主义国家对

---

[1]　[德] 于尔根·哈贝马斯：《合法化危机》，刘北成、曹卫东译，上海人民出版社2000年版，第4页。

经济和社会分配进行干预，即国家为了获得政治统治新的合法性基础，通过对社会生活的直接干预，采取新的原则和政策，来弥补经济社会领域因自由交换的功能失调所造成的社会后果，从而重新建立并确保全体社会成员对国家的忠诚。通过国家干预，就能以国家计划的持续调整来避免经济发展的盲目性和无政府性，以消除生产社会化与资本主义私人占有之间的矛盾，使资本主义能够获得长期的发展和繁荣，避免其合法性的最终瓦解。

哈贝马斯认为，在晚期资本主义社会，由于国家的干预职能的增强，经济危机虽然没有被消除，却已经转变为一种比较缓和的危机形式，因此不是晚期资本主义社会的主要危机。但是，也正是由于国家的干预职能的增强，出现政治系统的合理性危机和合法性危机，社会危机从经济系统转移到了国家权力系统。他指出："市场的职能出了日益严重的问题，而国家必须去解决这些问题。我们可以把国家理解成为拥有合法权力的一种制度。国家的输出（output）产生于最高行政当局的决定之中。因此，它需要的是群众对它的那种尽可能不那么特殊的诚心诚意的输入（input）。输出和输入都可能造成破坏性的危机。输出危机具有理性危机的形式，行政系统无法完成它从经济系统那里接受来的指导作用。于是，生活领域发生混乱。输入危机具有合法危机的形式：合法系统无法维持它要求群众表现的那种忠诚。"① 合理性危机是政治系统的输出危机，表现为行政机关不能制订出合理的政策，国家机器对经济活动的失控，无法驾驭经济系统，从而使金钱逐渐失去社会整合的功能。"合理性危机是一种转嫁的系统危机，与经济危机一样，合理性危机把为非普遍利益而进行的社会化生产的矛盾表现为控制命令之间的矛盾。"② 与合理性危机相应，合法性危机就是政治系统的输入危机，它不能获得群众对政府系统的支持和忠诚。任何政治系统都要求输入群众的支持和忠诚，一旦政治系统不能取得支持和忠诚的话，政治权力也会失去社会整合的功能。因而，在哈贝马斯看来，"合法性危机是一种直接的认同危机。它不履行政府计划的各项任务，使失去政治意义的公共领域的结构遭到破坏，从而使代议制度的形式民主受

① ［德］于尔根·哈贝马斯：《所谓今日之危机》，载《哲学译丛》1981年第5期。
② ［德］于尔根·哈贝马斯：《合法化危机》，刘北成、曹卫东译，上海人民出版社2000年版，第65页。

到质疑"①。

哈贝马斯认为,合理性危机和合法性危机都与社会文化系统的危机直接相关。由于社会文化系统向政治系统提供动机,那么社会文化系统的危机就表现为动机危机。晚期资本主义国家的合法性危机最深刻、最根本的根源在于,晚期资本主义的生活世界及其思想意识和规范结构已经无法为国家提供意义源泉。按照哈贝马斯的合法性理论,政治秩序的合法性是在某种规范结构中被证明为合法的。自由资本主义的国家是在传统的资本主义意识形态、规范结构中被认可的,取得了合法性;而晚期资本主义国家的演变,特别是国家的干预职能的增强,与传统的自由资本主义的价值规范相悖。在近代资本主义社会的发展中,从霍布斯、洛克经休谟、斯密、密尔、爱尔维修、霍尔巴赫到黑格尔,确定了公民的自由、平等权利的观念,国家应确保个人的自由权利,保证资本主义的经济自由运作。晚期资本主义国家的干预权力的合法性不可能在自由资本主义的那种价值规范中被认可。这样,资本主义的意识形态、规范结构就发生了混乱,一种能够为晚期资本主义国家的合法性提供价值基础的社会规范,却又没有形成,这意味着晚期资本主义国家的干预权力缺乏被认可的价值依据,意味着国家权力可能丧失群众的支持和忠诚。那么,晚期资本主义的国家权力的加强,意味着自由资本主义的意识形态、社会规范的"贬值",国家的合法性要求有新的规范提供的价值依据。

在哈贝马斯看来,晚期资本主义通过代议制这种形式的民主制度来解决这一问题。它一方面排除公民真正地参与政治的意志形成过程,但同时又吸纳公民的忠诚,从而确立起形式民主体制和程序,以使行政决策的大部分不为公民特定意图所左右,资产阶级公共领域去政治化的结构转型则为此提供了实施的条件。由此形成了这样一幅图景:在资本主义的代议制民主政治中,公民仅仅享有拒绝喝彩的消极公民的权利。在这种情形下,对合法性需求的满足是通过两种方式进行的,其一是用颇具说服力的精英民主论和技术统治论为公共领域的去政治化提供理论论证;其二则是针对公民的政治冷淡和以获取使用价值为目标的期望,实施一种福利国家的替代纲领。哈贝马斯强调,

---

① [德]于尔根·哈贝马斯:《合法化危机》,刘北成、曹卫东译,上海人民出版社2000年版,第64页。

"意义"是一种稀有资源，不可能用行政手段制造出来。形式民主所减少的合法性固然可以用系统能够承受的报偿加以弥补，但当这种报偿不能满足公众以获取使用价值为目标的期望时，由于系统侵入生活世界导致的"意义"匮乏，合法性就会陷入全面的困境。

可见，在哈贝马斯那里，合法性危机是一种生活的危机，它不仅表现在科学技术对生活实践的排挤，使民主政治的公共权力受科学技术之"意识形态"的驱使；而且，人们丧失了生活世界的领地，生活意志取决于工具—技术理性的奴役，生活本身变成权力和货币的注脚。

三　哈贝马斯解决合法性危机的方案——重振公共领域

晚期资本主义出现了合法性危机，但是这并不意味着就失去了生命力。虽然资本主义已经到了"晚期"，虽然后现代的呼声一浪高过一浪，但它自身没法超越"现代"的历史宿命，就像人本身没法超越其年龄一样。哈贝马斯坚信，晚期资本主义的合法性危机是历史的必然，要化解这场危机，既不能通过外在的暴力革命来为其"洗心革面"，也不能坐以待毙。相反，这场危机需要其自身的因素来调解："我相信我们仍生活在现代——而不是后现代。这意味着仍有一种时代精神在传达日常政治。这种时代精神中，乌托邦与历史的思想模式继续混同在一起。乌托邦思想早已与历史的和日常的政治思想一体化，以致我们现在明显地感到乌托邦能量已从地平线上消失。这一事例典型地告诉我们，是乌托邦构成了现代政治思想。"① 可见，在哈贝马斯看来，晚期资本主义本身依然蕴藏着自身化解危机的能量，那就是乌托邦的能量。这种"从地平线上消失"的乌托邦能量其实仍然存在，它就存在于生活世界的实践话语之中。

哈贝马斯认为，晚期资本主义社会要克服自身的矛盾，首先要使生活世界合理化，使生活世界真正成为政治权力系统和经济货币系统的源泉。在晚期资本主义社会，由于科学技术成为居于统治地位的意识形态，以工具—目的理性为指导的政治权力和经济货币，在结成系统之后对生活世界

---

① ［德］于尔根·哈贝马斯：《现代性的地平线》，李安东、段怀清译，上海人民出版社1997年版，第103—104页。

进行了殖民化控制，生活世界从自在的源流变成一潭死水，生活的意义世界①逐渐丧失。而要使生活世界合理化，就必须让生活本身发出声音。在哈贝马斯看来，那就是让实践而不是技术成为生活世界的主题。

其次，晚期资本主义社会需要使自身具有反思能力。哈贝马斯认为，以权力为媒介的政治系统和以货币为媒介的经济系统都按照工具—目的理性执行功能，没有反思能力。在晚期资本主义社会中，这种系统已经居于统治的地位，而"统治"是非理性的和不合理的。他指出："今天，统治的非理性已经成了集体生存的一种危险。统治的非理性看来只有通过政治意志的形成才能被克服。而政治意志的形成受普遍的和自由的讨论的原则的制约。我们只能从保护受对话制约的思想的政治力量的状况中期待统治的合理化。技术上有用的知识的传播不能代替反思的巨大的力量。"② 要克服这种"危险"，就需要挖掘晚期资本主义社会的反思能力，而这种能力就蕴藏在生活世界的实践话语之中。政治意志的形成过程不能按照工具—目的理性来进行，而是依靠生活世界中的交往行动。交往行动需要一个平台来展现，那就是自主的政治公共领域。

最后，晚期资本主义社会需要加强自身的批判功能。在哈贝马斯看来，晚期资本主义社会的矛盾需要从自身内部进行批判。这种批判的潜能来源于生活世界中公众对生活的自觉和在公共领域中的讨论。公共领域作为生活的庇护伞，本身就具有一种自主生活、反抗操纵的功能，但是，这里的批判不是通过暴力而是通过实践话语来实现的。

哈贝马斯提出公共领域在场的话语民主理论来解决晚期资本主义的这种合法性危机。所谓话语民主，就是以实践话语代替技术成为民主政治的核心机制。根据这种理论，民主必须表达和维护人民的生活意志，但是生活意志的表达和申诉必须建立在公共领域中主体间无强制的实践话语基础上。

"话语"是20世纪60—70年代随着西欧"后结构主义"语言哲学兴

---

① 哈贝马斯认为，意义是一种独特的稀缺资源，它产生于合理的生活世界，不受公共权力和货币的操纵，并成为权力和货币的源泉和动力。参见于尔根·哈贝马斯的《合法化危机》（刘北成、曹卫东译，上海人民出版社2000年版，第96页）和《在事实与规范之间》（童世骏译，生活·读书·新知三联书店2003年版，第451—454页）。

② ［德］于尔根·哈贝马斯：《作为"意识形态"的技术与科学》，李黎、郭官义译，学林出版社1999年版，第96页。

起而出现的一个新概念，其德文为"Diskurs"，英文为"discourse"，法文为"discoure"。它意指人类交往活动中的言说方式。① 话语民主（discourse democracy）的思想源于古希腊雅典的直接民主模式。在雅典城邦，崇尚一种公民积极参与和自我管理的观念。在这种观念下，治人者也会受治于人。全体公民聚集一处，讨论、决定和制定法律。雅典民主制可以被看成是这样一种体制，它力图使不同背景的人们，能够"通过政治的互动作用来表达和交流他们对善的理解"②。话语在政治实践中不仅是利益和价值的表现形式，而且表征着话语主体原则上平等自由且相互承认的社会关系。在那时，"政治是实践和说话能力在其中共同形成的领域。这是一个真正的公共活动领域，说话和行动的个人在其中看和听，并且彼此认真对待。说话是一种实践的形式"③。人类固然有许多活动方式，然而，在雅典民主政制中，只有实践和言语是政治的，政治是通过言谈实现的。

哈贝马斯认为，古希腊民主的合法性依赖于实践话语，但是，现代人不必要也不可能返回到古希腊去寻找民主的合法性，现代性自身就内在地包含着民主的话语要求。在现代的后形而上学时代，在宗教权威和形而上学世界观相继坍塌之后，多元主体间的社会交往，为重新获取民主政治的合法性创造了条件。在这里，任何道德规范、法律和政治制度都必须通过交往形成的公众舆论来为自身辩护。只要生活世界能够通过公共领域把自己的要求输入到系统之中，并把系统置于自己的控制之下，民主不仅是可能的，而且会再次获得新生。在理想的民主政治下，国家在法律制约下只能承担公共领域的担保人角色，是保障自由的权力机关。也就是说，国家公共权力的合法性来源于公共领域中的实践话语，公共领域只受国家的保障，而不受国家的支配。在哈贝马斯看来，民主的命运最终取决于宪法保障的政治公共领域和个人私人领域是否有足够的力量抵抗日益膨胀的国家与市场结成的强大系统。也就是说，通过公众的交往行动，从广泛参与的对话、讨论中取得对某个问题的理解，达成话语共识，这是政治权力的合

① 章国锋：《话语·权力·真理》，载《社会科学》2006年第2期。

② ［美］戴维·赫尔德：《民主的模式》，燕继荣等译，中央编译出版社2004年版，第21页。

③ ［英］约翰·基恩：《公共生活与晚期资本主义》，马音等译，社会科学文献出版社1999年版，第140页。

法性基础，也是民主的合法性基础。

　　哈贝马斯这种观点与当代的许多哲学家，特别是现代性批判家的观点是尖锐对立的。阿多诺的否定辩证法认为，共性只会抹杀个性和差异；福柯则把话语关系等同于权力关系，公共话语成为压制非主流话语、个体话语的权力意志；德里达则突出了差异的绝对性，从而否定话语的统一性；利奥塔认为，语言游戏具有内在的多元性，所谓的共识只能是行使另一种压制的功能。

　　对此，哈贝马斯的回答是，整体、同一性的建立，也就是共识并不必然意味着抹杀差异和个性，只有当共识是通过反民主的不公正的程序，依据权力和暴力的手段建立起来的时候，它才是虚假的、压抑个性的。而当共识是以主体间的自由认同的方式，通过民主和合理的程序建立起来时，就是对统治、压制的否定，从而是真实的、民主的。"话语伦理学所主张的恰恰是：话语共识必须满足以下条件：每一个有语言和行为能力的主体在自觉放弃权力和暴力使用的前提下，自由、平等地参与对话的论证。并且在此过程中，人们必须怀着追求真理、服从真理的动机和愿望。不但如此，通过话语共识建立起来的规则，还必须为所有人遵守，每个人都必须对这种规则的实行所带来的后果承担责任。在这里，话语行为的三大有效性要求——真实性、正确性、真诚性起决定性作用。"① 哈贝马斯指出，问题的实质在于通过何种途径来达到同一，真正的共识绝不会否定差异、取消多元性，而是在多元的价值领域内达成主体间认识的合理一致。

　　在哈贝马斯看来，晚期资本主义的合法性危机的关节点是公共领域的沦丧，因而，要解决这个危机，就必须重振公共领域。

---

　　① 章国锋：《哈贝马斯访谈录》，载《外国文学评论》2000 年第 1 期。

第二章

哈贝马斯的"公共领域"及其民主潜能

所谓"公共领域",我们首先意指我们的社会生活的一个领域,在这个领域中,像公共意见这样的事物能够形成。公共领域原则上向所有公民开放。公共领域的一部分由各种对话构成,在这些对话中,作为私人的人们来到一起,形成了公众……公共领域是介于国家与社会之间进行调节的一个领域,在这个领域中,作为公共意见的载体的公众形成了,就这样一种公共领域而言,它涉及公共性的原则——这种公共性一度是在与君主的秘密政治的斗争中获得的,自那以后,这种公共性使得公众能够对国家活动实施民主控制。

——哈贝马斯

通过对现代民主的诊断,哈贝马斯发现,"资本主义与民主之间存在着不可调和的张力"[①],这种张力导致民主的合法性危机。而要解决这种危机,就必须重建以实践话语为核心的政治公共领域。公共领域就产生于政治民主的这种实践需要。但是,随着社会的发展,特别是经济的膨胀和代议制民主的普及,公共领域反而失去了民主的光彩。公共领域受到经济利益和政治权力的侵蚀与控制,它提供的合法性变得越来越虚伪,以至生活世界被经济利益和政治权力殖民化,民主本身受到了质疑。尽管这样,哈贝马斯仍然没有失去对公共领域的信心,反而从现代性内含的主体间性中洞察到公共领域的希望,继而认为,公共领域仍然具有强烈的批判功能,蕴涵巨大的民主潜能,这种潜能决定了公共领域还可以重新焕发生机,从而针对历史和现实中的民主合法性问题,为当代民主政治提供合法性。

哈贝马斯的公共领域概念不是他自己首创的,而是建立在深厚的思想

---

① Jürgen Habermas, *The Theory of Communicative Action*, Vol. 2, translated by Thomas McCarthy, Boston: Beacon, 1987, p. 345.

史基础上。因此，为了全面而深入地认识哈贝马斯的公共领域观念，我们有必要首先对这种观念得以产生的思想史进行仔细地考察，进而阐明哈贝马斯公共领域观念的思想渊源和基础。

第一节　公共领域观念的发展史

作为一种政治实践模式和思想观念，公共领域早在古希腊就存在了。之后，随着社会形态转变，它经过了多种形态的转化。从思想史上看，早在亚里士多德的《尼各马科伦理学》和《政治学》中，"城邦"就已经包含了公共领域的含义。后来西塞罗、托马斯·阿奎那、康德、黑格尔、马克思以及葛兰西等，也从不同角度对公共领域的母体——市民社会作了深入地研究。"公共领域"概念也并非是由哈贝马斯首先提出来的。从词源学上看，在他之前的一些学者，如熊彼特（Schumpeter，1918）、杜威（Dewey，1923）和布鲁纳（Brunner，1943）都研究过同一主题。[1] 而阿伦特（Hannah Arendt）则是对"公共领域"（Öffentlichkeit，the public sphere）一词进行系统研究的第一位哲学家。在 1958 年出版的《人的条件》（*Human Condition*，也译《人的状况》）中，她系统阐述了公共领域已经衰落的思想。1959 年，埃伯哈德·施密特（E. Schmidt）也撰文《公共领域或公共性》，提出了恢复公共领域的问题。[2] 从这些思想史来看，公共领域从一开始就具有民主的价值。它是人们自由交往、表达意见以及获取共同认识的地方，其中蕴涵了民主的机制和旨趣。这些思想无疑为哈贝马斯的公共领域观念提供了良好的土壤。

从其《公共领域的结构转型》一书的副标题"对市民社会的一个范畴的调查"可以看出，哈贝马斯最初是把公共领域作为市民社会的一个范畴来考察的，将之看做市民社会在特定历史阶段的表现形态。他说："'资产阶级公共领域'是一个具有划时代意义的范畴，不能把它和源自欧洲中世纪的'市民社会'（bürgerliche Gesellschaft）的独特发展历史隔

---

[1] 展江：《哈贝马斯的"公共领域"理论与传媒》，载《中国青年政治学院学报》2002 年第 2 期。

[2] ［德］于尔根·哈贝马斯：《公共领域的结构转型》，曹卫东等译，学林出版社 1999 年版，第 242、275 页。

离开来，使之成为一种理想类型（Idealtyp），随意应用到具有相似形态的历史语境当中。"① 由此可见，哈贝马斯是从历史发生学角度来考察"公共领域"概念的，将它作为实际历史发展的产物来对待。

需要指出的是，在哈贝马斯关于公共领域的文本中，公共领域有时就是指市民社会，有时指市民社会的一种新形态，有时指市民社会的一种运作机制，有时又指介于市民社会与国家之间的中间领域。② 不管怎样，公共领域是随着市民社会的变化而变化的。围绕着国家与社会的关系，市民社会观念的核心经过了政治行动、社会舆论、经济活动和意识形态四个阶段的变化，这四个方面也可以看成是公共领域观念的发展阶段。当然，这四个阶段不是绝对按照时间顺序演进的，但大致上具有时间先后顺序。哈贝马斯的公共领域观念正是在这些公共领域观念的基础上提出的。因而，下面就以此为线索，考察公共领域观念的发展历程，从中看出哈贝马斯公共领域观念的理论渊源。

一　作为政治行动的公共领域

在古希腊没有现代意义上的市民社会，但是却存在公民针对公共问题自由交谈和在公民大会上参与投票选举等的公民社会。这种公民社会的核心机制就是，公民根据生活意志针对公共问题通过实践话语方式达成共识，因而，它既具有公众舆论的性质，也具有国家公共权力机关的功能。所以，此处称之为"公民社会"。古希腊的公民社会是一种相对于非自由人（野蛮人、奴隶和女人）的自由人的政治行动领域。在《政治学》一书中，亚里士多德首先提出了"Politike Koinonia"（Political Society/Community）的概念。在他那里，这个概念是指政治共同体或城邦国家，具体来说，就是"自由和平等的公民在一个合法界定的法律体系之下结成的伦理政治共同体"③。按照亚里士多德的观点，城邦的形成要晚于家庭和

---

① ［德］于尔根·哈贝马斯：《公共领域的结构转型》，曹卫东等译，学林出版社1999年版，初版序言，第1页。

② 本书的用法是：当这两者意义重合时用"市民社会/公共领域"；指"与国家相对的社会领域"的意义时，多用"市民社会"，这时的"市民社会"往往包含了"公共领域"的含义；指"与国家公共权力相对的交往机制"的意义时，多用"公共领域"。

③ Jean L. Cohen，Andrew Arato，*Civil Society and Political Theory*，Cambridge：The MIT Press，1992，p. 84.

村落这两种共同体，但它在伦理上却是最高的共同体，只有在这种共同体中人们才有可能过上最美好的生活。既然城邦是由自由和平等的公民构成的共同体，那么公民就享有参加政治共同体各种活动的基本权利。国家机构就是城邦里的公民大会，议事机制就是民主的选举投票。公民（包括平民）参与公民大会不受个人（比如平民领袖）的控制而自主讨论和投票。但是，在亚里士多德看来，享有上述权利者只限于具有同等地位的少数人，奴隶、妇女、外邦人被排除在外。

在古希腊理论家那里，作为一种公共领域，公民社会概念的使用呈现出以下三个特征：第一，他们对这一概念的使用具有强烈的道德伦理色彩。理论家们往往有意无意地坚持文明状态或文明社会—野蛮社会（契约论思想家称之为自然状态或自然社会）的二分法。在他们看来，处于野蛮状态之中的人们，由于只有家庭、村落乃至部落这样的社会共同体而没有政治共同体，因此无法过上快乐而有道德的生活。只有当人们自愿组成政治共同体时才能过上最美好的生活。政治共同体的出现表明人类理性的发展进入了一个新阶段，而公民社会就是其典型形态。第二，这种公民社会是以政治行动为基础的公共领域，与以劳动为基础的私人领域是相对的。公民社会与国家合而为一，被称为公共领域，而与家庭、市场等私人领域相对立。古希腊理论家承认在公民社会中存在着家庭、私有财产、工商业生活等，但他们认为这不构成公民社会的主要特征，因为这些要素在野蛮社会或自然社会中也同样存在。公民社会的主要特征在于它拥有政府和法律这样一些政治文明因素，它也因此而被称为文明社会。第三，他们所讲的政治社会乃是一种公民社会，这是建立在共和政体基础上的一种社会。如前所述，亚里士多德的政治社会概念是用来描述古希腊城邦的生活状况的，这种城邦或共和国是以共和政体为基础的。"城邦制度意味着话语具有压倒其他一切手段的特别优势。话语成为重要的政治工具、国家一切权力的关键、指挥和统治他人的方式。"① 在共和政体中，政府的权威来自民众的话语共识，政府的目的是保障民众过上幸福的生活。第四，以实践而非技术为目的的公共领域是上述公民社会的核心，这里的"实践"包括了政治、道德和伦理意义之总和。公民拥有平等的参与政治的权利，

---

① ［法］让—皮埃尔·韦尔南：《希腊思想的起源》，秦海鹰译，生活·读书·新知三联书店1997年版，第37页。

城邦的政治决策不是通过强力和暴力来决定，而是必须通过公民间的讨论、辩谈、论证和投票来决定。个人只有作为公民而存在，只有参加到政治共同体的生活中去才能实现自身的价值。在他们看来，公民角色在道德上要高于个人在家庭中扮演的角色，政治生活也要高于个人的工商业生活，因为按照亚里士多德的观点，人首先是一种政治动物。

但是，由于与公共权力共存一体，再加上民众自身认识能力的缺陷，这种以政治行动为核心的公民社会容易受到利益集团或政治家的鼓动而作出错误的裁决。"公民大会始终认为一切操之在我——事实上也是如此。公民大会犯了错，无人责备，尽管它在责备未能如大会所愿有效执行政策的相关人员时，从不迟疑。"① 比如，公民经过投票表决以不信神为由放逐了著名哲学家阿那克萨哥拉，以腐化青年的罪名判处了苏格拉底死罪。

这种公民社会随着历史的转变而不断变化，甚至衰落。到20世纪中期，阿伦特提出了复兴这种古典公民社会的思想，也即复兴作为政治行动的公共领域。

阿伦特受亚里士多德把人的活动分为技术、制造、实践和沉思的影响，将人的基本活动分为劳动、工作和行动。这三种活动对应人的三种基本条件，即劳动满足人的生命的条件，工作使人的生命得以延续，而行动作为自由的政治活动，是与政治相关的群体性的人的条件。劳动和工作都是满足人的生命的条件。但满足人的生命不是人的特有活动，只有行动及行动中的语言才是满足人作为人而不是一般动物的特有活动。这三种活动还对应三种活动领域，即私人生活领域、社会领域和公共政治领域。

在阿伦特看来，只有行动才是人本身的自由活动，只有以行动为基本活动的公共领域才是人的自由活动领域。如果人的活动仅仅限于劳动或工作，那人就把自身托付给了外在的客观世界或私人领域，人也就丧失了自由。这样，"那个本身自由的人，在异于人类的自然世界中无助地接受摆布，接受与他作对的、摧毁他自由的命运"。这种不自由的自由"一面让人成为自己的主人和尺度，一面却只能继续充当'存在'的奴隶"②。这

---

① ［英］约翰·索利:《雅典的民主》，王琼淑译，上海译文出版社2001年版，第97页。

② Hannah Arendt, "What is Extenz Philosophy", Partisan Review XVIII/I, 1946. Quotes are from "What is Existential Philosophy", in Hannah Arendt, *Essays in Understanding*: 1930 – 1954, New York.: Harcourt Brace, 1994, p. 171.

种自由的沦丧必然导致受他人控制和摆布的极权统治，导致人的堕落和毁灭。但是，"人的毁灭不是由命运决定的，而是他自己的存在的一部分。人的堕落不是因果律支配的外界敌意势力的过错，而是早就隐藏在人自己的天性之中"。在人性灾难发生的时候，人要问的不是"命运为何如此待人"，而是"人如何运用（或滥用）了自己的自由"。① 一切极权都是因共同生活遭受破坏才有机会施虐于人间的。而且，极权的可怕也正在于将破坏共同生活变为一种"正常"生活状态。

阿伦特认为，公共领域是人的本真存在之所。她说："只有在共同世界的人类共同生活中，才会有（真正的）存在。"② 只有让人们都行动起来，不受任何客观世界的摆布，才能实现真正的存在，而公共领域正是供人们自由交往、共同生活的空间和机制。"由于我们的存在感完全依赖于一种展现，因而也就依赖于公共领域的存在，在这一领域中，事物可以从被掩盖的存在的阴影中走出并一展其风貌，因此，甚至是照亮了我们的私人生活的微光，最终也从公共领域中获得了更为耀眼的光芒。"③ 在阿伦特那里，公共领域不仅仅是摆脱客观世界奴役的领域，因为摆脱了奴役有可能走入无意义的荒诞境地，公共领域还能实现人的存在价值和意义。这也是共和主义的基本观点之一。正如普特所言："对于共和主义者而言，政治参与不仅是为自由服务的工具，而且亦是人对自身本质负责的一种方式。在参与中，一个人获得了真正的自由，成为真正的主体和命运的主宰，在沉浮莫测的命运面前，控制着自己的荣辱悲喜。"④

事实上，哈贝马斯深受阿伦特政治思想的影响。他曾经坦言，阿伦特是对他的思想产生重要影响的思想家之一，阿伦特这种关于政治行动的"公共领域"是其公共领域的思想来源。

哈贝马斯早期的作品《公共领域的结构转型》基本上继承了阿伦特对古希腊时代公私领域区分的观点，以及她对近代"社会"领域兴起的

---

① Hannah Arendt, "What is Extenz Philosophy", Partisan Review XVIII/I, 1946. Quotes are from "What is Existential Philosophy," in Hannah Arendt, *Essays in Understanding*: 1930 - 1954, New York. : Harcourt Brace, 1994, p. 172.

② Ibid. , p. 186.

③ ［美］汉娜·阿伦特：《人的条件》，竺乾威等译，上海人民出版社 1999 年版，第 39 页。

④ ［比利时］普特（André Van de Putte）：《共和主义自由观对自由主义自由观》，刘宗坤译，载《二十一世纪评论》1999 年 8 月号，总第 54 期。

看法。但是，他也跳出了阿伦特的思想史架构，而试图给予资产阶级的公共领域一个历史社会学式的分析。在评论阿伦特的《权力的概念》时，他一方面推崇阿伦特"交往的权力"（communications concept of power）概念，认为它超越了韦伯（M. Weber）和帕森斯（T. Parsons）的定义；另一方面则批判阿伦特的权力观念只关注于政治权力产生的问题，而忽略权力的行使、争夺与保持，从而窄化了权力的内涵。

在对阿伦特的这种批判继承基础上，哈贝马斯指出，只有在公共领域中通过无强制的话语形成的共识，才是权力真正的合法基础。在对公共领域及其规范基础即交往行动的探索上，哈贝马斯也受到了阿伦特的公共领域理论及其对于工作、劳动和行动的区分的影响。他看到，"阿伦特将权力的概念从行为的技术模式中解脱出来：权力是在交往行动中形成的；它是在其中对于所有党派来说共识就是目的本身的言语效果"①。但是，与阿伦特悲叹公共领域的衰落不同，哈贝马斯发现，一种新的充满活力的资产阶级公共领域在启蒙时代出现和形成了。在这种公共领域中，公众不再被理解为彼此陌生的人群，而是通过印刷社、新闻媒体、小说、文学和科学杂志这种非人际的交往媒介逐渐形成的，其呈现的地点不再是雅典的广场、日内瓦的公社，而是 18 世纪早期的沙龙和咖啡馆。阿伦特把她的公共领域与其对表象空间中的行动的理解紧密地联系在一起，从而模糊了公共领域概念在民主的合法性理论中的关键性地位，与此不同，哈贝马斯通过对阿伦特公共领域概念的全面转换，使得重新确立公共领域与民主的合法性之间的联系成为可能。他把自主的公共领域当作通过公共审议而实现自治的过程，从而解决复杂社会的民主合法性问题。

作为政治行动的公共领域，特别是作为国家行动的公共领域，存在于特定的建制程序中。这种政治行动以共同的至上道德为目标，公民作为共同体的一员不仅要积极地参与这种公共领域，而且要以共同体的价值为其人生价值，国家与社会从政治权力和道德价值上都合而为一。实际上，这种公共领域是一元的、封闭的公共领域，随着社会生活多元化的发展，它注定会失去守护生活意义的价值。

---

① Jürgen Habermas, *Philosophical-Political Profiles*, translated by Frederick G. Lawrence, Massachusetts: The MIT Press, 1988, p. 173.

二 作为社会舆论的公共领域

除了特定的建制程序外，政治公共领域另一重要机制就是公众舆论。作为反映社会生活意志的一种机制，"舆论"已有悠久的历史。在相当长时期，"舆论"作为自发的"大众意见"处于社会的边缘。随着资本主义的发展，社会交往的日益频繁，"舆论"才逐渐从社会"边缘"向权力中心走近。与此相应的是，社会舆论①向公众舆论发展，并成为公共领域的重要机制。

在古希腊没有"舆论"这一词，但有与这个词意思相近的"大众意见"或"平民意见"。柏拉图的"意见"（doxa）就有社会舆论的含义，但它是一个消极概念。在柏拉图看来，意见就像洞穴中的阴影，是虚假的，不确定的，与以洞穴外的阳光作比的真理相对。亚里士多德没有完全否定平民大众的意见，认为平民大众若以法律统治为权威，也可以形成公民参与政治管理的较好的平民政体。同时他也指出，若不以法律为权威，平民大众的意见就容易受到平民领袖的控制和摆布。在后来相当长的一段时期内，由于国家与社会的合一，作为大众意见的舆论的作用往往微不足道，加之它具有不确定性，总是作为真理的对立面而存在，经常受到哲学家和当权者的鄙薄。直到20世纪，仍然有诸如卡尔·波普这样的哲学家对公众舆论报以成见："被称为公众舆论的那个不可捉摸、含糊不清的实体有时表现出一种质朴的敏锐，或者更典型地表现出一种超过掌权政府的道德敏感。然而，如果没有一个更为强大的自由主义传统加以节制，公众舆论对于自由会是一种危险。公众舆论作为趣味的仲裁者是危险的，作为

---

① "舆"在中文里最早出现于春秋末期，指一种车子。后来出现"舆人"一词，指造车或驾车的人，尤指与坐车君臣相对应的随从。之后舆人又演变成与君权相对的民众或老百姓。"舆论"一词最早出现于三国时期，魏国谏臣王朗进谏曹丕，"惧彼舆论之未畅也"，因而不宜轻率动兵伐吴。这里的舆论主要指民众对君王政治的理解。此后《梁书·武帝纪》也使用了"舆论"一词，指民心所向。比如《梁书》说："行能臧否，或素定怀抱，或得之舆论。"由此可见，舆论作为民意早在我国封建王朝时期就成了帝王决策的重要依据。见刘建明《社会舆论原理》，华夏出版社2002年版，第10—13页。在西文中，"舆论"（德语，Meinung；英语，opinion；法语，opinion）一词源于拉丁语的opinio。最开始这个词根源于日常生活，仅仅存在于社会领域，指依据非法定化的风俗习惯、流行观念、一般惯例以及道德良知等形成的、没有得到充分论证的、不确定的判断。可见，在中西思想史中，舆论有相近的含义，即都表现为纯粹的意见，以及这种意见所指的对人和事的价值评判，而没有法律的强制效力。

真理的仲裁者是不可接受的。"① 但是，像波普这样对舆论的警惕看法已经不能阻挡舆论向权力中心迈进的步伐。

早在波普之前若干世纪，随着社会与国家的分离，社会的作用也越来越明显，舆论在社会生活中的作用日益突出。虽然舆论在相当长时期主要指称社会风俗和道德良知，但是随着资本主义的产生发展，社会舆论还是逐渐从社会交往领域转向公共政治领域。但从"舆论"发展成为"公众舆论"的过程并非一帆风顺。

其一，作为道德良知的舆论。在中世纪，舆论就有道德良知的含义。托马斯·阿奎那就曾指出："一切世俗的报酬中最高的报酬也许就在于：一个人的德行由他的同胞通过舆论来加以证实。"② 到了近代，随着市民社会的逐渐形成，市民的自我意识逐渐从神的统治中解放出来。霍布斯把表示自觉意识和良知的"conscience"和"舆论"（opinion）等同起来，把原先属于社会领域的信仰、良知等范畴的意义纳入对世俗权威——国家的观念之中，迈出了把舆论从社会领域转到政治领域的第一步。

洛克将舆论提高到更高的地位，他把"舆论法则"作为一个哲学范畴，与"神圣法则"、"国家法则"等相提并论，甚至认为，舆论法则对社会的间接控制比神圣法则或国家法律的正式约束还要有效得多。但是，他的"舆论法则"具有很强的道德色彩，是衡量美德和恶行的标准。个人作为市民还没有自觉意识到作为公民的政治权利，所以洛克所谓的舆论仍然只是社会舆论而不是公众舆论。卢梭虽然在《论艺术与科学》中第一次提到了"公众舆论"，并把人民的普遍意志和公众舆论联系在一起，认为，"裁决民风者裁决声誉；裁决声誉者根据舆论推出法则"。③ 但是不同的是，洛克的舆论与人民意志是分离的，只有道德规范的作用，而卢梭的公众舆论与人民意志合一，具有立法和政治统治的作用。不过，它仍然是在道德良知和社会风俗的意义上被使用的。哈贝马斯认识到，"（卢梭

---

① ［英］卡尔·波普：《开放的社会及其敌人》，陆衡等译，中国社会科学出版社1999年版，第243页。

② ［意］托马斯·阿奎那：《阿奎那政治著作选》，马清槐译，商务印书馆1982年版，第65页。

③ 转引自［德］于尔根·哈贝马斯《公共领域的结构转型》，曹卫东等译，学林出版社1999年版，第116页。

所说的）公众舆论就是未经反思的舆论，是舆论的原初状态"①。可见，作为道德良知的社会舆论是以道德伦理而非公共理性为依据，还不具有理性的批判性，没有权威性，所以还不具有政治权力的约束力，也因此不具有政治合法性的功能。就此而言，作为道德良知的舆论还没有公共领域的公众舆论的性质。

其二，作为公共批判的公众舆论。哈贝马斯考察了"公众"一词的产生发展的历史。在英国，从17世纪中叶开始使用"公共"（Public）一词，但常被"世界"或"人类"等词代替。直到1781年，《牛津词典》才开始收录"公众舆论"一词。同样，法语中的"公共"（Le Public）一词最早也是用来描绘《格林字典》中所说的"公众"，而"公众"一词是18世纪在德国开始出现的，指作为公共权力对立面并对其进行公开批判的民众。"公众"的出现表明，社会舆论不再主要以道德良知为依据，而是以自我的法定权利为准绳；公众的目的不仅是表达一种意见，而且还为了捍卫自我的权利；公众不再是公共权力机关的被动对象，而变成了公共权力本身的建构者；与此相应，公众舆论不再是对公共权力的简单评论，更成为公共权力的合法性基础。

法国的重农主义者在维护封建统治的基础上进一步提出了公众舆论对于政治统治的重要性。哈贝马斯指出："重农主义者是具有政治批判意识的公众的代表，众所周知，他们最早起来捍卫市民社会的独立性，反对国家干预措施。"② 重农主义的公众舆论是从与国家相分离的社会中产生的，相对独立于公共权力，并对公共权力进行批判。对此，哈贝马斯总结道："公众舆论是社会秩序基础上共同公开反思的结果；公众舆论是对社会秩序的自然规律的概括，它没有统治力量，但开明的统治者必定会遵循其中的真知灼见。"③ 然而重农主义同时又替专制统治辩护。实际上，重农主义的公众只限于有教养的政治精英，提高公众舆论的作用是为了封建王权自身的统治而非民众自身的权利。而且，公众舆论远没有从君权统治中独立出来，只不过是君权统治的附属品而已。不过，虽然重农主义的公众舆

① ［德］于尔根·哈贝马斯：《公共领域的结构转型》，曹卫东等译，学林出版社1999年版，第114页。

② 同上书，第113页。

③ 同上书，第114页。

论还不能为公共权力提供合法性，仅仅是一种民主的专制形式，但不可否认的是，重农主义倡导社会"自由放任"，以及对公众舆论的重视大大地推动了舆论从社会舆论向公众舆论的转变，并赋予了舆论的批判精神。

英国的保守主义者爱德蒙·伯克（Edmund Burke）最早意识到公众舆论作为政治合法性的意义。他明确指出："如果没有被统治者的普遍舆论，任何立法机关都无法发挥作用。普遍舆论是立法的媒介和喉舌。"①这种舆论不再仅仅是道德良知，而是私人对公共事务的关注和公开讨论，是公民自我权利的觉醒。因此，这种普遍舆论具有了政治启蒙的功能和理性批判精神。舆论从社会领域转到了政治领域，社会舆论变成公众舆论。

随后，边沁和基佐（G. Guizot）开始将公众舆论视为公共权力的合法性基础。哈贝马斯引用了基佐的话指出："为了不断地强求全体公民，为了永远追求理性、正义和真理，那个制度根本不承认专制权力的合法性，那个制度的特征应该控制实际权力。代议制的途径主要有：（1）讨论，讨论迫使现有的力量追求普遍真理；（2）公共性，当参与这种追求的时候，公共性把这些权力置于公民的监督之下；（3）新闻自由，新闻自由激励公民自己去追求真理。"②

这段话说明公众舆论具有了公共性，它不再为封建专制的权力辩护，而是要彻底否定专制的公共权力的合法性，代之以代议制民主制度。但是，在这些思想中，他们没有意识到国家与社会的分离，而是把舆论作为公共权力的一部分。这种舆论仍然是公共权力体制内的公众舆论，是一种纯粹的政治舆论，与伦理道德相分离。

其三，作为公共启蒙方法的公众舆论。以往的社会舆论或公众舆论要么是政治的，要么是道德的，直到康德才将政治的公众舆论与道德的社会舆论结合起来，并赋予了公众舆论以公共启蒙的意义。在卢梭那里，公众舆论就具有了启蒙的功能，但是必须依靠社会良好的道德风俗习惯才能实现这种功能。而康德则认为，公众舆论的形成本身就是启蒙，但是它不仅需要道德自律，更需要开明的政治制度。对于公众自身来说，启蒙需要公众运用自己的理性："这一启蒙运动除了自由而外并不需要任何别的东

---

① 转引自［德］于尔根·哈贝马斯《公共领域的结构转型》，曹卫东等译，学林出版社1999年版，第112页。

② 同上书，第118页。

西，而且还确乎是一切可以称之为自由的东西之中最无害的东西，那就是在一切事情上都有公开运用自己理性的自由。"① 而公开运用自己的理性就需要如下几个条件：一是拥有自主行动的主体意识。"启蒙运动就是人类脱离自己所加之于自己的不成熟状态"②，启蒙的决定因素在于自我意识。"就个人而言，启蒙是一种自我反思的主体性原则。"③ 没有自我的觉醒，任何外在因素都难真正达到启蒙的效果。但是，在康德看来，启蒙是少数人的事情，只有像学者那样的具有批判理智的人，才能成为启蒙者。二是具有批判精神的公众相互间达成共识。三是拥有足够的财产。最后，必须有开明的公共权力机关，比如一个自身启蒙了的君主。因此，公众舆论要实施公共启蒙的功能，也需要满足这几个条件。

在康德看来，公众舆论是政治与道德的中介。具有批判意识的公众所达成的共识形成公众舆论，它代表着人民的普遍意志，是政治权力和法律规范的源泉，任何政治和法律都必须符合普遍意志："面对公共领域，一切政治行为都立足法律；这些法律就其自身而言被公众舆论证明为具有普遍性和合理性。在常规状态下，自然法则的统治被法律法则的统治所取代——政治完全可以转化成道德。"④ 他以个人权利和公共权力的公设来说明从自然状态向市民状态的过渡，认为自然状态可以看做个人权利的状态，市民状态则可看做公共权力的状态。因而，市民社会是一种法律的联合体，它是通过公共法律来保障我的和你的所有的社会。可见，在康德那里，市民社会仍然被等同于政治社会或国家，并且被理想化了。与此相应，他的公众舆论与公共权力仍然是一体的，并且相对于公共权力机关来说仍然处于从属地位。

三　作为经济活动的公共领域

只是到了黑格尔，市民社会与国家之间才开始有了严格的区分。黑格尔把家庭、市民社会和国家理解为"伦理"概念客观化过程中所经过的

---

① ［德］康德：《历史理性批判文集》，何兆武译，商务印书馆1997年版，第24页。

② 同上书，第22页。

③ ［德］于尔根·哈贝马斯：《公共领域的结构转型》，曹卫东等译，学林出版社1999年版，第122页。

④ 同上书，第126页。

环节。相对于作为伦理性整体的家庭和国家来说，市民社会是一个异质的存在，它远远偏离了伦理生活的理想和真正意义。黑格尔把家庭当做直接伦理性实体，认为家庭的分解，出现了"家庭的复数"，这才导致了作为独立个人的相互关系的市民社会。他写道，"在市民社会中，每个人都以自身为目的，其他一切在他看来都是虚无。"①因此，市民社会是屏蔽了伦理道德的经济活动领域，在这里只有作为自私的个人的利益。

黑格尔受到古典经济学家所提出的自由市场模式的影响，把市民社会看做满足需要的体系。在这样的社会中，所有的东西都可以待价而沽，所有的自然成分（亲情、爱情、宗法关系）都被一并铲除。市民社会表示直接或原始伦理精神的解体，市民社会成员需要的满足（如人身和财产的保障，特殊利益和公共福利的秩序的维护），所凭依的只是法律。而法律仅仅保障抽象地适用于任何人的人权、所有权、契约及裁判权力，仅仅是外部对个人活动的划定。因而市民社会缺乏普遍的伦理精神。"市民社会是个人私利的战场，是一切人反对一切人的战场，同样，市民社会也是私人利益跟特殊公共事务冲突的舞台，并且是它们二者共同跟国家的最高观点和制度冲突的舞台。"② 因此说，市民社会只是一个抽象，一个片面的环节，只具有中介的意义，它必将在"国家的最高观点"上被克服。市民社会仅仅是国家理念的一个抽象因素，它不能离开国家而存在。黑格尔说，市民社会必须以国家为前提，而为了巩固地存在，它也必须有一个国家作为独立的东西在它面前。他坚决反对把市民社会的各种规定搬到国家领域的僭越行为，从而展开了对全部近代思想的批判。

但黑格尔并未因此采取浪漫派那种否定市民社会的态度。他认为，从直接伦理通过市民社会的分解而达到国家的这种发展，"才是国家概念的科学证明"③。于是，他积极评价了作为近代产物的市民社会的地位和作用："因特殊领域的合法性而产生的公会精神，本身潜在地转变为国家精神，因为国家是它用来维护特殊目的的工具。这就是市民爱国心的秘密之所在：他们知道国家是他们自己的实体，因为国家维护他们的特殊领域——它们的合法性、威信和福利。国家在政治情绪方面深入人心和强而

---

① ［德］黑格尔：《法哲学原理》，范扬、张企泰译，商务印书馆 1961 年版，第 197 页。

② 同上书，第 309 页。

③ 同上书，第 252 页。

有力的根源就在公会精神中，因为在这里特殊物是直接包含在普遍物之内的。"①

在此，黑格尔超出康德的地方就在于，他把市民社会理解为"现代世界中形成的"自由市场社会。在其中，个人的自我利益从宗教的、伦理的、政治的考虑中解放出来，获得了合法性。市民社会是一个个人利益得到充分自由表现的社会。市民社会为自由的完全定义提供了必要但不充分的内容，体现出市民社会在国家概念发展中的辩证性质。市民社会的这种辩证法，也体现在它自身的诸环节中："第一、通过个人的劳动以及通过其他一切人的劳动与需要的满足，使需要得到中介，个人得到满足——即需要的体系。第二、包含在上列体系中的自由这一普遍物的现实性——即通过司法对所有权的保护。第三、通过警察和同业公会，来预防遗留在上列两体系中的偶然性，并把特殊利益作为共同利益予以关怀。"② 市民社会作为"需要的体系"，在其中"需要的目的是满足主观特殊性，但普遍性就在这种满足跟别人的需要和自由任性的关系中，肯定了自己"③。

黑格尔对待市民社会的这种辩证态度决定了他对公共领域中公众舆论的态度："公众舆论又值得重视，又不值一顾。"④ 一方面，市民社会只是满足人的需要的体系，是"一切人反对一切人的战场"，缺乏普遍伦理。那么在市民社会中形成的公共领域只不过是对私利的关注、讨论和发表意见，公众舆论只是民众个人的主观自由的表达，不再具有法律源泉的公共性。"个人所享有的形式的主观自由在于，对普遍事务具有他特有的判断、意见和建议，并予以表达。这种自由，集合地表现为我们所称的公共舆论。"⑤ 这样的"公共舆论"不过是在大众中传播的常识或偏见，不是科学的认识。他还说："公共舆论是人民表达他们意见和意志的无机方式，在国家中现实地肯定自己的东西当然须用有机的方式表现出来，国家制度中的各个部分就是这样的。"⑥ 因此，国家不能以这种"无机的方式"展现意志，公共权力更不可能以这种"公共舆论"作为合法性来源。国

---

① ［德］黑格尔：《法哲学原理》，范扬、张企泰译，商务印书馆1961年版，第309页。

② 同上书，第203页。

③ 同上书，第204页。

④ 同上书，第334页。

⑤ 同上书，第331—332页。

⑥ 同上书，第333页。

家作为伦理的最高阶段掌握一切真理，具有最高的权威和合法性。

另一方面，黑格尔看到，市民社会是家庭伦理与国家之间不可缺少的中介，市民社会中的公众舆论反映了真正的现实需要和现实趋势。这是一个独立于公共权力的市民经济活动的领域，享有经济自由。这个自由公共领域产生的公众舆论具有巨大的力量，它的效力往往是权力、习惯和风俗所不及的。同时，舆论是普遍和特殊的统一，是真理和谬误的混合物。像康德一样，黑格尔也认为，把握舆论需要学者的理性，需要伟大人物的控制。

这样，黑格尔把公众舆论又变成了社会舆论，但是独立于国家的经济领域的社会舆论。虽然他颠倒了市民社会的公共领域与国家公共权力之间的关系，但是他已经把公共领域看做一个独立的社会领域，不再依附于国家公共权力。这一点深深地影响了马克思的市民社会理论，使后者意识到"对市民社会的解剖应该到经济学中去寻求"①。

马克思对市民社会的研究是从批判黑格尔的法哲学开始的。他的市民社会（Bürgerliche Gesellschaft）有广义与狭义两个层面的含义。从广义上讲，市民社会指的是商品经济的经济关系；从狭义上讲，它才特指资本主义社会的经济关系。

在马克思看来，市民社会是同人类社会的特定发展时期相联系的，以特殊的私人利益与普遍的公共利益的分离和对立作为自己的存在形式。正是这种分离促成了市民社会与国家的产生和独立存在。从这个角度出发，他指出，市民社会主要指私人的物质交往关系："在过去一切历史阶段上受生产力制约同时又制约生产力的交往形式，就是市民社会。"② 他还指出："市民社会包括各个人在生产力发展的一定阶段上的一切物质交往……市民社会这一名称始终标志着直接从生产和交往中发展起来的社会组织，这种社会组织在一切时代都构成国家的基础以及任何其他的观念的上层建筑的基础。"③ 可见，在马克思看来，只要存在着商品经济与私人利益，市民社会就一定存在，这就是广义上的市民社会。市民社会是社会时代精神的体现。市民社会虽然与国家相分离，但是市民社会中的经济关

---

① 《马克思恩格斯选集》第 2 卷，人民出版社 1995 年版，第 32 页。

② 《马克思恩格斯选集》第 1 卷，人民出版社 1995 年版，第 87 页。

③ 同上书，第 130—131 页。

系却决定了其他所有关系。在这个意义上说，市民社会与国家公共权力是同一社会的两面。在这个问题上他与黑格尔一样认识到了市民社会与政治国家的相互关系："市民社会就是政治社会，因为市民社会的有机原则就是国家的原则。"①

随着商品经济发展到了资本主义市场经济时期，市场经济的内在要求最终通过政治革命将市民社会和国家在现实中分离开了。法国大革命是这种政治革命的典型代表。"资产阶级把它在封建主义统治下发展起来的生产力掌握起来。一切旧的经济形式，一切与之相适应的市民关系，以及旧日市民社会的正式表现的政治制度都被粉碎了。"② 因而马克思指出："真正的市民社会只是随同资产阶级发展起来的。"③ 这样的市民社会，就是我们所说的狭义的市民社会——资本主义市民社会。

马克思的市民社会理论具有以下三个特征：第一，从政治国家和市民社会的相互关系角度来把握市民社会的发展演变规律。第二，精辟地分析了市民社会和政治国家相分离的政治意义。市民社会确立了人权和公民权的原则。在专制权力和旧的市民社会之下，个人只是实现政治目的和社会目的的手段。而"现代的市民社会是彻底实现了的个人主义原则，个人的生存是最终目的；活动、劳动、内容等等都不过是手段而已"④。不仅如此，"这种人，市民社会的成员，就是政治国家的基础、前提。国家通过人权承认的正是这样的人"⑤。第三，指出了在市民社会诸领域中"物质生活关系的总和"或经济关系的领域具有决定性意义。

虽然马克思和黑格尔都把市民社会看成是作为经济活动的社会交往领域，但是他们的市民社会观念呈现出两种完全不同的路向：黑格尔主张市民社会从属于国家，而马克思则强调国家从属于市民社会。这两种路向代表着两种全然不同的政治哲学：黑格尔主张市民社会从属于国家，是要人民服从国家，以国家吞噬市民社会，所以，他虽然看到了市民社会对于国家的意义，但其政治哲学的中心点还是论证君主制的合理性。马克思主张

①　《马克思恩格斯全集》第 3 卷，人民出版社 2002 年版，第 90 页。

②　《马克思恩格斯全集》第 4 卷，人民出版社 1995 年版，第 154 页。

③　《马克思恩格斯选集》第 1 卷，人民出版社 1995 年版，第 130 页。

④　《马克思恩格斯全集》第 3 卷，人民出版社 2002 年版，第 101 页。

⑤　同上书，第 187 页。

国家从属于市民社会，旨在把个体自由作为国家的基础和有机部分，以个体自由为社会的本质，其政治哲学的中心点是论证民主制的合理性。① 马克思正是本着这一政治哲学，深入剖析了市民社会的内在结构，揭示了市民社会作为实现人的全面而自由发展的现实基础的积极意义。

　　在哈贝马斯看来，是马克思发现了市民社会中公共领域的真正秘密。以往对市民社会和公众舆论的探讨都把市民社会看做或者依附于国家公共权力的社会领域，或者独立于国家的经济活动领域，都认为市民社会的权力来源于政治公共权力。人们只是看到了资产阶级公共领域的产生与发展对于反对封建专制的作用，并把市民社会看做自由平等的民主社会领域。而"马克思的批判摧毁了资产阶级公共领域所依靠的一切虚构"②。市民社会在争取经济自由的同时形成了新的权力关系，即资产阶级统治无产阶级的关系。这种权力关系建立在市民社会的经济关系基础上，取代了封建专制的统治关系。"具有批判意识的公众对封建社会统治关系的消解并不是对政治统治的消解，相反，是对政治统治的变相继承。"③ 作为公众舆论主体的资产阶级成为公共权力的拥有者，而随着非市民阶级进入市民社会的公共领域，必然形成新的公众舆论。舆论所指不再是封建专制，而是代表资产阶级利益的公共权力机关。

　　然而，哈贝马斯认为，虽然马克思揭示了市民社会的秘密——统治，但是并没有看到资本主义民主本身的自我批判潜能。马克思只是意识到了作为经济活动领域的市民社会，把技术工具理性对物质财富的追逐看成支配市民社会的主要因素，忽视了作为资产阶级公共领域的实践话语及其民主潜能。他说："马克思把政治的公众社会的实践认识，与富有成效地支配技术相等同……马克思没有预料到，在对物质的生活条件的科学控制和民主的意志形成之间，在所有阶段上都可能出现矛盾、造成这种结果的原因，从哲学上看就是，社会主义者从来不曾想到〔后来会出现一种〕专制性的福利国家（der autoritaere Wohlfahrtstaat），即会出现社会财富有了

----

　　① 何萍：《人的全面而自由发展与市民社会》，载《武汉大学学报》（人文科学版）2002年第3期。

　　② 〔德〕于尔根·哈贝马斯：《公共领域的结构转型》，曹卫东等译，学林出版社1999年版，第142页。

　　③ 同上书，第143页。

相对保障但却排除政治自由的国家。"① 因此，他认为，即使满足了马克思所说的技术上维持每一个人的生活和使生活轻松愉快的物质条件，作为守护生活的民主社会也不一定能实现。市民社会的民主潜能不在于劳动带来的物质财富，而在于交往行动带来的公民间的相互理解。

　　尽管哈贝马斯对黑格尔和马克思的市民社会理论都有所批判，但是黑格尔和马克思对作为满足个体需要的经济活动领域的市民社会的分析深深影响了他，特别是关于国家与市民社会分离的思想更是成为哈贝马斯公共领域观念的基本点。经济学的分析模式把人们对市民社会的赞颂转移到对它的批判，即市民社会远不是一个自由的领域，而是一个统治和压迫的领域。但是，在分析晚期资本主义的社会结构时，哈贝马斯却将市民社会和公共领域从经济领域中分离出来，并将它与公共权力和经济货币对立，成为另一种社会整合的力量。"今天称为'市民社会'的，不再像在马克思和马克思主义那里包括根据私法构成的、通过劳动市场、资本市场和商品市场之导控的经济。相反，构成其建制核心的是一些非政府的、非经济的联系和自愿联合，它们使公共领域的交往结构扎根于生活世界的社会成分之中。组成市民社会的是那些或多或少自发地出现的社团、组织和运动，它们对私人生活领域中形成共鸣的那些问题加以感受、选择、浓缩，并经过放大后引入公共领域。旨在讨论并解决公众普遍关切之问题的那些商谈，需要在有组织公共领域的框架中加以建制化，而实现这种建制化的那些联合体，就构成了市民社会的核心。"②

四　作为意识形态的公共领域

　　马克思认识到了资产阶级市民社会民主的虚伪性，即市民社会中的公共领域掩盖了资产阶级凭借生产资料的占有对无产阶级实行的阶级统治，并为资产阶级统治的公共权力提供了合法性。这种阶级统治之所以能够实现，是因为它有别于封建专制的赤裸的压迫，而是采取了文化和意识形态的隐蔽形式。这一点是葛兰西首先揭示出来的。

------

① 〔德〕于尔根·哈贝马斯：《作为"意识形态"的技术与科学》，李黎、郭官义译，学林出版社1999年版，第92页。

② 〔德〕于尔根·哈贝马斯：《在事实与规范之间》，童世骏译，生活·读书·新知三联书店2003年版，第454页。

葛兰西是较早认识到资本主义国家权力的变化，并以市民社会理论加以回应的思想家之一。"市民社会"是其哲学体系中的一个核心范畴。他认为，当代资本主义国家已经具有了整体意义，它实际上是由两部分组成的：其一为政治社会，其二为市民社会。它们以不同的权力形式行使国家的统治职能，前者实施的是直接的强制性权力，后者实施的则是基于民众同意之上的"文化领导权"，即"文化霸权"。这两部分构成了上层建筑的两大领域："一个可称作'市民社会'，即通常称作'民间的'各种社会组织的总和，另一个是'政治社会'或'国家'。这两个层面，一方面对应统治集团通过社会行使的'领导权'职能，另一方面对应通过国家和合法的政府所行使的'直接统治'或'管理'职能。这些职能都是有组织且相互关联的。"① 可见，葛兰西更加强调市民社会的地位和作用，认为它以文化的形式和意识形态的力量统合着人们的观念和行为，构成了统治阶级强大的在野帮手。

在葛兰西那里，市民社会具有不同于马克思市民社会概念的含义。马克思在《黑格尔法哲学批判》、《论犹太人问题》和《德意志意识形态》等著作中，将市民社会主要界定为以资本主义市场经济为基础的一切非政治的社会生活领域、物质生活关系的总和，属于经济基础的部分。而葛兰西所指的市民社会主要不属于人们进行劳动生产和商品交换的经济活动领域，而主要属于意识形态和文化的领域，不属于经济基础，而属于上层建筑。这种市民社会指向意识形态和文化的领域，文化领导权的载体主要指的是各种民间组织，包括政党、工会、学校、教会以及新闻机构，它们构成了市民社会的主要形式。

受葛兰西影响，理论家们主要从两个向度展开了对资本主义文化和意识形态统治的批判和解释。第一个向度是西方马克思主义的文化和意识形态批判，主要代表人物是早期法兰克福学派的霍克海默、阿多诺和马尔库塞。"在法兰克福学派看来，虚假性是一切意识形态所固有的普遍特性，意识形态概念系价值概念，具有功利性、效用性，以满足狭隘利益为准则；一切意识形态都是其制造者们为巩固与扩大自身的阶级利益而杜撰、虚构出来，以适应压抑的需要。"② 在《启蒙的辩证法》一书中，霍克海

---

① ［意］安东尼奥·葛兰西：《狱中札记》，葆煦译，人民出版社1983年版，第238页。

② 郑召利：《哈贝马斯的交往行动理论》，复旦大学出版社2002年版，第15页。

默和阿多诺提出并系统阐述了"文化工业论"思想。其核心观点是：在当今资本主义社会中，资产阶级为了巩固其意识形态统治，操纵了电影、电视、报纸杂志等诸如此类的传播媒体，宣传以获致最大商业利润为目的的大众文化，从而牢牢控制了人们的思想观念。大众文化的各个方面都堕落成了操纵大众意识、扼杀个性和自由的工具，从而成为当代标榜民主自由的资本主义社会极权主义的一种表现。这种"文化工业论"批判构成了霍克海默和阿多诺工具理性批判的重要内容，也是对葛兰西市民社会概念的理论验证。

启蒙辩证法对西方工业文明的批判，尤其是对工具理性的批判，深刻地影响了哈贝马斯的公共领域学说。从《公共领域的结构转型》到《作为"意识形态"的技术与科学》再到《合法化危机》，都贯穿着对资本主义意识形态和工具理性批判的思想线索。

第二个向度是资本主义国家的社会学家对整个社会系统生存和持续问题的解释，主要代表人物是社会学家帕森斯。他认为，在社会由传统向现代过渡、资本主义经济从自由发展向垄断控制转变的过程中，市民社会的性质和职能以及它与国家的关系都发生了重要转折。它不再指经济领域中的东西，而是指社会共同体。帕森斯将社会定义为一个行动系统，并将现代社会划分为经济、政治、文化、社会四个子系统。其中的"社会"主要指市民社会，其基本要素是不同于经济组织和官僚机构的组织模式——社团或协会（association），它强调成员的自愿加入、彼此平等和决策的程序化。社会子系统主要是通过各种社团或协会来完成社会整合的任务的。在社团或协会中，通过社会化机制和社团控制机制（如人际制裁和仪式活动等），个人将会自觉或不自觉地把现行的文化价值观作为一种行为规范接受下来。帕森斯强调，社会子系统所执行的整合功能已成为整个社会体系得以均衡发展的关键。[①]

作为意识形态的市民社会理论传统，将市民社会的讨论纳入文化领域，从而强调了市民社会的合法化功能与社会整合功能。这种市民社会理论对哈贝马斯的公共领域观念产生了直接的影响。在葛兰西所开创的当代市民社会理论基础上，哈贝马斯重新建构了市民社会，十分注重挖掘市民

---

① 参见李佃来《葛兰西与当代市民社会理论传统》，载《学术月刊》2004年第1期。

社会的文化意义,以辩证的态度对待市民社会中的公共领域,并深入剖析当代市民社会的内在结构,试图建构合理的公共领域。

虽然如此,哈贝马斯与葛兰西市民社会概念之间的差异也是十分明显的:其一,葛兰西把市民社会界定为国家的组成部分,即意识形态上层建筑的部分,它构成了政治国家实施文化和意识形态统治的重要力量;而哈贝马斯则认为,市民社会是独立于政治国家的领域,并且在某种程度上构成了后者的对立与批判力量。其二,哈贝马斯与葛兰西都把市民社会看做政治国家获取合法性依据的主要基地,但在葛兰西那里,其合法性的获取表现为一个主动的过程,即政治国家通过意识形态的灌输而取得人们的同意;而哈贝马斯由于把市民社会视为某种程度上与政治国家相对立的力量,因此政治国家之合法性的获取表现为一个被动的过程,即政治国家根据公众舆论,在某种程度上甚至是迫于公众舆论的压力而建立统治原则,以维护其合法性。其三,葛兰西的市民社会概念是立足于对现有制度的破坏和改造,并寄希望于重新建立一个与市民社会相和谐统一的未来社会制度;而哈贝马斯则是立足于对现有制度的批判,试图通过对市民社会的重建来一方面提升资本主义国家的合法性基础,另一方面为人们提供更加合理的生活环境和生存方式。

政治行动、公众舆论、经济活动与意识形态其实是市民社会/公共领域的四个方面,只是在不同的历史阶段呈现出来,并被思想家们揭示出其表现特征和历史作用。市民社会经历的这四个阶段决定了公共领域的发展历程,同时也决定了哈贝马斯公共领域观念的产生和发展。哈贝马斯对这四种公共领域进行了批判综合,并从政治民主的角度抽离出政治公共领域的理想范型,以此为基础建构了其话语民主理论。①

---

① 关于哈贝马斯公共领域思想的背景,应该还有时代的层面。在20世纪五六十年代,西方社会已经步入了发达的晚期资本主义社会。其先进的科学技术和发达的社会生产力均以资本和权力为媒介远远地超越并控制了社会文化,从而控制了人本身。因此,自20世纪60年代,西方出现了社会批判理论思潮,对以资本为媒介的资本主义社会进行了全方位的批判。除了哈贝马斯的《公共领域的结构转型》、《认识与兴趣》等作品之外,还有福柯的《古典时期疯狂史》和《规训与惩罚》等、德波的《景观社会》、鲍德里亚的《消费社会》和《生产之镜》等。他们表达了同一个理论诉求,即如何揭示和反抗现代社会的各种统治,尤其是隐藏在日常生活中的各种操纵,从而实现真正人的自主。而这样的诉求与哈贝马斯公共领域思想的理论旨趣可谓异曲同工。

第二节　哈贝马斯的公共领域观念

但是，哈贝马斯的"市民社会"和"公共领域"已经不同于历史上的任何一种"市民社会"或"公共领域"概念，具有了特殊的含义。在《公共领域的结构转型》一书中，哈贝马斯提出了资产阶级公共领域（bürgerliche Öffentlichkeit）的概念，并考察了这种资产阶级公共领域的产生、发展和衰落的历史。他分析了17世纪英国和18世纪法国资本主义时期的资产阶级公共领域的民主政治功能，并且指出，随着资本主义的后期发展，国家公共权力和私人经济利益集团取代了公共领域的民主职能，公共领域蜕化成了专制领域。然而，他并没有对公共领域失去信心，30年之后，在其政治哲学巨著《在事实与规范之间》中，哈贝马斯重新阐述了市民社会和公共领域的理论，进一步深化了其话语民主思想。在这三十余年中，哈贝马斯对公共领域概念的理解发生了很多变化，对它的界定也越来越谨慎和精致，但是这些变化一直是围绕"民主"来进行的。换句话说，哈贝马斯一直将公共领域作为政治民主的一个范畴来理解。

值得注意的是，哈贝马斯的"市民社会"与"公共领域"并不是同一概念，也不是同一概念的不同发展阶段，具有明显的差别。市民社会是生活世界与公共领域之间的中间层次，而公共领域则构成市民社会与系统之间的中间层次。它们形成了这样一个逐层凸显的结构：生活世界—市民社会—公共领域—公共权力机关。

一　哈贝马斯的公共领域概念

在《公共领域的结构转型》中，哈贝马斯的公共领域概念含义宽泛，内涵丰富甚至复杂。根据不同的标准，它可以被划分成不同的种类。

首先，从公共领域与国家和社会的距离来看，公共领域可以划分成这样两类：

第一，与私人领域相对的国家公共权力机关。哈贝马斯指出："随着等级特权为封建领主特权所取代，代表型公共领域萎缩了，这就为另一个领域腾出了空间，这就是现代意义上的公共领域，即公共权力领域。公共权力具体表现为常设的管理机构和常备的军队；商品交换和信息交流中的永恒关系（交易所和出版物）是一种具有连续性的国家行为。"① 这种公共领域具有最起码的公共性,即它们掌握着人民所赋予的权力,承担着为人民谋幸福的职能和使命,并按照法定程序行使公共权力。但是,这类公共领域受到国家的控制,比如,议会就是这种公共领域的一个典型。

第二,私人领域中的公共交往领域。这类公共领域相对于国家而独立存在,但又有别于家庭等私密领域,在其中人们针对公共问题自由交往、自主讨论。

其次,根据时代的不同,公共领域又可以划分为以下三种。

第一,古典公共领域。它特指古希腊时期与满足生活必需品的私人领域相对的政治活动领域。这种公共领域体现在广场等公共空间中,只有自由民才能参加,它既建立在公民的话语基础上,可以采取讨论、辩论或诉讼的形式,又建立在共同的政治实践基础上,比如战争等。一切德性如公正、勇敢等,只有在这种公共领域中才能产生。"在古希腊人看来,公共领域是自由王国和永恒世界,因而和必然王国、瞬间世界形成鲜明对比。"② 它代表着自由和荣誉,而私人领域则代表着奴役和屈辱。这种公共领域的核心机制就是公民间的自由对话,通过话语方式达成共识,这奠定了政治公共性的基础,以至"公共性始终都是我们政治制度的一个组织原则"。它与国家机关合而为一,与私人领域相对。

第二,代表型公共领域。特指中世纪和封建制度下代表一定社会地位的社会活动领域。代表型公共领域作为一个公共领域,毋宁说是一种地位标志,或者根本上是一种特权的体现。比如,教会就是作为代表宗教教权的公共领域,而宫廷则是作为代表王权和贵族特权的公共领域。这种公共领域尽管都与国家权力有着千丝万缕的联系,参加的人员都是代表着一定公共权力的人员,但是与国家公共权力机关毕竟是分离的。因此,它既具有较强的排他性,又具有一定的批判性。

第三,现代公共领域。现代公共领域源于主体性原则的确立,是在国家与社会的逐渐分化中产生的社会交往领域。主体性包括这样四种内涵:

---

① [德]于尔根·哈贝马斯:《公共领域的结构转型》,曹卫东等译,学林出版社1999年版,第17页。

② 同上书,第3页。

个人主义、批判的权利、行为自由以及唯心主义哲学自身。[①] 哈贝马斯指出："贯彻主体性原则的主要事件是宗教改革、启蒙运动和法国大革命。"[②] 18 世纪末，传统的教会权力、封建势力、诸侯领地和贵族阶层发生了分化，并最终分裂成为公私截然对立的两极。教权的分化促使宗教信仰变成个人自由的选择；君主权力领域的分化导致了公共财政，以及由公共财政支撑的公共权力体系的形成，君主权力后撤遗留的空间，开始逐步被公共权力机关以及自由组合到一起的公众所占领；从君主统治集团分化出来的公共因素发展成为公共权力机关和议会，从职业身份集团分化出来的公共因素发展成为资产阶级的社会生活领域。这个资产阶级的社会生活领域成为一个真正拥有私人自主权的领域，它直接与国家面对。上述三个方面的分化导致现代公共领域的出现。

相对于代表型公共领域而言，现代公共领域有了巨大的进步。现代公共领域的主体是市民阶层而不是特权阶层，"这种市民阶层是公众的中坚力量，而他们从一开始就是一个阅读群体。意大利文艺复兴时期，城市大商人和官员完全浸淫在宫廷贵族文化当中，市民阶层则不然，作为一个整体，他们再也不可能完全认同行将结束的巴洛克贵族文化。"[③] 现代公共领域立足于社会领域，与国家的公共权力相对。市民阶层对自己的公民权利有了自觉，不再依靠封建特权，其目标一开始就是从公共权力中争取和维护自身的权利和利益。它一旦形成就有了公共批判的特征。

世界性公共领域。随着全球化进程的不断推进，尤其是民族国家之间的交往的日益密切和相互影响的加深，哈贝马斯将研究的对象从民族国家扩展到世界历史，而世界性公共领域就是这种转变而提出的重要观念之一。哈贝马斯在中后期一直关注欧洲民族国家间的关系问题，并力主建立统一的具有宪政民主制度的欧洲共同体，而这种政治共同体的合法性来源就是欧洲政治公共领域。哈贝马斯明确提出要使欧洲不同民族国家的公民超越民族界限对统一欧洲产生认同，就必须满足三个条件："第一，必须

---

① ［德］于尔根·哈贝马斯：《现代性的哲学话语》，曹卫东等译，译林出版社 2004 年版，第 20 页。

② 同上书，第 21 页。

③ ［德］于尔根·哈贝马斯：《公共领域的结构转型》，曹卫东等译，学林出版社 1999 年版，第 22 页。

有一个欧洲公民社会；第二，建立欧洲范围内的政治公共领域；第三，创造一种所有欧盟公民都能参与的政治文化。"① 而欧洲公共领域也不是本来就存在的现存实体，其产生依靠国内公共领域的成熟程度和各国之间交往过程的开放程度，同时还需要融入一种共同的政治文化。当然，哈贝马斯并不主张建立欧洲乃至世界的统一政府，并对类似观点进行了批判。在他看来，世界性公共领域具有其界限，那就是具有多层次的不确定性的非政府形式的公共空间。正是在这样的公共空间中，世界历史得以超越民族国家的界限，在多元文化中形成一种后民族结构。在他看来，如果形成一种具有完美的交往结构并且能良好运作的公共领域，从而实现和推动自我理解的话语，那么，实现平等主体权利的民主进程，同样也可以保证不同种族及其文化生活方式相互之间的平等共存。

最后，根据不同的讨论主题，现代公共领域又可以划分为以下两种。

文学公共领域。在18世纪法国的社会精英和思想精英界，出现了一个较为独立的文学公共领域。文学公共领域中的人们自由地进行文学批评和文学创作活动，他们不受政府政令和学术权威的限制。这种文学公共领域是建构在一些新的社会机制的基础之上，如咖啡馆、沙龙、杂志报纸、信件往来等。这些机制是当时人们进行社会交往的重要工具，其中咖啡馆和沙龙是交往的主要形式。在文化批评活动中，文学精英既把自己视为公众的代言人，同时又把自己看做公众的教育者。

政治公共领域。在沙龙和咖啡馆中，人们谈论文学作品、评品艺术作品。但很快，围绕着文学和艺术作品所展开的批评扩大为关于经济和政治的争论，文学公共领域逐步向政治公共领域转变。从它们当中产生了一种全新的合法性观念，打破了教会、学院以及政府在思想上的垄断权力，自由地行使自己的批判能力；社会各等级、各阶层的成员在这些机构中以平等的身份交往。不过交往的主题不再是文学艺术作品，而是针对公共政治问题特别是公共权力机关的问题提议、讨论、批判甚至抗议。

此外，根据主体的不同，政治公共领域又可分为：资产阶级公共领域和无产阶级公共领域。哈贝马斯在《公共领域的结构转型》一书中主要探讨的是资产阶级公共领域的产生形成和转型，对无产阶级公共领域避而

---

① ［德］于尔根·哈贝马斯：《后民族结构》，曹卫东译，上海人民出版社2002年版，第157—158页。

不谈。在 1990 年版序言中，他说明了理由："有关法国大革命的雅各宾党阶段和宪章运动，我用'平民'公共领域加以概括，我认为，这一公共领域是资产阶级公共领域在历史进程中被压制的一个变种，可以忽略不计。"但是，他并没有否认平民公共领域的存在，他指出："在居统治地位的公共领域之外，还有一种平民公共领域，和它唇齿相依。"①

资产阶级公共领域是发轫于 17 世纪英国和 18 世纪法国的独特历史现象。它上承代表型公共领域，在欧洲封建权威逐渐分崩离析的过程中，伴随着资本主义国家与市民社会的分离而发展，并在国家社会化和社会国家化的双向运动过程中衰退和瓦解。哈贝马斯这样来界定资产阶级公共领域：

> 资产阶级公共领域首先可以理解为一个由私人集合而成的公众的领域；但私人随即就要求这一受上层控制的公共领域反对公共权力机关自身，以便就基本上已经属于私人，但仍然具有公共性质的商品交换和社会劳动领域中的一般交换规则等问题同公共权力机关展开讨论。②

哈贝马斯认为，资产阶级公共领域的活动主体是具有财产和受过教育的市民阶层。由私人到公众需要具备两个基本条件：财产和教育。"只有有产者可以组成一个'公众'，才能用立法手段来保护现存财产秩序的基础；只有他们的私人利益才会自动地汇聚成一个以维护作为私人领域的市民社会为目标的共同利益。"③ 财产是私人维持自身生存和自律的基础，维护和争取自己的财产是私人进入公共领域的主要动机之一。而教育则保证个体具有独立的自我理解和公共批判的理性能力。这样，"成熟的资产阶级公共领域永远都是建立在组成公众的私人所具有的双重角色，即作为物主和人的虚构统一性基础之上。作为'物主'的公众和作为'人'的公众的统一过程集中说明了资产阶级私人的社会地位本来就是具有财产和教育双重特征"④。而且，哈贝马斯认为，作为有产者和受教育者的资产

---

① ［德］于尔根·哈贝马斯：《公共领域的结构转型》，曹卫东等译，学林出版社 1999 年版，"1990 年版序言"，第 6 页。

② 同上书，第 32 页。

③ 同上书，第 96 页。

④ 同上书，第 59 页。

阶级还具有最大的普遍性，能代表所有公民的利益。所以，在《公共领域的结构转型》一书中，他主要以资产阶级公共领域为研究对象，并把它作为恢复政治的实践旨趣，是资本主义政治合法化的理想范型。

　　总的来说，这些不同种类的公共领域从不同的侧面反映了公共领域的不同属性。但是，这些不同的属性具有相同之处，那就是作为社会公众表达和维护社会生活意志的交往领域。不管是维护和争取自身的财富还是实现自身的政治主张，公共领域的指向就是生活本身。哈贝马斯后来这样概括它：

> 　　所谓"公共领域"，我们首先意指我们的社会生活的一个领域，在这个领域中，像公共意见这样的事物能够形成。公共领域原则上向所有公民开放。公共领域的一部分由各种对话构成，在这些对话中，作为私人的人们来到一起，形成了公众……公共领域是介于国家与社会之间进行调节的一个领域，在这个领域中，作为公共意见的载体的公众形成了，就这样一种公共领域而言，它涉及公共性的原则——这种公共性一度是在与君主的秘密政治的斗争中获得的，自那以后，这种公共性使得公众能够对国家活动实施民主控制。①

　　《公共领域的结构转型》出版后，哈贝马斯的思想兴趣和研究方法都有所转变，但公共领域的学说却总是若隐若现于此后的著作中。应当说，他从来没有放弃过公共领域的理念，以至于 30 年后，在 1992 年出版的政治哲学巨著《在事实与规范之间》中，公共领域重新成为其政治哲学和法哲学的一个基本理念。

　　尽管公共领域在哈贝马斯理论中的地位没有变化，但是在其思想历程中审视公共领域的视角却多少有些变化。一个最显著的变化就是：在早期，公共领域是作为私人领域的一部分而论的，而后来他却将公共领域纳入生活世界的范畴。从公共领域理论到交往行动理论，从公共领域概念到生活世界概念，这是哈贝马斯理论求索中的重要转折，也是对他以往思想的深化。在《〈哈贝马斯和公共领域〉导言》一文中，克雷格·卡尔霍恩

---

　　① ［德］于尔根·哈贝马斯：《公共领域》，载汪晖、陈燕谷《文化与公共性》，生活·读书·新知三联书店 1998 年版，第 125—126 页。

对哈贝马斯的这种理论转折作了较为精彩的梳理。他指出，面对公共领域理论的困境，哈贝马斯转向了对交往行动的分析和对生活世界的建构："这样，哈贝马斯继续寻求恢复形式民主的规范理想的方式，以及发展辨识社会方向的基础，依凭这一方向的指导，社会可以得到进步。更具体地说，他持续关注福利国家资本主义的发展问题，福利国家资本主义产生了困境，而且破坏了通过乌托邦的集体行为得以展示的较早基础。然而，《公共领域的结构转型》将实践理性运用到政治之中的基础，历史地定位在公共领域的特殊社会机构中，交往行动理论则将它定位于超历史的、进化的交往能力或理性能力之中，这种交往能力或理性能力大体上把主体间性视为交往的本质。公共领域仍然保持着一种理想，但它变成了交往行动进化的或然之物，而不是它的基础。"① 在这里，卡尔霍恩认为哈贝马斯削弱了公共领域在哈贝马斯批判理论中的地位，从具有必然性的"基础"降为了"或然之物"，这种观点当然不是空穴来风，从《交往行动理论》到《后形而上学思想》的文本所论述的着力点在于如何以交往理论来克服主体哲学所产生的问题，公共领域若有若无地被置于或然之境。然而从《在事实与规范之间》来看，这种若有若无并不是弃置，我倒愿意将它理解为一种深掘，即交往理论与公共领域概念并不是可有可无地关联，恰好相反，交往理论所涉及的问题正是公共领域得以运行的内部机制，即公共领域的主体如何得以民主地将个人的意见或主张形成公共的公众舆论，并进而形成交往权力。

另外，与30年前相比，哈贝马斯不再那么悲观，而是以积极乐观的态度重新理解公共领域。这种态度转变的原因是多方面的。首先是政治局势的骤变——苏东剧变，哈贝马斯将其作为一场打破官僚统治的追补革命，其间公共领域发挥了积极的作用，重新展现出公众的批判力量。其次，交往行动理论和后形而上学理论的成熟为公共领域提供了更宽阔和扎实的理论基础。最后，哈贝马斯经过与自由主义、保守主义等理论家的争论，更明确了自己的信念："现代性是一项未完成的设计"，现代民主仍有巨大的解放潜能。

虽然态度转变了，但是对真正的公共领域本身的理解并没有实质的

---

① Craig Calhoun, "Introduction: Habermas and the Public Sphere", in Carig Calhoun eds., *Habermas and the Public Sphere*, Cambridge: The MIT Press, 1992, pp. 31 – 32.

变化：

> 公共领域最好被描述为一个关于内容、观点，也就是意见的交往
> 网络；在那里，交往之流被以一种特定方式加以过滤和综合，从而成
> 为根据特定议题集束而成的公共意见或舆论。①

但是需要注意的是，哈贝马斯之作为民主政治合法性来源的公共领域
是一个介于系统与生活世界之间的中间领域，其基本特征在于非正式组
织、非建制化程序、非强制的公共交往结构。因此，除了特殊指代外，本
书都采用"公共领域"一词，而不是"资产阶级公共领域"或者"政治
公共领域"等表示特殊类型的词语。

综上所述，公共领域是植根于生活世界，介于国家与社会之间、以独
立自主的公众为主体、以公共问题为对象、以实践话语为机制、以公众舆
论为表现形式的社会交往领域。它是一个批判性概念，蕴涵了公共权力和
政治权威的合法性。它属于社会世界，以规范为核心，将民主的公共性理
念运用于政治实践中。公共领域意味着，平等自由的市民集合起来成为公
众，通过自主自律的公开交往（提议、批判、辩论、妥协）达成共识。
可以说，公共领域是民主意志形成的必要条件。

二　公共领域中的实践话语

公共领域中的民主意志是通过实践话语来形成的。"话语"（Diskurs，
discourse，也可译作"商谈"）作为一个关键词是在多个角度上被哈贝马
斯使用的。比如，他曾谈及"实用话语"、"伦理话语"、"道德话语"、
"法律话语"，等等。也正因此，人们可以从认识论、伦理学、政治哲学
等角度来探讨哈贝马斯的思想，并相应地将之概括为话语认识论、话语伦
理学和话语政治学，等等。不过，常常被研究者们所忽视的一个事实是：
在多角度地被使用的"话语"之中却始终涵盖着一个共同的维度，即
"实践"。在我们看来，哈贝马斯的"话语"理论的实质就主要体现在
"实践话语"（praktisch Diskurs）之中。所以，这里试图对他的"实践话

---

① ［德］于尔根·哈贝马斯：《在事实与规范之间》，童世骏译，生活·读书·新知三联书
店 2003 年版，第 446 页。

语"观念进行考察，并进一步从公共领域的角度揭示出其深刻内涵。

（一）哈贝马斯的"实践话语"概念考察

众所周知，"实践"和"话语"及其所蕴涵的思想在哲学史中早就出现过了。而哈贝马斯正是通过对相关哲学史的梳理，才将"实践"与"话语"结合起来，并赋予了它全新的内涵。

"实践话语"的出现最初源于哈贝马斯对理论与实践之间关系的反思。通过对近代以来的理论与实践之间的关系的考察，他指出：理论逐渐地科学化和技术化，从而远离了它的实践取向，即远离了公民对良善生活和普遍规范的追求。他认为，理论需要以实践为对象，并以实践为旨趣。因此，研究理论与实践之间的双重关系的理论，既要对自身的合理性进行反思，又要对实践的问题作出回答，并向实践转化。不过，由于在哈贝马斯看来，劳动面对的是手段和技术问题，人与人之间的相互作用体现的才是实践问题，所以他所谓的"实践"侧重于人与人之间的相互作用。这种意义上的"实践"被他称为"交往的实践"。也正因此，在他这里，理论向实践的转化依赖于实践主体之间的交往活动。1961 年在海德堡大学就职典礼的讲演《古典的政治学说与社会哲学的关系》中，哈贝马斯指出："把理论转变为实践不同于科学结论的单纯技术上的运用；把理论转变为实践的任务无疑是把理论转变成准备行动的公民的意识和思想；理论的解释在具体的情况中必须被证明是能满足客观需求的实践上必要的解释，甚至，理论的解释必须从一开始就包含在行动着的这一认识中。"①这也就是说，理论首先要转化成公民的意识和思想，即成为公众舆论，才能转化成实践的力量，也才具有自身的合理性。而公众舆论又是通过公众的话语来实现的。于是，"实践"和"话语"在哈贝马斯这里实现了对接。

虽然实践观念及其与技术的区分最早在亚里士多德那里就得到了详细的阐述，但是哈贝马斯强调的实践并非亚里士多德的实践。通过与亚里士多德"实践"观的比较，我们能够清楚地看到哈贝马斯这种与话语对接的实践观的独特和新颖之处。首先，亚里士多德的实践观是传统形而上学的主体—客体思维的产物，"实践"所追求的是一元的至善；而哈贝马斯的实践观是后形而上学的主体间性思维的产物，"实践"的目标在于多元

---

① ［德］于尔根·哈贝马斯：《理论与实践》，郭官义、李黎译，社会科学文献出版社 2004 年版，第 80 页。

的主体在公共领域中通过话语协商，追求多元声音中的理性同一性，即在多元价值中寻求普遍共识。再者，亚里士多德的"实践"是一种指向共同善的公共政治活动，其出发点是作为整体的城邦生活，实践不具有私人性质，也就是说，这种实践只有公民的公共自律；而哈贝马斯的"实践"是一种主体间指向共识的交往活动，其出发点是个人的生活世界，既有公共性，也有私人性，公民既需要具备对私人生活的私人自律，也需要具备对公共生活世界的公共自律。最后，亚里士多德的"实践"概念没有道德与伦理的区分，在他那里，实践的目标是共同体的至善；而哈贝马斯的"实践"概念对道德和伦理作了明确的区分，两者不可混为一谈。所以，哈贝马斯并不是要复兴亚里士多德的实践哲学，而是要重建一种"批判的社会哲学"，"它的有效性要求（Geltungsanspruch）只能在成功的启蒙过程中，也就是说，只能在有关人员的实际对话中得到兑现"①。也就是说，理论不仅追求科学的真理性，还要对现存社会的实践进行批判，并指引人们的行动，引导人们从各种束缚中解放出来。而这一切是否有效，需要通过人们交往的话语来检验。总而言之，在哈贝马斯这里，实践是话语的实践，而话语又是实践的话语，二者是紧密地交融在一起的。

那么，哈贝马斯所谓的"话语"和"实践话语"是什么意思呢？1971 年，在"高斯讲座"中，以《对社会学的语言学基础的反思》为题，他对"话语"进行了界定："话语是为了证明认知言语的有效性而进行的活动。"② 也就是说，话语是一种言语活动，其目的在于证明言语的有效性，这种有效性表现为通过主体间的话语，追求说服性理由并获得可靠的认识。由此，哈贝马斯把他的真理论称为"共识真理论"。也正是在这个讲座中，他将话语分为三种类型：解释性话语（hermeneutic discourse）、经验—理论性话语（theoretico-emperical discourse）和实践话语（practical discourse）。解释性话语是在一个给定的语言系统内对解释性表达的有效性的论证，其有效性的标准在于是否符合语法规则的逻辑；理论—经验性话语是对经验上有意义的主张和说明的有效性的证明，其有效

---

① ［德］于尔根·哈贝马斯：《理论与实践》，郭官义、李黎译，社会科学文献出版社 2004 年版，导言，第 2 页。

② Jürgen Habermas, *On the Pragmatics of Social Interaction: Preliminary Studies in the Theory of Communicative Action*, translated by Barbara Fultner, Cambridge: Polity Press, 2001, p. 94.

性的标准在于是否符合事实的客观真理；而实践话语是旨在获得赞同或劝诫即相互理解而对相互作用的行为中的言语有效性的论证。也就是说，实践话语是对规范有效性的证明，其目的在于达成具有普遍有效性的规范共识。在这三种话语中，起决定作用的是实践话语。

但是，实践话语要达到它的目的，需要一个理想的言语情境，在这情境中，平等的有能力的参与者进行自由交往、辩论并达成共识。这样的情境显然需要诸多的限制条件。所以，在《道德意识与交往行为》中，哈贝马斯为实践的话语设定了两个基本原则：第一个原则被称为规范的"普遍化原则"。他将之表述如下："所有相关者都能够接受这样的结果和附带效果，对于满足每个人的兴趣来说，这些结果和附带效果是人们期望规范的普遍遵守所产生的（这些结果是那些知道规则选择的可能性的人所偏爱的）。"① 可见，这个原则强调的是制定规范的主体是所有相关者，规范所针对的对象是每个人的兴趣，规范的执行是普遍遵守，只有满足了这三个条件，规范才是可能的。这一原则要求参与者以共在的视野采取他者的立场来思考问题，愿意以共识的方式来解决问题。这为实践话语的继续提供了前提条件。

第二个原则被称为"话语原则"，哈贝马斯把它表述为："只有那些规范被称为有效的：它们得到了（或可能得到）一切有能力作为实践话语的参与者的相关者的承认。"② 可见，这条原则强调了"作为实践话语的参与者"的资质。一名合格的实践话语的参与者，除了具备一般话语的能力（语言表达能力和观点论证能力）之外，还应该具备以下几个条件：第一，话语的参与者是平等自由的，每个参与者的地位是平等的，不受他人的胁迫和权力的控制，这样，参与者的言语行为才是出自他自身的生活世界，表达他自己的生活意志；第二，每个参与者对他们自己的生活世界具有自觉自律的能力，明确知道"我是谁"，"我想要什么"；第三，对他者和其他权力具有批判的能力，而不能沦为他者或权力的附庸；第四，对公共问题的公共自律的能力，也就是对于公共的问题能够采取公共的视角形成并遵守公共规范的能力。

———————

① Jürgen Habermas, *Moral Consciousness and Communicative Action*, translated by Christian Lenhardt and Shierry Weber Nicholsen, Cambridge/Massachusetts: The MIT Press, 1993, p. 66.

② Ibid., p. 65.

　　根据这两个基本原则，在哈贝马斯的实践话语中，参与者不是努力去最大化自己的利益，而是去寻找或形成一个被所有参与者分享的总体的或共同的兴趣。这就要求每个参与者把他或她自己置于每个其他参与者的境地，采取一种公正无偏的立场，使自己的特殊利益和价值并不重于或轻于其他参与者的，只有这样，参与者之间对于什么是共同兴趣才能通过论证达成共识。因此，他将其实践话语称为一种检验规范有效性的程序，通过这种程序，具有多种兴趣和需求的多元主体能够在一个共同的生活世界中通过提议、质疑、批判和论证就共同关心的问题达成普遍共识。哈贝马斯认为，他的实践话语已经反映出科尔伯格（Kohlberg）所提出的道德论证的三个要求：可逆性，即任何主体提出的或者经过讨论后的观点都可以受到质疑和批判，甚至被否定、取消；普遍性，即论证所涉及的问题和论证的有效性具有普遍性；相互性，即参与者思考问题需要采取变换角色的相互立场，而且他提出的观点也只有得到他人的承认才具有有效性。① 而且，在哈贝马斯看来，也正是这样的实践话语使得他的话语理论与康德、罗尔斯等的相关理论区别了开来。

　　由上述可知，对哈贝马斯的"实践话语"应作如下的理解：话语参与者以语言为媒介，针对共同生活世界中的公共议题，为了论证规范的普遍有效性而进行的提议、质疑、批判和论证的活动。

　　综观哈贝马斯的思想，虽然他很少直接使用"实践话语"这一表述，但他始终强调："无论在任何情况下，我们都会遇到实践问题。"② 所以，无论是在其话语伦理学中，还是在其话语政治理论中，甚至是在其对克隆技术的人类学的反思中，实践及其兴趣都是话语的核心。特别是在《话语伦理学》、《在事实与规范之间》等著作中，哈贝马斯从实用、道德、伦理、政治、法律等多个角度论证了话语的实践性质。在此，需要特别说明的一点是，虽然哈贝马斯使用了"实用话语"（pragmatisch Diskurs）、"伦理—生存意义上的话语"（ethisch-existentiellen Diskurs）和"道德—实践话语"（moralisch-praktisch Diskurs），并将"实践"单独地与"道

---

　　① Jürgen Habermas, *Moral Consciousness and Communicative Action*, translated by Christian Lenhardt and Shierry Weber Nicholsen, Cambridge/Massachusetts: The MIT Press, 1993, p. 122.

　　② Jürgen Habermas, *Erläuterungenzur Diskursethik*, Frankfurta/Main: Suhrkamp, 1992, p. 101.

德"相关联，但哈贝马斯在这里所要强调的不只是道德—实践话语，而是强调实践理性具有实用、伦理和道德这三方面的意义，针对不同的问题，表现为不同的话语。"实践话语"观念应该体现在这三个方面，而不只是在道德规范的论证当中。

（二）公共领域中的实践话语

哈贝马斯将上述的实践话语作为公共领域中在多元的公众间达成合理政治共识的理想模式来看待。然而，托马斯·麦卡锡（Thomas McCarthy）[1]却针锋相对地指出，除非争论仅限于已经成为共识的规范如何成为现实之类的问题，否则哈贝马斯的实践话语仍无法解决多元价值观与合理共识之间的冲突，所以说，"哈贝马斯的实践话语观念具有太多的限制，以至于不能作为民主公共领域的合理意志形成和集体决议的一个模式，甚至作为一个理想模式"[2]。本书以为，虽然麦卡锡的指责和批评并非空穴来风，甚至代表了大多数批评者的意见，但也有些言过其实了。公共领域中的实践话语固然带有理想的色彩，但它融合了伦理话语、道德话语和政治话语，仍不失为一条解决多元价值与合理政治共识之间冲突的可能路径。

政治、伦理和道德原本都属于实践哲学不可或缺的重要组成部分，就像连体婴儿身上的三个脑袋，本来就是粘连在一起的，总是相互作用、相互影响，谁也逃脱不了对方的作用范围。但是，为了更好地认识它们，也为了它们能独立地发挥功能，人们就采取高超的"技术"将之分离开来。不仅如此，在讨论它们之间的关系时，人们总是力图用一方压倒另一方。比如，亚里士多德将政治看成伦理的继续，将道德看成是内在于政治实践之中的；康德用道德命令统领政治和伦理；黑格尔则试图用伦理德行扬弃道德，并将国家的政治结构纳入伦理体系之中。20世纪自由主义和社群主义之争的实质问题也在于：政治权力的合法性来源于普遍的道德共识还是共同体的伦理生活。当然，哈贝马斯的实践哲学也无法回避对政治、伦

---

[1]　托马斯·麦卡锡（Thomas McCarthy），当代美国的哈贝马斯研究专家，也是哈贝马斯的好朋友，他的许多观点对哈贝马斯产生了很大的影响，对哈贝马斯思想的发展起了较大的推动作用。

[2]　McCarthy, Thomas, "Practical Discourse: On the Relation of Morality to Politics", in Craig Calhoun ed. *Habermas and the Public Sphere*, Cambridge: The MIT Press, 1992, p. 68.

理与道德之间关系的回答。可以说，他的实践话语观念就是对这个问题的一种解答。他认为，将这三者严格区分或者将一者凌驾于另一者之上的观念，都是一种主体哲学框架内的实践哲学，与其相应的实践理性乃是以主体哲学的形式发生的实践理性。为了避免陷入主体哲学的这种图画，他以交往理性代替主体哲学的实践理性，运用公共领域的实践话语将被分离了的政治、伦理和道德连接了起来。

首先，公共领域中的实践话语蕴涵着追求良善生活的伦理话语，从而蕴涵了对多元价值的考量。在康德和黑格尔的基础上，哈贝马斯进一步区分了伦理与道德。他认为，伦理与道德解决不同的问题。伦理解决什么样的生活是良善生活的问题，其关注的焦点是良善（good），其适用范围是一个特定的生活世界。"伦理—生存意义上的话语的目标在于为生活的正确方向和个人生活方式的调矫提供一种参考。"① 而所谓伦理话语（ethisch Diskurs），就是指公众从"我的"生活世界及其蕴涵的自我价值出发，通过相互之间的话语论证形成一种具有构成意义的"我们的"集体性的自我理解，其目的在于为我的或我们的良善生活提供正确的导向。而生活世界就是公共领域中的实践话语的意义源泉，正是基于对生活世界中的价值和意义的理解，公众在公共领域中的实践话语都在其他公众面前显现着他是"谁"，从而显现着他对良善生活的理解。对于公共领域中的公众而言，只有在共有的生活世界和生活方式中，个人才能与自己的生活历史保持一种反思的距离，而这种生活方式是他与他人分享的，并且构成了他们形成集体认同的语境。这种独特的生活语境成为公众参与公共领域实践话语的立足点。显然，这种实践话语可能使得话语的参与者认同他者对良善生活的理解，从而形成一种伦理话语。

不过，需要指出的是，公共领域中的实践话语的结果并不必然就是伦理话语的结果，即并不一定形成关于良善生活的集体认同。特别是在当今多元化的社会中，多元的话语主体关于良善生活的问题往往各执一端甚至发生冲突，而共同的生活世界又把他们网罗到一起来，这就需要一种共同的规范来调节多元的生活价值。这样，就从公共领域的实践话语中产生了道德话语。

---

① Jürgen Habermas, Erläuterungenzur Diskursethik, Frankfurta/Main：Suhrkamp，1992，p. 109.

　　其次，公共领域中的实践话语蕴涵着追求普遍规范的道德话语。在哈贝马斯这里，道德针对的是应该过什么样的生活的问题，其关注的焦点是应然或正当，其适用范围是普遍的道德主体。而所谓道德话语（moralisch Diskurs）是指，公众采取公共的视角，在相互承认的基础上以话语为基本方式形成具有普遍有效性的公共规范。换句话说，道德的实践话语意味着正当性和普遍性，它要求打破一切已经习以为常的自我意识和判断，要求从自我特定的生活语境抽身而出，以反思和批判的眼光审视自我与他者，并由此获取一种普遍共识和公共规范。正如哈贝马斯自己所说："话语理论包含了这样一种作为根据的跨越了私域和公域界限的道德规范，根据社会结构，这些界限随着历史的变化而变化。如果我们对普遍主义道德原则进行相互解释，那么我们就要重新把在康德看来是单个地、私人地从事的理想的角色担当转变为一种公共的、由所有人共同从事的实践。"①所以，如上文已经谈到的，在公共领域中，当多元的价值主体在公共领域中就良善的生活问题产生分歧的时候，他们还可以采用道德话语来就相关问题达成一致。

　　在道德问题上，哈贝马斯认可一种普遍主义的道德观。他是这样界定道德的"普遍主义"的："普遍主义究竟意味着什么？它意味着在认同别的生活方式乃合法要求的同时，人们将自己的生活方式相对化；意味着对陌生者及其他所有人的容让，包括他们的脾性和无法理解的行动，并将此视作与自己相同的权利；意味着人们并不孤意固执地将自己的特性普遍化；意味着并不简单地将异己者排斥在外；意味着包容的范围必然比今天更为广泛。道德普遍主义意味着这一切。"②不过，与传统道德的普遍主义不同，哈贝马斯的这种普遍主义以承认多元的伦理生活为前提。离开了特定的伦理—生存意义上的生活历史及其利益价值，所有的道德规范和政治意志对伦理主体而言就都失去了意义。也就是说，虽然在超越自我的私人的视阈、追求规范的普遍有效性这一点上，道德话语与伦理话语有着根本性的区别，但在哈贝马斯这里，道德话语与伦理话语是密切相关的，不

---

　　① Jürgen Habermas, *Between Facts and Norms：Contributions to a Discourse Theory of Law and Democracy*, translated by William Rehg, Cambridge：Polity Press, 1996, pp. 109 – 110.

　　② ［德］于尔根·哈贝马斯：《现代性的地平线》，李安东、段怀清译，上海人民出版社1997年版，第137页。

能离开伦理话语来理解道德话语。不过，进一步来讲，公共领域中伦理话语和道德话语的结果，即集体认同和道德规范若要在社会生活中具有实际的约束力，还需要政治话语。

最后，公共领域中的实践话语蕴涵了形成政治意志并诉诸政治权力的政治话语。公共领域的作用在于它是社会与国家之间的传感器，是政治合法性的基础。在哈贝马斯看来，政治的合法性基础不在于公共权力自身，甚至不在于建制化的法律本身，而在于非建制化的、非正式的公共领域的实践话语当中。也就是说，只有经过了公众的实践话语检验而形成的普遍规范才是合理政治意志的基础。而这种政治意志只有变成一种建制化的国家意志——法律才能够得到切实的实行。同时，公共领域自身的存在也需要法律的保障。可见，公共领域中的实践话语从最终目的来说是形成政治意志，或者说，这种实践话语最终必然表现为一种政治话语。而所谓的"政治话语"（politisch Diskurs）就是指：在公共领域中，具有多元利益和价值的公众通过话语协商，对生活世界中的公共问题进行论辩，或者对政治权力的合法性进行批判，从而形成一种表现为公众舆论的政治共识，然后把这种公众舆论转化为一种交往权力，并将这种交往权力通过法律的建制化程序转化为行政权力。

在哈贝马斯这里，公共领域中的这种政治话语与道德话语和伦理话语都密切相关，我们不能将三者严格分隔开来。在他看来，这种密切关系就体现在政治的意见形成和意志形成的过程中。他指出，这个过程"必须澄清三个问题：以妥协形式为基础的问题，也就是彼此竞争的各种偏好如何才能协调一致；我们是谁、我们真切地希望成为谁的伦理—政治问题；我们应当如何按照正义原则来行动的道德—实践问题"①。另外，需要指出的是，在这里，除了伦理话语和道德话语之外，哈贝马斯还强调了实用话语，这种话语通常表现为通过谈判达成利益的妥协，但是他给实践话语中的妥协限定了条件：所有谈判的参与者都是平等的，这些参与者的利益和价值都能得到同等的重视和表达。

具体说来，公共领域中的政治话语与道德话语往往是粘连在一起的。正如麦卡锡所言，"如果不分析其道德理论，就不可能理解哈贝马斯的法

---

① Jürgen Habermas, *Between Facts and Norms*：*Contributions to a Discourse Theory of Law and Democracy*，trans. by William Rehg，Cambridge：Polity Press，1996，p. 180.

律和政治理论。事实上它们是如此紧密相关，以至于通过一些论证，有人可能会把他的道德理论看成是一种'政治的道德'理论"①。也就是说，实践话语最终形成的政治共识也是在道德上具有一种普遍有效性的道德规范，它为在共同的生活世界中的公众应该如何行动提供了规范。当然，政治话语与道德话语的结合并不是哈贝马斯首创的，在康德、卢梭等人的思想中早已有相关论述。哈贝马斯的独特之处在于，他主张现代民主不应建立在以传统的实践理性为前提的一元化的普遍主义道德的基础上，而应建立在以交往理性为前提的普遍主义道德和自我反思的伦理生活之上。因为世界的世俗化过程已经迫使政治认同的基础由原来人们共享的一元传统转向了根植于多元生活世界的普遍规范。

公共领域中实践话语对政治话语与伦理话语的融合则表现在一种伦理—政治话语中。可以说，政治话语的意义源泉就在于体现伦理话语的生活世界之中。在哈贝马斯这里，公共领域之所以需要政治话语的实行，就在于生活世界的被殖民化，即在于生活世界不再是自主的生存—伦理意义的源泉，在于作为独特个体的自我理解被经济系统和权力系统的大众化。正是由于要重振生活世界，保护其中的伦理上的生活价值，政治话语才显得必要和迫切。正因为如此，哈贝马斯说道："伦理—政治话语必须满足针对集体问题达成解释性自我理解所需要的交往条件。它们应当使一种本真的自我理解成为可能，并导致对一种具有争议的认同（的方方面面）进行批判性修正或确认。"② 这里的认同是一种对于融合了自我生活世界的共同生活世界的集体认同，它的动力不是源自实用话语中的利益调节，而是来源于共同生活的团结。当然，这种认同不是对个体生活方式的抹杀，而是相反，是对个体生活价值的承认和尊重。正如哈贝马斯所指出的，"在伦理—政治话语中，关键在于阐明一种集体认同，这种集体认同必须为多样性的个体生活方式保留余地"③。

由上可知，虽然伦理话语、道德话语和政治话语都针对不同的问题，

① McCarthy, T., "Practical Discourse: On the Relation of Morality to Politics", in Craig Calhoun ed. *Habermas and the Public Sphere*, Cambridge: The MIT Press, 1992, p. 51.

② Jürgen Habermas, *Between Facts and Norms: Contributions to a Discourse Theory of Law and Democracy*, trans. by William Rehg, Cambridge: Polity Press, 1996, pp. 181 - 182.

③ Jürgen Habermas, Erläuterungenzur Diskursethik, Frankfurta/Main: Suhrkamp, 1992, p. 117.

但是，当它们作为实践话语被融合到公共领域来时，这种实践话语就成为形成合理的政治共识的可能途径。它表现为话语参与者从展现和维护特殊的伦理生活出发，体现公众普遍的道德要求，最终形成民主的政治意见和政治意志，并通过法律程序转化为建制化的政治权力。实践话语在追求具有普遍有效性的合理共识的同时，并没有忽略多元的利益和价值，相反，这种共识恰是为了维护多元的利益和价值，并诉诸政治的权力，从而实现这样的利益和价值。

三　哈贝马斯公共领域的特征

相对于正式的建制化代议制民主程序而言，公共领域是一种非正式的公众的自由交往网络。它既是市民社会的一种特殊历史形态，同时也被塑造成一种理想的民主范型。它因反对封建专制而产生和发展，又因另一种形式的专制集权而衰落。公共领域最核心的机制是生活世界的实践话语，它既具有道德的普遍性，又具有伦理的特殊性，是自由平等的公众在共同生活的基础上提议、批判、辩论、妥协的话语机制。

哈贝马斯的公共领域内部存在着私与公之间合理的张力，这种张力一旦消失，公共领域就会随之瓦解。他根据职能把社会分为公共范畴和私人范畴。公共范畴主要指公共权力领域，私人范畴主要指与公共权力领域相对的私人领域。而这种私人领域包括公共领域、经济活动领域和家庭等私密领域。公共领域属于私人范畴的一部分。"公共领域在比较广泛的市民阶层中最初出现时是对家庭中私人领域的扩展和补充。"[①] 在这个领域中的活动不受公共权力的干预和控制，参与者通过阅读、交谈等形式形成一个松散、开放和富有弹性的交往网络。它具有自由、平等、悠闲和批判的特性。

公共领域的主体是私人集合起来的公众。哈贝马斯指出："资产阶级公共领域的政治使命在于调节市民社会（和国家事务不同）；凭着关于内在私人领域的经验，资产阶级公共领域敢于反抗现有的君主权威。从这个意义上讲，它一开始就既有私人特征，同时又有挑衅色彩。"[②] 公共领域的私人性是公共性的基础。另外，从运作方式上看，公共领域是私下里开

---

① ［德］于尔根·哈贝马斯：《公共领域的结构转型》，曹卫东等译，学林出版社1999年版，第54页。

② 同上书，第55页。

始的。从一开始，公共领域并非公开运作，往往是在秘密中进行，并且具有排他性。"私人组成集体起初是在不公开的情况下悄悄进行的。共济会所特有的秘密启蒙实践具有辩证特征，后来则在其他团体中间广泛普及开来。理性体现在有教养的人共同使用知性合理交往过程当中，由于任何一种统治关系都对它构成威胁，因此它本身也需要保护，以防表面化。只要公众在王公贵族的秘密机构当中有着一席之地，理性就不能直接显示出来。其公共领域还得靠秘密维持，公众作为公众本身也是私下的。"[①] 公众的集结是在公共权力之外进行的，这种集结本身会形成一股强大的力量，并且或明或暗地针对公共权力机关。"私人构成公众，不仅意味着公共权力机关失去权力，变得威信扫地，同时也意味着经济依赖关系在原则上不容许继续存在；市场规律和国家法律一道被悬搁了起来。"[②] 所以，在阶级社会里，公共权力机关特别是掌权阶级并不情愿公共领域的存在，作为维护自身利益的公共领域一旦形成就与公共权力形成对峙的局势。

哈贝马斯进一步指出，在公共领域中，讨论者的共同价值标准实际上来源于市民关于人之本性的理解或私人自律，它是市民小家庭中的个人体验的反映。这些体验包含了三个原则：首先是自愿，私人自以为是独立的参与者，自己在家庭中的地位是独立和平等的，并且是自愿而非被强制地加入家庭关系中；其次是家庭成员的互相关爱，有力地填补了社会竞争以外的空间，所以个人认为自己存在于一个永恒的爱的共同体之中；最后是只要受到教育，他就可以将一切能力充分自由地发挥出来。自愿、爱的共同体和教育这三个因素合在一起，就构成了资产阶级的人性观念，成为个人在公共领域中能够聚集讨论的基本共性和前提。

公共性是公共领域最本质的特性。公共领域是公共性的实践场域，其对象是公共议题。作为公共领域的核心概念，公共性随着资产阶级公共领域的出现而产生，随着其衰落而沦丧。哈贝马斯把真正的公共领域描绘为一个向所有公民开放的、由自由对话组成的、旨在形成公共舆论、体现公共理性精神的、以大众传媒为主要运作工具的批判空间。

公共领域让作为公民的单个人走到一起来形成公众，这样，他们的利

---

① ［德］于尔根·哈贝马斯：《公共领域的结构转型》，曹卫东等译，学林出版社 1999 年版，第 40 页。

② 同上书，第 41 页。

益、愿望和权利不再是单个的、特殊的，而变成了共同的和普遍的。正如哈贝马斯所言："本来意义上的公共性是一种民主原则，这倒不是因为有了公共性，每个人一般都能有平等的机会表达其个人倾向、愿望和信念，即意见；只有当这些个人意见通过公众批判而变成公众舆论时，公共性才能实现。"① 公共性以批判性语言作为沟通的媒介，语言负起了启蒙之责。语言并非语词、语句，而是关注于语言的使用性或实用性，即人际之间、主体与主体之间的语言使用。另一方面，哈贝马斯提高主体之间语言的批判性，致使语言有其反省性、批判特质，要求人们使用批判性的语言，在理想言谈情境中，对于共同关心的事务进行不断地反省与论辩，并依循真实性、正当性和真诚性的有效性宣称，以较佳论据达成主体之间的共识。主体们共同凭借批判性语言进行沟通交往，并以此脱离蒙智未开的状态。也可以说，凭借互为主体的批判性语言进行交往，公共性才得到彰显。

　　公共领域以主体间的交往理性为前提。哈贝马斯认为，公共性必须置于主体间的语言交往之上才可以进行理解，世界上并不存在私自的语言，没有一个人可以脱离社会而使用语言进行交往。在这里，哈贝马斯进一步赋予主体间性以社会学的意义，要求参与成员持以尊重、包容、平等的精神与异己者进行对话。因此，公众之间的行为不是个体行为，而是在特定社会关系中的交往行动。交往行动必须满足三个条件：第一，语言的真实性要求，即一个陈述外部世界事实的语句必须被认为是真实的；第二，正确性要求，即一个产生出了共同认可的价值规范的语句必须被认为是正确的；第三，真诚性要求，即一个表达了说话者意图的语句必须被认为是真诚的。

　　交往行动之间所遵循的不是形而上学的追求同一的理性，而是后形而上学的主体间相互承认和理解的交往理性。这种主体间的交往理性是对传统理性的批判，尤其是对工具—目的理性的批判。从思想史来看，对传统理性的批判是 20 世纪哲学的重要主题。但是，哈贝马斯批评了一些哲学家对传统理性批判的缺陷："新哲学家们和某些后结构主义者所作的理性批判，使自身走向了反面，并且贬低了批判手段自身的价值……在这些学派中，被指控为'理性'的东西，不过是被夸大为整体的目的合理性，

---

① ［德］于尔根·哈贝马斯：《公共领域的结构转型》，曹卫东等译，学林出版社 1999 年版，第 252 页。

即一种顽固坚持自己主张的主体性。"接着，他指出了其批判的独特性："我曾试图摆脱目的论的世界观的影响。我信赖的是最明显表现在社会解放斗争中的交往的生产力，而不是生产力的理性，亦即不是自然科学与技术的理性；这种交往的理性在资产阶级的解放运动中，在为民族主权和人权斗争中，也发挥了巨大作用。交往的理性是在民主的法制国家的各种设置（机构）和资产阶级舆论的各种制度中缓慢沉积而成的……如果您问我，一个人从《交往活动的理论》（《交往行动理论》——引者注）观中想到的是什么，那么，我首先想到的是僵化的政治舆论重新获得的生命力。"[①] 可见，交往理性作为公共领域中公众舆论的本质属性天然蕴藏着民主和解放的潜能。

对公共权力的合法性批判。公共领域是以批判性为其精髓的。公共领域的批判性本身蕴藏着实践话语的解放兴趣。"公共领域由于实际承担了市民社会从重商主义乃至专制主义控制之下获得政治解放的语境当中的一切功能，因而其虚构也就变得比较容易：因为它用公共性原则来反对现有权威，从一开始就能使政治公共领域的客观功能与其从文学公共领域中获得的自我理解一致起来，使私人物主的旨趣与个体自由完全一致起来。"[②] 人们以批判为目的，形成公认的可以作为实践话语的理性尺度，并形成真诚坦率的交往氛围，由此对公共事务作出独立于公共权力领域之外的理性判断。公共领域始终保持一种开放的视阈。无论是对于参与的讨论者，还是对于讨论内容的广泛性、彻底性，都要求公共领域根本不会处于封闭状态。讨论者关于"讨论代表着讨论者以外广大公众"的认识，使这种讨论不仅仅局限于讨论者内部。按照这一理解，讨论应该反映圈外更多人的看法。而且只要有一定财产和受过良好教育（有经济承受能力和知识），谁都可以参加到讨论圈子中来。资产阶级公共领域形成的前提是，必须有一个能把讨论者聚拢起来的理念层面的集合物，而且尤为紧要的是，不论讨论的主题是文学的抑或政治的，是心理的还是社会的，这些集合本身应能体现出与国家和特定私人要求所不同的公共价值。正如哈贝马斯所说："社会批判不仅以生产关系为对象，即以首先制造出客观上可以避免的灾

---

① ［德］于尔根·哈贝马斯：《生产力与交往》，李黎译，载《哲学译丛》1992年第3期。

② ［德］于尔根·哈贝马斯：《公共领域的结构转型》，曹卫东等译，学林出版社1999年版，第60页。

难的社会动力为对象，也以蕴涵在社会存在形式中的潜力为对象，以人的日常交往的和解行为，以相互承认的不可侵犯的主体通性，以人的独立和尊严为对象，同时也以正常的共同生活中短暂的幸福要素为对象。"① 作为生活主体的广大公众正是社会批判的主体，他们对公共权力的批判不是针对远离生活尘嚣的美丽幻境，而是针对这些现存着的公共社会生活本身。

以上是哈贝马斯之公共领域的内在特质。而从形式上看，公共领域还表现出以下特征：

其一，非正式性。这一特征下的"公共领域"可以从三个层面上来理解。第一，与官方公共权力机构迥然不同，它是在所有政治结构的渠道和空间之外发展形成的，它属于私人领域的一部分，非强制性、不受官方干预，也不受任何教条、传统和权威的限制与约束是其原则的根本体现。第二，公共领域不用承担权力系统的压力，它的运作不受法律程序的控制，公众充分发挥私人自主，并在法律的保护下形成一个集各种人身自由、信仰和良心自由、迁徙自由、表达自由等于一体的，不受外力干涉的松散的交往网络。第三，它虽然游离于市场经济与政治国家"之间"或"之外"，但又与两者相互联系。这就是说，公共领域所谈、所讨论的不应当是家庭中的个别问题，而必须是有关整个社会的公共事务，并且这种"公共意见"对专制权力构成某种制约。

其二，批判性。哈贝马斯的公共领域蕴涵着浓烈的批判气息，这与其以"批判精神"为其思想发展生命线，"主要旨趣在于批判当代政治"的理论特征相吻合。首先，公共领域中交流的是非官方的自由言论，其实践话语不以政府是非标准作为言论取舍对象的形式，其批评性含义不言自明。其次，公共领域中"公共意见"的形成实际上也是一个批判、否定的过程：私人聚集在某一沙龙或咖啡馆，就某一或几个公共事务的问题进行理性的、批判性的讨论，大家发表各自的见解，在异彩纷呈的言说、商谈中，通过"异中求同"或"求同排异"的方式形成带有普遍性的公众舆论。此外，哈贝马斯把资本主义条件下的公共领域所形成的普遍意志看做拯救"资本主义合法性危机"的良方妙药，也折射出了公共领域所具

① ［德］于尔根·哈贝马斯：《生产力与交往》，李黎译，载《哲学译丛》1992年第3期。

有的批判功能。尽管哈贝马斯所构设的公共领域的"统一思想"、"普遍意志"、"社会认同"不过是一种理念意义上的乌托邦，然而，作为一种理想境界的追求，以咖啡馆、沙龙、报刊、学术团体、宗教等机制作为活动空间，所形成的公众舆论确实起到了使社会在政治之外达到某种统一和协调的作用，这是不容置疑的。

其三，多元性。哈贝马斯强调，虽然可以为公共领域划一条外部边界，把它与自我驾驭的行政和经济系统区别开来，但是公共领域属于生活世界，而生活世界是异彩纷呈的。因此，在复杂的现代社会中，公共领域因空间、内容、交往密度、组织复杂性、所涉及的范围，以及运作形式不同而呈现出多元化的状态。它是高度分化的，比如，在空间上，有国际公共领域、全国公共领域以及社区公共领域等；在内容上，可区分出科学公共领域、文学公共领域、艺术公共领域等；在交往密度、组织复杂性和所涉及范围上，又可区分出插曲性公共领域、有部署的展示性公共领域、抽象公共领域等。不过，另一方面，虽然存在着如此多的分化，但这些公共领域并不是相互封闭的原子单位，相反，都是由各种开放的、移动的和相互渗透的视阈构成的。这种相互渗透性为公共领域的民主潜能奠定了基础。因为，"每一个公共领域都对其他公共领域保持开放状态。它们的话语结构源于一种不加任何掩饰的普遍主义倾向。所有的局部公共领域都指向一个总体性的公共领域，而依靠这个总体性的公共领域，整个社会形成了一种自我认识"①。也就是说，不仅公共领域内部，而且在相互理解、相互作用的基础上，多元的公共领域之间运用交往理性可以形成普遍共识。

第三节　公共领域的话语民主机制

哈贝马斯是一位现代启蒙哲学家，力图为"未完成"的现代性设计加上一笔。但他又不仅仅是一位现代哲学家，他不停地穿梭于现代与后现代之间，既揭示现代性中的理论问题和现实问题，又对后现代哲学家对现代性的激进批判作出回应。他的政治哲学是其现代性理论的重要组成部分，其政治抱负就在于在现代启蒙的历史进程中找到一条顺利完成现代性

---

① ［德］于尔根·哈贝马斯：《现代性的哲学话语》，曹卫东等译，译林出版社2004年版，第404页。

激进民主的道路，这条道路就是公共领域在场的话语民主。其目的在于："所有成年公民在形成一种政治公共舆论（公共领域——引者注）的条件下，通过自身意志的深思熟虑的表达，以及对这种意志的实现实行有效的监督，将社会生活的发展完全掌握在自己手中。"①

根据哈贝马斯的论述，公共领域的话语民主机制包含三个方面的基本内容。第一，以生活世界作为源泉。第二，公众自主自律地参与公共领域话语。第三，公众在交往行动中达成政治共识。通过这三种话语机制，自主自律的公众成为权力的真正主人，在公共领域的交往行动中达成合理的共识，形成公众舆论，将这种舆论以一定程序形成公共权力，并对此进行监督和批判。

公共领域的民主机制运用到政治实践中就表现为：第一，每一个有言语行为能力的主体在自觉地放弃权力和暴力的前提下，自由平等地参与话语的论证，在此过程中，人人都怀着追求真理、服从真理的动机和愿望，并对在话语中达成的共识的实现之后果承担责任。哈贝马斯认为，如果一切相关的人都可以参与意志的形成和争论，那么，社会的基本制度和政治的基本判断，就能得到他们的自觉支持。这种生活方式应该成为当代社会生活的常态。第二，实现交往行动的合理化。第三，确立一种立足于主体间性的文化。今天，任何一个主体（甚至以现代民族国家为代表的国际主体）都不得不被卷入与他人、社会之间的交往活动之中。因此，主体能否形成恰当的自我认同，培育出世界公民人格，成为现代文化的起码要求。第四，最终形成一种决策程序和政治操作程序。哈贝马斯一再强调，话语伦理学要求通过对话或商谈达成共识，这种观念反映出公民以理性的眼光关注民主参与的过程。在这个过程中，公民关注的是利用民主程序来表达自己的倾向性，并以此进行商谈与论证。

一　以生活世界作为公共领域的源泉

以系统—生活世界的市民社会分析模式来判断当今资本主义社会的时候，哈贝马斯发现，其危机主要表现为政治和经济系统的工具理性对生活世界交往理性的侵蚀和吞噬，以及由此而造成的"生活世界的殖民化"

---

① 转引自［德］德特勒夫·霍尔斯特《哈贝马斯传》，章国锋译，东方出版社2000年版，第13页。

（colonization of the lifeworld）。因此，抵御政治和经济系统的工具理性，重建生活世界的交往理性，就成为修复或重构理想市民社会结构的必要前提。当然，以"生活世界的殖民化"形式出现的危机，最终体现为政治的合法性危机。在哈贝马斯看来，这些危机症候是在晚期资本主义的特殊历史语境中生成的社会结构的根本性错位，即生活世界与系统的关系的错位，它根源于那些深受西方自由主义传统浸润的思想家所一再批判的现代极权主义对公共领域的毁灭，它压抑了人们对内心自由的向往和对生存价值的渴求。因此，它实际上是一些现代性的危机，人们对它的批判也就是对现代性的一种批判。

公共领域的民主机制需要一个合理化的生活世界作为基础。在哈贝马斯的所有理论中，生活世界都是一个基础性概念，且在其话语民主理论中占据着突出的位置。

在此需要澄清公共领域与生活世界的区别。有学者或者将哈贝马斯的生活世界概念与公共领域相等同，或者认为哈贝马斯理论中存在着一种从公共领域到生活世界的转向。[①] 哈贝马斯的确是在 20 世纪 70 年代开始使用生活世界概念的，并且在《交往行动理论》中详尽阐释了这一概念。但是，本书以为，公共领域与生活世界在其著作中从来都是两个不同的概念，具有不同的含义。任何将公共领域与生活世界相等同的做法都是一种过度诠释。大体说来，二者之间的关联表现在如下几个方面：

公共领域的交往之流来源于生活世界。哈贝马斯将社会分为系统和生活世界，而系统又分为政治系统和经济系统。系统本身不能为自身提供合法性，也就是说，政治系统，尤其是晚期资本主义的官僚政治系统，需要从外部输入合法性，同时以工具—目的理性为指导的经济系统也不能为其输入合法性。能为系统提供合法性来源的只有诉诸系统之外的生活世界。

哈贝马斯所理解的生活世界并非铁板一块，而是多个层面的，多个角度的，但是都独立于系统，并且关乎人们的本己生活。海德格尔曾把在日常生活中的生活称为"沉沦"，把日常生活中的人称为"常人"，常人不具有反思能力。而在哈贝马斯看来，生活世界是一个主体间的世界，是由

---

① 参见［美］博拉朵莉《恐怖时代的哲学》，王志宏译，华夏出版社 2005 年版，第 67 页；李殿来：《哈贝马斯市民社会理论探讨》，载《哲学研究》2004 年第 6 期。

文化、社会和个性构成的交往网络，一方面，社会为自我—他人间的互动提供了输送忠诚的资源，另一方面，个人又通过自我—他人间的互动对社会起到形成和维护团结的作用，二者间形成所谓的"社会性整合"的关联。

生活世界相对于公共领域具有奠基性和先在性。生活世界是一个背景世界，它是公共领域所有要素的来源和土壤。生活世界在作为交往行动者的公众那里是具体背景，是具有特殊伦理生活和道德意识的具体个人的相关情景。从总体来看，生活世界始终是交往行动主体活动与理解的领域，是交往行动构成性的、相互理解的源泉。生活世界的这种背景特征既让人觉得历历在目，又叫人捉摸不透，哈贝马斯把它比作"一片灌木丛"。不过，生活世界又不仅仅是背景世界，它还是一个共融的时时在场的世界，公众所在的客观世界、社会世界和主观世界在其中融为一个整体。所以，哈贝马斯说："生活世界用一个中心点和一些不确定的、可渗透的，但无法逾越的界限构造出一个总体。"① 先在的生活世界又作为整体性的世界把具有区分性的三个世界整合起来。

生活世界构成了公共领域中公众对日常生活实践的理解和在此基础上达成共识的语境。哈贝马斯指出："明显的理解活动可以说从一开始就是在共同的不成问题之信念的视阈中进行的；同样，它们也从这种早就熟悉了的资源当中得到营养……在交往行动中，生活世界以一种直接的确定性包围我们，出于这种确定性我们切近无隙地生活和说法（言说——引者注）。交往行动之背景的这种既渗透一切又隐匿不明的呈现，可以被描述为一种高强度但同时不完善的知识和能力。"② 只有在生活世界中发生的东西，对于公众来说，才能成为具有被讨论意义的公共议题。同时，这些问题一旦成为公共领域的议题并且被主题化，它们与生活世界就保持了某种距离，即从隐而不显的背景变成了明确的交往主题。

公共领域根植于生活世界是通过市民社会实现的。在《公共领域的结构转型》中，哈贝马斯并没有提出生活世界的概念，而作为公共领域之背景的是市民社会。他此时所谓的"市民社会"包含有以货币为媒介

---

① Jürgen Habermas, Nachmetaphsisches Denken, Frankfurt：Suhrkamp, 1988, p. 92.

② ［德］于尔根·哈贝马斯：《在事实与规范之间》，童世骏译，生活·读书·新知三联书店 2003 年版，第 26—27 页。

的经济交往领域和以语言为媒介的文化符号领域。而在《交往行动理论》以后，哈贝马斯通过普遍语用学的改造和交往范式的引入，将"公共领域"概念与"生活世界"概念联系起来，由此向我们呈示出一个新的市民社会概念。哈贝马斯将第一阶段中包含的私人经济领域从市民社会中剔除出去，使市民社会成为既独立于政治体系又独立于经济体系的纯粹社会文化领域，即生活世界的组织与机制。作为理性的领域和由话语交往织构的空间，市民社会以非政治和非经济的规则进行自我调整和再生产，从而维系并重新界定市民社会与国家的界限。市民社会构成公共议题从生活世界的边缘走向政治权力中心的桥梁。他指出："一种合理化的生活世界在多大程度上为自由的公共领域提供强大的市民社会基础，立场鲜明的公众在日益激烈的争论中的权威就在多大程度上得到了加强。"① 市民社会又从纯粹的私人领域脱离出来构成了公共领域的背景。而作为公共领域背景的市民社会与自由的政治文化又是重合的。"政治文化是易受伤害的情感和信念构成的，更不会受其操纵。我们所批评的，是政府粗暴对待无法估量的需要保护的道德和精神资源的方式，这种资源只能自发地而不能通过行政命令得到再生。一个由国家公民组成的民族，其自我理解和自我政治意识，只能通过公共交往的媒介形成，而这种交往又建筑在文化的基础结构之上。"② 在哈贝马斯看来，政治文化能够无声无息地使民主的基本信念深入每个人的心灵里，并且变为日常的习俗，这种脱离阶级结构的文化是不能用行政命令来建立的。因此，生活世界通过市民社会为公共领域的民主机制提供滋养的土壤。

　　在哈贝马斯看来，现代社会内蕴着两种合理性：目的合理性和交往合理性。对现代社会进行工具理性批判或者技术理性批判，必须寻找一种不是以历史哲学为基础，而是以现实的生活世界为基础的批判标准。这种标准就是交往合理性。生活世界是各个行为主体在当中进行相互理解、互相交流的领域，是一切理论生活和科学生活赖以而生的前提。一切科学是生活世界的沉淀物，储存了先辈们以前的解释成就与知识。借着储存下来的

---

① ［德］于尔根·哈贝马斯：《在事实与规范之间》，童世骏译，生活·读书·新知三联书店 2003 年版，第 471 页。

② ［德］于尔根·哈贝马斯：《作为未来的过去》，章国锋译，浙江人民出版社 2001 年版，第 45 页。

知识，沟通行动的主体在"生活世界"的范围内，以语言为媒介进行交流、互动，达至相互的理解。

生活世界虽然内在地蕴涵了目的合理性和交往合理性，但是，它的存在不能且不受理性的约束。也就是说，生活世界必须自发地形成，并且自身能够变化。自发的生活方式也是政治文化的根基。在一个赢得民主称号的民主社会里，法律上制度化了的政治意志的形成过程，必然会在尽可能用论证加以操纵的舆论形成上得到反馈。生活世界的语言以理解为目的。可以说，每个言说主体，其理性本能、教育培养、文化的养成均根植于"生活世界"。所以，进行言说的主体要共同成就"公共性"理念，就必须基于"生活世界"本身。在这里，公共性被提升为一种普遍性的规范理论。而其基础必须到人类学水平上的有特色而到处渗透着的生活媒介那里去寻找。在哈贝马斯这里，它就是生活世界中的实践话语。

哈贝马斯并不是一个完全的理想主义者，他认为，生活世界一旦遭到破坏，一方面公众就变成大众，公共领域就会衰落，另一方面公共领域会自觉地加以维护。他指出："如果要问这些形形色色抗议运动的共同点是什么，我认为它们越来越显示了对机能失调这一资本主义副产品的敏感和迅速反击。人们日益感受到资本正慢慢地'渗透'到迄今仍受传统庇护的生活领域，尽管资本主义社会的价值观（地位竞争、利益追逐、狡诈的生存手段）至今尚未在这一生活领域占统治地位。"① 作为生活世界的守护者，公共领域在必要的时候可以采取抗议运动的形式对公共权力进行批判，从而使生活世界重新合理化。

二　以公众的自主自律作为公共领域的前提

在哈贝马斯那里，公共领域首要的前提是作为主体的公众之自主自律。从历史来看，公众是否自主自律决定了公共领域的产生、发展、衰落以及重建，从而决定着国家权力的合法性。哈贝马斯认为，国家权力必须得到公民在自主交往中的普遍认同。在公众缺乏自主自律的条件下，公民要么成为权力压迫和操纵的对象，要么成为消极的旁观者，国家权力必然会因此而失去其合法性。只有公众自主自觉地参与公共领域，参与讨论公

---

① ［德］于尔根·哈贝马斯：《现代性的地平线》，李安东、段怀清译，上海人民出版社1997年版，第27页。

共权力的产生、运用和监督，国家公共权力才是体现民主的权力，才具有其原本的合法性。

公共领域中的公众必须具有自我意识，而现代性赋予个人以自我意识。这种自我意识分为两个方面：一是作为主体的自觉意识，即人作为主体对自我的发现。哈贝马斯指出："一般地说，现代性首先是人自身力量的发现，是人的自我意识的觉醒，是对人个体特殊性的确认或对人的个性的肯定。一句话，按照哲学的术语说，现代性的后果就是主体性原则的确立。"① 这种主体性主要体现为个人主义、批判的权利、行为自由以及唯心主义哲学自身，而贯彻主体性原则的主要历史事件则是宗教改革、启蒙运动和法国大革命。也就是说，公众的主体自觉意识是在现代启蒙中实现的。②

公共领域中公众的主体自觉意识，首先是在现代化的过程中特别是在对外部自然的征服——劳动的过程中实现的。哈贝马斯指出："自我同一性的制度化，法律上得到承认的自我意识，是劳动和为获得承认而斗争这两个过程的结果。因此，我们赖以从直接的自然力量的令律下解放出来的劳动过程，包含在争取承认的斗争中，以致于在这种斗争的结果中，在法律上得到承认的自我意识中，也包含着通过劳动获得解放的要素。"③ 这种劳动的解放一方面是从自然力量中解放出来，获取对劳动主体自身的承认，另一方面也是从以自然力量为基础的自然依附关系中解放出来，促使人们摆脱家长制的依附关系，走出家庭的私有空间，在公共空间与他者的交往中获取个人的自我意识。在以资本主义自由交换关系为主的市民社会中，最开始公开的消息并非为了消息本身，而是为了商业利益。"一切书面消息都是有价的"，但是消息之为消息就在于公开发表，因此"它们就获得了公共性"④。

其次，公共领域中公众的主体自觉意识是在对神权和专制的奴役和反

---

① 韩震：《现代性、全球化及其认同问题》，载《新视野》2005 年第 5 期。

② ［德］于尔根·哈贝马斯：《现代性的哲学话语》，曹卫东等译，译林出版社 2004 年版，第 20 页。

③ ［德］于尔根·哈贝马斯：《作为"意识形态"的技术与科学》，李黎、郭官义译，学林出版社 1999 年版，第 24 页。

④ ［德］于尔根·哈贝马斯：《公共领域的结构转型》，曹卫东等译，学林出版社 1999 年版，第 20 页。

抗中实现的。为了实现其自身价值，任何一种公共权力总是力图使自己的权力发挥到极致。而在中世纪及之后的封建专制中，国家的公共权力就充分发挥了它的奴役本色。然而，市民社会尤其是资产阶级公共领域的形成中止了这一切。在市民社会中，公众不仅在其中通过交换关系摆脱了对封建领主的依赖，获取经济利益，有了自身的财产，而且意识到管理公共事务不仅是公共权力机关的事，也是自身作为普遍的公民所具有的权利和神圣职责。而要“形成这样一种资产阶级公共领域，其前提是市民社会对私人领域的公共兴趣不仅要受到政府当局的关注，而且要引起民众的注意，把它当作是自己的事情”①。公众作为权力的真正主体，对公共权力的批判是其应有的职责，或者说，是公众的政治义务。市民社会是作为神权和专制等公共权力的对立面而存在的，“它一方面明确划定一片私人领域不受公共权力管辖，另一方面在生活过程中又跨越个人家庭的局限，关注公共事务，因此，那个永远受契约支配的领域将成为一个‘批判’领域，这也就是说它要求公众对它进行合理批判”②。公众的合理批判成为公共领域的基本职能。

正是这种主体自我意识使公众自觉地聚集起来而构成资产阶级公共领域。哈贝马斯指出：“显而易见，自我意识和对于我们自身的信仰、欲望、价值取向以及原则，甚至对于我们全部的人生规划所应该接受的反思立场的能力，构成对公众商谈的必然要求。”③ 自我意识是公众参与公共领域话语的立足点和出发点。在公共领域中，自我意识首先意味着公众对作为生活主体的生活意志的自觉和对作为公民的权利的自觉。

最后，自我意识意味着公众的自律。自律表现为伦理上的自我实现和道德上的自我决定的一致。在哈贝马斯看来，现代性就被“深深地打上了个人自由的烙印，这表现在三个方面：作为科学的自由，作为自我决定的自由——任何观点如果不能被看做他自己的话，其标准断难获得认同接受——还有作为自我实现的自由”。虽然他自称“并非仅止于一个现代性

---

① [德] 于尔根·哈贝马斯：《公共领域的结构转型》，曹卫东等译，学林出版社 1999 年版，第 22 页。

② 同上书，第 23 页。

③ [德] 于尔根·哈贝马斯：《对话伦理学与真理的问题》，沈清楷译，中国人民大学出版社 2005 年版，第 11 页。

的卫道士"，而是"充分意识到它自身充满着矛盾，它有黑暗面"①，但是，他充分地肯定了现代性的自我意识观念，并意识到，这种观念作为启蒙的要素已经被植入公共领域的交往之中。因而，他指出："现代性的标准基础，首先是自我决定和自我实现，可以通过一种不同的严格后形而上学的形式而得以保护。启蒙思想并非简单的结构抽象：他们嵌入日常交流实践之中，甚至嵌入生活——世界之中，作为无法避免的、常常与事实相反的预设条件；部分而言，他们用一种无论多么破碎不连贯的方式，在政治体制的机制内得以实现。"②

公民的自觉自律总是受历史条件的限制，而其实现程度决定了民主的完善程度。古希腊时期的公民大会中的公民虽然在一定程度上是自主自律的，但是，这种自主自律是建立在对奴隶、妇女和外乡人的奴役和压迫基础上的。正如戴维·赫尔德所说："毫无疑问，古代雅典政治建立在一种非常不民主的基础之上。"③ 而且，由于公民大会既是一个公共领域，也是国家的公共权力机关，所以，公共决议一旦形成就变成共同体最高的善，它既是道德上的最高意志，也是伦理上的最高善，公民只有绝对服从，而不能反抗或批判。

封建时期的代表型公共领域中的公众，从内心理念和外在形式都依附于某种特权，他们的目的不在于争取和维护作为公民的权利，也不在于针对公共问题达成某种共识，而在于展现自身的特权身份，以期在展现中获取他者的赞赏。

只有到了资本主义自由发展时期，公众才对作为公民的普遍权利和伦理生活有了一定的理解，自由不再是少数人的专利品，而成为大多数公民所追求的目标。他们要求自由表达意见，自由地参与决策、自由地批判，并且试图达成共识或形成相互遵守的自由制度。虽然资本主义制度还不是真正的民主制度，但是与以往制度相比较而言已具有其进步性，而在对民主而言则在于在某种程度上允许公民享有作为公民而积极行动的权利。正

---

① ［德］于尔根·哈贝马斯：《现代性的地平线》，李安东、段怀清译，上海人民出版社1997年版，第122页。

② 同上书，第124页。

③ ［英］戴维·赫尔德：《民主的模式》，燕继荣等译，中央编译出版社2004年版，第29页。

如赫尔德所指出的:"如果公民有作为公民而积极行动的实际权利,也就是说,当公民享有一系列允许他们要求民主参与并把民主参与视作一种权利的时候,民主才是名副其实的民主。"① 随着平等公民权的扩展,原来仅仅由有产者的私人所构成的市民社会,逐渐被由平等的大众所构成的市民社会所取代,这种市民社会的私人自律基础发生了根本改变,即私人自律的基础由私人财产所有权变成了平等个人在公共领域中的文化交往权利。易言之,保障市民社会独立性的力量已经主要不是建立在商品交换基础上的私人财产所有权,而是建立在人们的文化交往基础上的文化创生与抵制能力。这样,参与公共领域的公众不只是拥有财产的资产阶级,也不只是一直居于统治地位的男性公民。像相对处于依附地位的无产阶级和女性阶层等一旦获得政治权利,哪怕只是名义上的,也会积极地行动起来捍卫自身的权利和共同生活世界的价值。因此,除了处于核心地位的资产阶级公共领域之外,也出现了维护和争取女性权利的女性公共领域②和争取无产者利益的无产阶级公共领域。

但是,随着市民社会中资本的不断集中,经济利益集团逐渐介入公共权力领域,而国家公共权力也通过法律或者其他措施深入干预商品流通和社会劳动领域,具有社会整合功能的货币和公共权力相结合形成一个系统。这个系统通过大众传媒对公共领域的意义源泉生活世界进行干预和控制,这样,公共领域与私人领域的界线越来越模糊,这从根本上动摇了公民自律的基础。虽然资本主义的发展大大地促进了大众传媒的发展,但是,由于传媒具有公共的性质,因此成为利益集团和公共权力控制的目标。被操纵的传媒不仅成为系统的喉舌,而且转变成披着公共领域外衣的意识形态工具。因此,哈贝马斯指出:"大众传媒塑造出来的世界所具有的仅仅是公共领域的假相。"③ 这样,公众不仅丧失了自主自律的能力,而且丧失了自主自律的意识,从主动的文化或政治批判的公众转变为被动

---

① 〔英〕戴维·赫尔德:《民主的模式》,燕继荣等译,中央编译出版社 2004 年版,第398 页。

② Mary P. Ryan, "Gender and Public Access: Women's Politics in Nineteenth-Century America", in Craig Calhoun, *Habermas and the Public Sphere*, Cambridge: The MIT Press, 1992, pp. 259 – 288.

③ 〔德〕于尔根·哈贝马斯:《公共领域的结构转型》,曹卫东等译,学林出版社 1999 年版,第20 页。

接受的文化消费的公众。

　　哈贝马斯还批判分析了以康德为代表的、自由主义的道德上的自我决定观，以及以卢梭为代表的共和主义的伦理上的自我实现观，提出了以多元话语为核心机制的交往自由观。[①] 他"把交往自由理解为在以理解为取向的行动中预设着的一种可能性：对对话者所说的话和在这种话中所提出的旨在主体间承认的有效性主张，表示一个态度的可能性"[②]。他所谓的这种交往自由与康德的自我决定和卢梭的自我实现的区别在于：自我决定和自我实现的依据都是主体哲学中在单个主体那里形成的理性意志，不管是由单个道德主体的自由意志扩展到普遍的个人，还是由单个伦理实体的伦理生活本质的自觉实现，都逃离不了意识哲学的思维范式。"这两种想法都缺少一个商谈性意见形成和意志形成过程的合法化力量，在这个过程中，取向于理解的语言使用活动的语内行动约束力被用来把理性和意志结合在一起——以导致所有个人都可能无强制地同意的信念。"[③] 而公共领域中的公众的交往自由则依赖参与者的主体间相互承认的交往关系，交往行动的主体都愿意使他们的行动计划建立在一种以理解为目的的共识的基础上。

三　在公众的交往行动中达成政治共识

　　公共领域的实践话语是通过交往行动实现的。哈贝马斯在《交往行动理论》中明确阐明了"交往行动"这一概念。在他看来，在公共领域的实践话语中，公众的行为模式决定了公共领域的性质。

　　根据主体与世界的关系，哈贝马斯把行为分为目的行为、规范行为、戏剧行为和交往行动。目的行为是行为者通过在一定情况下使用有效的手段和恰当的方法，实现一定的目的或进入一个理想的状态。目的行为表征的是行为者与客观世界的现实关系。这种行为在不同场合又可扩张为带有功利主义色彩的"策略性行为"和"工具行为"，策略性行为至少涉及两个以上的相互竞争的行为主体，他们之间都力图以最有效的手段影响对方

---

　　① ［德］于尔根·哈贝马斯：《现代性的地平线》，李安东、段怀清译，上海人民出版社1997年版，第119页。

　　② ［德］于尔根·哈贝马斯：《在事实与规范之间》，童世骏译，生活·读书·新知三联书店2003年版，第145页。

　　③ 同上书，第127页。

的决策过程，从而使自身的利益最大化。目的行为以成功为指向，以合理谋划为主要特征，参与者只看到自己的目的。

规范行为是一个社会集团的成员以遵循共同的价值规范为取向的行为。它表征行为者与社会世界和客观世界的双重关系。客观世界由不以行为者意志为转移的实际存在的事态组成，而社会世界则是由规范语境构成。一个规范不仅具有对社会成员的约束力，而且还需要对社会事态具有有效性。符合规范的行为既要面对客观世界，对于客观的事态采取客观化的立场，还要面对社会世界，对社会世界中的正当要求采取符合规范的立场。但是，参与者对于规范并不具有积极的构成意义，而只是把已有的规范共识付诸实现罢了。

目的行为和规范行为都是表征主体对客观世界或社会世界的被动关系，主体要么适应客观世界，要么服从社会世界，而"没有被设定为一个可以加以反思的世界"[1]。而戏剧行为则不仅表征客观世界的关系，而且还要求一个主观世界作为前提条件。这种行为把人与人的关系看做展示者与观众的关系，通过某种表现手段把自身的主观世界向观众展示出来。主观世界是行为主体的内在意义世界，比如愿望、情感等。由于每一个参与者自身才具有对自己的意图、思想、愿望、情感的解释特权，所以，他在"自我表现"中可以控制引导观众对自身思想和意义的理解程度。"于是，就出现了一种策略性的互动，在这种互动过程中，参与者在概念上使客观世界变得五彩缤纷，以至于其中不仅有目的理性行为者，而且也有善于表达的表现对手。"[2] 虽然戏剧行为表征的是一种行为者施为与观众被动接受的关系，但这需要行为者与观众之间的一种主体间承认和理解的交往关系为基础。

而交往行动不仅建立在主体间承认和理解的基础上，而且以达成共识为目的。确切地说，交往行动指的是至少两个以上的具有言语行为能力的主体之间，通过语言的互动，所达成相互理解和共识的行为。它表征的是行为者与客观世界、主观世界以及社会世界的总体关系。所以，在交往行动中，人与世界的关系不仅是一种直接的关系，还是一种建构和反思的关

---

① ［德］于尔根·哈贝马斯：《交往行为理论》，曹卫东译，上海人民出版社2004年版，第90页。

② 同上书，第94页。

系。前三种行为虽然都以语言为媒介，但它们都只是分别揭示了语言的一种功能，即或发挥以言表意效果，或建立人际关系，或表达生活经验。而在交往行动中，语言的所有功能都得到充分的运用，它同时承担陈述客观世界、判断社会规范以及展现主观世界的功能。

交往行动必须具有交往合理性，在实践中必须满足话语的有效性要求，那就是陈述和判断的真实性或正确性，遵循社会规范的正当性以及将自我展现给他者的真诚性。

根据语言在行为中的作用，哈贝马斯又把人的行为分为以言表意行为、以言行事行为和以言取效行为。以言表意行为只是对客观世界的描述或断言，而不考虑语言的有效性。比如，"地球是椭圆的"。以言行事行为指这样的行为，行为者通过言语行为，与另一个行为者针对某个共同的问题，持以理服人的态度，相互理解和交流，从而达成共识。而以言取效行为则是把言语行为作为达到实现自己预先就已决定的目的的手段，以工具理性的态度对待对方。由于交往行动的基本方式是以理服人，其目的在于寻求共识和相互理解，所以又称之为以言行事行为。以言取效行为在实践中被称为策略性行为。哈贝马斯对二者作了明确的区分："所谓交往行动，是一些以语言为中介的互动，在这些互动过程中，所有的参与者通过他们的言语行为所追求的都是以言行事的目的，而且只有这一个目的。相反，如果互动中至少有一个参与者试图通过他的言语行为，在对方身上唤起以言取效的效果，那么，这种互动就是以语言为中介的策略行为。"① 策略行为在其结构中把相互理解和寻求共识的愿望排除在外，把对方作为纯粹的工具，不考虑对方的感受和权利，只考虑对方的反应对其目的的影响。

那么，公共领域的交往行动是怎样实现的呢？哈贝马斯假定我们可以进入一种理想的言说情境，其中包含若干原则。第一，任何具有言说及行动能力的相关者都可自由进入这一话语情境。第二，所有相关者都有平等的权利提出任何他想讨论的问题，对别人的论点加以质疑，并表达自己的欲望与需求。第三，每一个人都必须真诚表达自己的主张，既不刻意欺骗别人，也不受外在的权力或意识形态所影响。第四，对话的进行只在意谁能提出"较好的论证"（better argument），理性地接受这些具有说服力的

① ［德］于尔根·哈贝马斯：《交往行为理论》，曹卫东译，上海人民出版社 2004 年版，第281 页。

论证，而不是任何别的外在考虑。与这些原则相应，公众需要具备交往资质（communicative competence），即在交往中掌握一般交往规则的能力，包括区分对象世界的心智能力、区分不同交往行动类型的言语行为能力和把有效性要求主题化的反思能力。因此，"交往行动者被置于具有一种弱的先验力量的'必须'下"①。但是，这种"必须"又有别于内在道德强制的自律和被强制的"不得不"，交往行动者不受任何外在力量的强制。因此，"他并没有因此而面临一种行动规则的规范性'必须'，不管它是否能够从义务论角度还原为道德命令之应然有效性，或从价值论角度还原为一组优选价值，或从经验角度还原为技术性规则的有效作用"②。哈贝马斯知道这些条件十分理想，甚至可以说是"不太可能的条件"（improbable conditions）。不过他认为任何实际进行的对话，都必然预设某种类似理想言说情境的条件，否则人们根本不可能真正地理解对方。因此，这些条件虽然理想，却不空泛。它们是社会公众追求道德共识甚至真理的必要条件，也是整个交往理性所据以建立的基础。

正是在这种理想的言说情境中，公共领域的社会公众实现其交往行动。也就是说，在公共领域中，公众作为平等自由的主体自主自律地参与实践话语的讨论，并在相互理解的基础上寻求共识。交往行动和话语的规范和共识通过权力系统的制度化成为民主政治的前提，它保证每个公民都享有参与实践话语的机会和权利。简而言之，公共领域的民主机制表现为：自主自律的公众通过交往行动将生活世界的议题在公共领域自由讨论、辩护和批判。

---

①　［德］于尔根·哈贝马斯：《在事实与规范之间》，童世骏译，生活·读书·新知三联书店 2003 年版，第 6 页。

②　同上。

第三章

哈贝马斯的话语民主——公共领域与权力系统的相互作用

> 话语理论在更高的层次上提出了一种关于交往过程的主体间性，它一方面表现为议会中的话语制度形式，另一方面表现为政治公共领域交往系统中的话语制度形式。
>
> ——哈贝马斯

现代性在带来生产力飞速发展的同时也带来了启蒙运动。后者最直接的成果就是理性知识战胜了宗教信仰，以及由此产生的宪政民主制度战胜了封建专制。但是，这种胜利不是一劳永逸的，人类一直行进在启蒙的途中。哈贝马斯一方面将资产阶级民主推崇为现代性的一种成就，承认其历史进步性。另一方面也看到了金钱、权力机制对民主的侵蚀和破坏，揭示出晚期资本主义国家的民主危机，并试图通过公共领域观念去重建资本主义民主的模式。他重构的是这样一种话语民主模式：并非取消建制化法治国家的公共权力系统，而是促进它与非建制化的公共领域之间的相互作用，构成一种建立在审议政治基础上的程序主义民主。

非建制化的公共领域根植于生活世界，负载的是个人、私人和公众的生活意义，这种意义在公共领域中经过交往理性的洗礼得以合理化。而公共领域所指向的却是权力系统，因为生活意义只有通过在权力系统中的建制化才会变成合法的权利，散漫的个人、私人和公众才变成确定的权利主体。从古至今，政治与日常生活之间就一直存在着似乎不可逾越的天堑。这不仅是权力与生活的差别，也不仅是官僚与百姓的差别，更是思维方式的差别。古往今来的历史总是以政治权力的变化为经纬的，而生活世界却被掩映在权力的阴影之中。而今，政治与生活之间的鸿沟被公共领域填充。因此，公共领域不再仅仅具有政治的含义，更多的是它将生活的意义转化为政治的权利，同时也是为公共权力提供动力来源。继而，政治也具有了生活的内涵，它不再是高高在上远离生活的摩天塔，而是生活意义的凝结和彰显。

第一节　民主法治国家的理念

哈贝马斯的话语民主一方面倡导公共领域作为政治合法性的基础作用，另一方面并没有放弃作为建制化民主的基本功能。他仍然坚持社会批判理论的内在批判立场，把资本主义宪政民主制度理解为一个有着现实矛盾，但依然具有解放潜能的政治制度。在他看来，没必要放弃资本主义的民主传统，而是要对它进行重构。以交往行动理论为基础，哈贝马斯提出了其话语模式的民主法治国家的观念，以及法治国家的权力系统与公共领域的相互作用。他寄希望于这种相互作用来使资本主义民主政治摆脱合法化危机。

一　法治国家的观念

在《在事实与规范之间》一书中，哈贝马斯分析了民主与法治的内在关系，提出了民主法治国家的观念，并在此基础上建构了话语民主理论。他将私人自主与公共自主结合起来，将人权与人民主权结合起来，把宪法民主国家理解为以法律为中介的、国家公共权力与交往权力相互作用的循环系统。国家公共权力来源于交往权力，而交往权力通过法律程序转化为公共权力。交往权力产生于民主的政治意志的程序中，并且"只能形成于未发生畸变的公共领域之中"。在哈贝马斯那里，民主相对于法治具有更基本的意义。国家政治统治的合法性与法律的合法性都来源于民主的政治意志的形成，同时法律作为政治统治的媒介将民主的意志建制化。

如果在权利体系中实现的私人自主和公共自主的相互交叠要能够持久，法律化过程就不能局限于私人的主观行动自由和公民的交往自由。它必须立刻延伸到那个法律媒介中已经预设的政治权力，不仅执法而且立法的事实性约束力都是由于这种力量而来的。法律和政治力量的同源构成和概念交叉要求进行一种范围更广的合法化，也就是说，要求国家的制裁权力、组织权力和行政权力本身必须通过法律的渠道。这就是法治国的观念。①

哈贝马斯认为，在进入现代社会之后，宗教和其他形而上学的普遍性价值体系解体之后，传统的社会整合机制已经丧失。而在文化和价值多元化的时代，新的社会整合机制难以形成，因而自利的个人没有了整体的方向，失去了文化上的意义认同和价值共识，社会团结面临着重大危机。为了使社会不至于解体，现代社会中两种体制化的系统便发挥着重要的整合功能。一种是以货币为媒介的经济系统，它通过市场的机制和自由的契约把疏离的人们连接起来；另一种是以权力为媒介的政治系统，它通过自上而下的导控来规范和协调人们的行为和活动。而无论是经济系统还是政治系统，其整合社会的功能都是通过法律的代码进行的。换言之，在现代西方社会，经济系统和政治系统是借助法律的机制发挥导控社会功能的，而这两个系统存在和运行的基础都是法律提供的。这样，法律便成为社会整合的主要力量，以至于各个国家都提出了依法治国的行政纲领。人们甚至把法律当作政治统治的合法性来源，要求政治统治依法行政，公民依法行为。但是，哈贝马斯指出，法律作为社会整合的主要力量并非不言而喻，政治统治的合法性不是来源于法律，就连法律本身的合法性也不来源于自身。

马克斯·韦伯曾提出过合法律性的合法性问题。在他看来，现代西方社会的政治秩序是"法律型统治"的各种表现。其政治统治的合法性建立在对于行使统治的合法律性的信念基础之上。法律拥有一种自己独有的、不依赖于道德的合理性，合法律性的信念就内在于法律的合理性之中，即民众对法律的事实上的承认和忠诚。

哈贝马斯批判了韦伯的这种合法律性的合法性观念："诚然，合法性产生于合法律性之显得是一种悖论，仅仅是在这样一个前提之下，即把法律系统想象为一种回溯性地返回自身并赋予自身以合法性的循环过程。但这种观点是与以下事实相抵触的：一个自由的制度，若没有一个习惯于自由的民众的主动性的话，就会分崩离析。民众的自发性是不能简单地通过法律来强制产生的；这种自发性产生于那些热爱自由的传统，并在一个自

_____

① ［德］于尔根·哈贝马斯：《在事实与规范之间》，童世骏译，生活·读书·新知三联书店2003年版，第164—165页。

由的政治文化的种种联合体之中得以维持。"① 可见，在哈贝马斯看来，合法性并不产生于法律自身，而是产生于"民众的自发性"，即产生于民众的社会生活之中，而且民众的自发的社会生活不能受到法律的强制。另外，哈贝马斯认为，合法律性只有从一种具有道德内容的程序合理性出发才能取得它的合法性。这种程序合理性的关键是两种类型的"程序"的交叉：道德论辩将用法律手段而被建制化。也就是说，只有在法律作为一种道德实践的意义上是合理的时候，合法律性的合法性才成为可能。韦伯没有看清资产阶级形式法的道德核心，而过于强调法律自身的合法性。

在法律合法性的问题上，哈贝马斯还批判了卢曼的系统功能主义的法律理论，并且认为，在系统理论的概念中，法律系统的自主性无法得到满意的把握。此外，他还批判了霍布斯、康德等人的自然法理论，指出：霍布斯为了得到法律的实证性而牺牲了它的不可随意支配性，而康德从实践理性中引出的自然法则或道德法则居于太高地位，使法律有融化进道德，甚至被还原为道德的危险。哈贝马斯自己则主张一种与道德论证相互蕴涵的程序主义法律观念：

　　我把"法律"[Recht]理解为现代的实定法，它要求作系统的论证、作有约束力的诠释和执行。法律不像后常规（后俗成——引者注）阶段的道德那样仅仅表达一种形式的文化知识，而同时构成社会之建制系统的一个重要成分。法律同时一身兼二任：既是知识系统，又是行动系统。它既可以理解为一种表达规范的语句和解释规范的文本，也可以理解为一种建制，也就是说理解为诸行动规则的复合体。因为动机与价值取向在作为行动系统的法律当中是相互交叉的，所以，法律语句具有一种为道德判断所缺乏的对于行动的直接影响力。另一方面，法律由于其较高的合理性程度而区别于自然长成的建制秩序；在法律当中体现的知识系统，是形成为学理系统的，也就是说，是在科学层面上加以阐发的、是同原则导向的道德彼此交

① ［德］于尔根·哈贝马斯：《在事实与规范之间》，童世骏译，生活·读书·新知三联书店2003年版，第159页。

叉的。①

可见，在哈贝马斯那里，法律作为知识系统，是一种表达规范语言和解释规范的文本，是经过了严格的科学论证和学理诠释后的文化知识，是从形式上说明的指导人们正当行为的道德规范。这种知识系统构成人们理解和实施行为的依据。而法律作为行动系统，是社会建制系统的重要组成部分，具有较高的合理性程度，即明确的价值目标、具体的行为要求和严格对应的执行措施。作为行动系统的法律还具有强制性，国家和个人的行为都不能逾越法律的界限。作为知识系统和行动系统的法律表现为社会交往的程序，内在地蕴涵道德的应然价值和法律的强制命令。

这种程序主义的法律不是从来就有的，其合法性既不产生于道德的内在强制，也不产生于法律条文和程序自身，而是产生于相关公众的社会交往之中。所有利害相关的人们，借助语言交流的有效性和达成特定规范共识的可能性，通过平等、自由的理性协商与话语论证，通过意志协调达成普遍共识，从而形成作为法律的规范。在社会交往中，利害相关的人们选择何种规则以及该规则体现何种价值，都是不确定的，因为这些完全取决于他们的话语协商，而唯一确定的是规则得以形成的沟通程序。在哈贝马斯看来，只有如此形成的法律，即每个人既是立法者，同时又是守法者，才具有实质的合法性。因为这种规则是人们自己形成的，他们可避免被迫服从外部强加的规则；因为这种规则是相关人们在特定语境下针对特定问题形成的，它们可满足相关人们具体的实际需求；因为这种规则中包含所有相关者的价值判断，因而可避免形式法的"工具理性"和福利法的家长主义。

哈贝马斯认为，法律处于道德与政治之间，法律的有效性与事实性总是交织在一起的：一方面法律作为政治的强制措施，期待人们会服从决定和强制；另一方面法律作为道德的外化，期待人们会在合理推动下承认一种只能通过论辩才能兑现的普遍规范的有效性主张。法律系统不是独自获得其自主性的。法律的合法性来自它自身之外，即来自自由民众的自主性，而这种自主性不仅是对法律的服从和忠诚，而是在法律建制化之前的

---

① ［德］于尔根·哈贝马斯：《在事实与规范之间》，童世骏译，生活·读书·新知三联书店2003年版，第96页。

民主意志的形成和建制。所以，哈贝马斯说：

　　在论证权利体系时我们看到，公民的自主性和法律的合法性是相互参照的。在后形而上学世界观的条件下，只有那些产生于权利平等之公民的商谈性意见形成和意志形成过程的法律，才是具有合法性的法律。这些公民要能够恰当地行使其受民主参与权利保障的公共自主，则又要求其私人自主得到保障。得到保障的私人自主之有助于公共自主的"形成条件保障"，就好像反过来公共自主的恰当实施之有助于私人自主的"形成条件保障"。这种循环关联也表现在有效法律的产生之上。因为，合法的法律是只能以受法治国调节的权力循环的形式而产生的，而这种权力循环则依靠一种非权力化的，并通过市民社会建制而根植于生活世界的私人核心领域之中的政治公共领域的交往而得到滋养。①

　　同时，公民自主的程度，也取决于为立法和司法的目的而建制化的那些程序，在多大程度上保障公平的意见和意志形成过程，并且以这种方式使道德的程序合理性有可能同时进入法律和政治之中。

　　在哈贝马斯看来，在民主法治国家中，法律自身不能为自身提供合法性，法律也不能完全取决于道德的自我意志。为政治统治提供合法性的不是法律，而是交往权力，也就是在民主政治意志形成的程序中产生的权力。而法律在交往权力转向国家政治权力的过程中充当了媒介。

二　话语民主模式

　　主张国家政治权力来源于民主的意志形成过程的思想家，并非哈贝马斯一个，以康德为先驱的自由主义民主模式和以卢梭为先驱的共和主义民主模式都持这一观点。他们都主张，人民既受法律的统治，是法律的受众，同时又是法律的制定者，是法律的主体。但是，对人民意志的不同阐释决定了民主模式的重大差别。哈贝马斯批判了自由主义模式和共和主义模式，提出了程序主义的话语民主模式。

―――――――――

　　① ［德］于尔根·哈贝马斯：《在事实与规范之间》，童世骏译，生活·读书·新知三联书店 2003 年版，第 507—508 页。

　　哈贝马斯认为，自由主义模式和共和主义模式都是对"霍布斯问题"的回答，它们作为针对民主意志形成的不同解释一直处在争论之中。霍布斯的政治哲学有两个基本的假定：人具有选择合理方式以实现自己目的的能力，即具有工具理性；人的行为目的是任意的，受情感与意志支配，是非理性的。这样，虽然每个人都以最有效的方式去实现自己的目的，结果却只能造成人与人之间相互冲突：个人的理性选择的结果却导致了整个社会的非理性。这就是"霍布斯问题"。霍布斯的解决办法是，通过订立一个社会契约，所有人都放弃使用武力的权力，无条件地服从一个绝对的主权者，由它来制定法律，界定个人的行为自由和追求自我利益的空间。这个主权者就是国家。这样，国家政治的合法性就建立在权力基础上。

　　哈贝马斯认为，自由主义民主和共和主义民主之间的主要分歧在于对民主进程作用的不同理解。自由主义认为，民主进程的作用在于根据社会的不同利益来安排国家，民主政治意志的形成在于联合和贯彻私人的社会利益，与国家的行政干预相对抗。法律的合法性在于保障作为个体的基本人权和私人自主。也就是说，自由主义的民主功能在于自我利益的管理。而共和主义则认为，政治是一种伦理—道德生活关系的反思形式。民主政治意志的形成在于每个公民的积极参与，在参与的基础上形成共识，并确保政治共同体的善和集体认同。自由主义民主是以利益妥协的形式实现的，而共和主义民主则是以伦理政治的自我理解的形式实现的。

　　对待民主的分歧决定了这两种模式对民主法制国家的理解。首先是对公民的理解。自由主义认为，公民持有一种消极自由权利，确保法人在一定活动范围内不受外部的强制；共和主义则认为，公民持有一种积极自由权利，这种权利不仅确保公民不受外在的强制，还要求公民积极参与共同的政治实践，并在政治实践中实现自我。

　　其次是对法律的理解。自由主义强调个人自由，认为法律秩序的关键是界定谁有权利，有什么样的权利；共和主义强调政治自律，认为法律是由客观的无法分离为个人权利的伦理秩序决定的，法律具有塑造自我的功能。

　　再次是对民主政治意志形成过程的理解。自由主义认为，政治意志的形成过程就是行政权力之间的斗争与妥协的过程。政治意见和政治意志在公共领域和议会中的形成过程，受到策略行为者的集体干预，而策略行为者的目的是为了捍卫或争取一定的权力。结果则是用选民对于个人和纲领的赞成来加以衡量。选民在投票过程中表达了自己的利益倾向性。选票的投入和权力的产出，同样都是策略行为。而共和主义则认为，政治意见和政治意志在公共领域和议会中的形成过程所依循的不是市场的结构，而是一种独特的公共交往结构，其目的是为了达成沟通。政治意志不是个人利益和偏好的外在相加，而是基于共同价值目标和追求形成集体的意志，它的功能不是对政府权威加以监督，而是创造政府。

最后是对社会与国家的理解。自由主义认为，社会是自发形成的私人劳动与商品交换领域，以及私人生活领域。社会与国家相分离，社会独立于国家，市场不仅自发调节物质的交换，也自动调节利益的交换。国家只是保障个人自由不受外在非自愿的强制和干涉。而共和主义则认为，社会是由政治行动构成的生活共同体，国家是公民自我组织的形式，国家在社会之中。国家与社会之间没有固定的界限，社会既可以通过国家把自己组织成一个总体，也可以把国家消解到公民自我协调的交往关系之中。

到 20 世纪 80 年代，自由主义与共和主义之间的争论演变成以罗尔斯和德沃金为代表的自由主义与以泰勒和沃尔泽为代表的社群主义之间的争论。哈贝马斯把这场争论看做是人权与人民主权的争论和私人自主与公共自主的争论。哈贝马斯认为，这两种民主模式各有千秋，它们之间也并不是水火不相容的，可以用话语模式将二者统一起来。而哈贝马斯的程序主义的话语民主模式就是自由主义民主模式和共和主义民主模式的综合：

> 话语理论吸收了两方面的因素，用一种理想的商谈和决策程序把它们融合了起来。这种民主程序在协商、自我理解的话语以及公正话语之间建立起了一种有机的联系，并证明了这样一种假设，即在这些前提下，合理乃至公正的结果是可以取得的。这样，实践理性就从普遍主义的人权或一定共同体的道德当中抽身而出，还原成为话语原则和论证形式，它们从交往行动的有效性基础，说到底，就是从语言交往结构当中获得了其规范内涵。①

哈贝马斯的话语理论对宪法民主国家法律秩序的规范解释，立足于民

---

① ［德］于尔根·哈贝马斯：《包容他者》，曹卫东译，上海人民出版社 2002 年版，第286—287 页。

主意志形成的交往条件及其制度化。它承认人权与人民主权之间有差异。按照话语原则，法律的合法性必须满足理性话语证明的交往前提：每一个受法律规范影响的人都不能被排斥在实践话语之外，话语领域是向所有人开放的；所有的话语参与者都享有平等地表达其愿望和要求的机会；所有参与者都必须采取交往的合作态度，避免使用强制手段。但是，政治参与者首先是一个独立自主的个人，是享受私人自律的主体，这一主体只有在普遍人权受到法律保护的前提下才有可能。公共自律对个人来说不是强制性的义务，而是一个权利，它不强迫个人一定要参与政治，一定要认同他人的善的观念。

但是，人权与人民主权也存在内在联系："公民的公共交往实践必须在法律上得以制度化，而这种必然性正是人权自身所提供的。人权使得人民主权的合法行使成为可能，但它不可能作为外在的约束而强加给这一实践。"① 宪法规定的人的基本权利不是对民主的消极限制，而是它的前提。同样，如果不把保护私人自律的个人权利看做主权者的恩赐，受法律保护的个人也必须成为法律的主体，法律的制定者，因此，私人自律也离不开公共自律，人权只有在公民立法实践制定的法律中才得以制度化。总之，哈贝马斯的话语民主理论把宪法民主制理解为古代自由与现代自由、私人自律与公共自律、人权与人民主权的辩证统一。

尽管哈贝马斯指出了共和主义的不足："过于理想化，并让民主过程依附于公民的道德趋向。因为政治的核心不仅仅在于，或者说主要并不在于道德的自我理解问题。用道德来约束政治话语，是大错特错的。"② 但是从总体上说，其话语民主具有浓厚的共和主义的气息。

话语理论吸收了共和主义的规范性因素，把政治意见和意志的形成过程置于民主程序的核心地位，认为只有通过公民的积极参与和认同，民主意志才取得其合法性。话语理论从主体间性的视角解释人民主权，将共和主义作为共同体意志的人民主权转化为无主体的交往程序的结果，即交往权力。事实上，交往权力概念本身就来源于共和主义者阿伦特对"权力"（power）概念的理解。哈贝马斯比较了韦伯与阿伦特的权力概念。他看

---

① ［德］于尔根·哈贝马斯：《包容他者》，曹卫东译，上海人民出版社 2002 年版，第300—301 页。

② 同上书，第284—285 页。

到，韦伯把基本的权力现象看做社会关系中不顾反抗而贯彻自己意志的可能，而阿伦特则把权力看做非强制交往中形成的一种共同意志的潜力，这种潜力旨在达成相互理解，并将权力与旨在为了自己的利益而将别人的意志工具化的暴力（force）对立起来。哈贝马斯取阿伦特而舍韦伯，采用了交往权力的概念，并对阿伦特的权力概念作了进一步的改进。

此外，话语理论也吸收了自由主义的人权理论，主张国家与社会的分离，即公民的基本权利和自由不能受到他人和国家的干预。哈贝马斯说："话语理论并不认为，话语政治的现实必须依赖于具有集体行为能力的全体公民，而是认为，话语政治必须依靠相应程序的制度化。话语理论的核心已不再是把国家当作中心的社会总体性概念，这种社会被认为是具有一定目的的庞大行为主体。同样，话语理论也不把总体性落实到宪法的规范系统当中，因为宪法规范在不经意之间按照市场交换模式对权力和利益加以均衡。"① 他承认政治具有利益角逐的一面："在多元文化社会里，在具有重要政治意义的目的背后，一般都隐藏着一些利益和价值取向，它们对于共同体的认同，也就是说，对于主体间共有的生活方式，没有任何构成意义。"② 可见，在哈贝马斯那里，民主政治意志的形成过程并不排除争取利益的策略行为。但是，这种策略行为并不构成话语政治的前提，构成话语政治前提的是交往行动。

这样，哈贝马斯话语民主模式的关键在于对民主政治意志的形成过程的理解。民主政治意志的形成过程在于主体间的无强制交往，通过主体间的实践话语，在自由交往中形成一种交往权力。而交往权力的形成要经过两个阶段：一是社会公众在非正式公共领域中形成交往的意见之流，即公众舆论，二是这种公众舆论通过议会等正式的公共领域转化成交往权力。哈贝马斯指出："话语理论在更高的层次上提出了一种关于交往过程的主体间性，它一方面表现为议会中的商谈制度形式，另一方面在表现为政治公共领域交往系统中的商谈制度形式。"③ 在他看来，不管是正式的还是不正式的公共领域，其运行机制都是通过实践话语实现的。

---

① ［德］于尔根·哈贝马斯：《包容他者》，曹卫东译，上海人民出版社2002年版，第288页。

② 同上书，第285页。

③ 同上书，第288—289页。

实践话语包括实用话语、伦理话语和道德话语，相应的也就具有策略—工具价值取向、伦理生活价值取向和普遍道德规范取向。这三个向度决定了交往权力一方面对应于法治国家的建制化权力系统，比如政治系统，另一方面对应于非中心化的非建制化的社会领域，即生活世界。哈贝马斯指出："话语政治要么是根据制度化的意见和意志形成过程中的形式程序，要么是依靠政治公共领域这个非政治的网络系统。"① 也就是说，话语民主一方面诉诸在生活世界中形成的松散而自由的政治文化和深厚的理性基础，动员市民社会和公共领域中的公众交往，通过政治公共领域的传感地带而表达政治要求；另一方面将公共领域的要求通过制度化的程序转化为权力。总的来说，话语民主形成的机制则在介于系统与生活世界之间的公共领域。这样，话语民主就要求：一方面通过法律将交往权力转化为政治权力；另一方面，通过公共领域，权力系统与合理的生活世界语境之间又保持着紧密的联系。

可见，交往权力是话语民主的关键词，也是话语民主中的关节点，它连接权力系统与公共领域。同时，交往权力成为权力的一个闸门，只有通过这个闸门的权力才是合法的权力，换言之，一切权力之流只有通过这个闸门才能被政治系统建制化，成为共同体的政治意志。交往权力只是解决了权力的来源问题，但并不能解决话语民主的实现问题。"话语并不具有统治功能。话语产生一种交往权力，并不取代管理权力，只是对其施加影响。影响局限于创造和取缔合法性。"② 哈贝马斯的话语民主不仅仅在于在公共领域中形成交往权力，还在于在公共权力系统中将交往权力建制化，并形成一个权力循环系统。

第二节　公共领域和公共权力系统的相互作用

哈贝马斯的话语民主是一种激进民主，所谓激进民主，就是民主的政治意志来源于社会公众在公共领域中的民主意见和意志的形成过程。这

---

① ［德］于尔根·哈贝马斯：《包容他者》，曹卫东译，上海人民出版社 2002 年版，第292 页。

② ［德］于尔根·哈贝马斯：《公共领域的结构转型》，曹卫东等译，学林出版社 1999 年版，"1990 年版序言"，第 28 页。

样，话语民主的基本机制就是公共领域和公共权力系统之间的相互作用。公共领域为公共权力系统输送合法性，而公共权力系统则将公共领域的民主意愿建制化，同时保障公共领域的交往畅通无阻。"话语理论所期待的合理结论的基础是，机制化（建制化——引者注）的政治意愿形成与畅通无阻的自发交往潮流紧密相连。后者的目的并不在于达成结论，而在于发现和解决问题，从这个意义上说，它是没有组织的公共领域。"① 话语民主的激进之处不仅在于民主的政治制度体现公众的意志，而且这种公众意志最初是民众在非正式的非强制的非建制化的公共领域中形成的。

一　公共领域为公共权力系统提供合法性

很多研究专家认为，哈贝马斯在 1992 年提出话语民主政治，把公共领域作为民主政治合法性的基础，是"回到"其早期《公共领域的结构转型》中的市民社会理论。其实，市民社会/公共领域理论一直贯穿于整个交往行动理论的始终，他也从来没有放弃过把市民社会/公共领域作为民主政治的基本范畴来看待。只要谈到民主问题，他就或明或暗地涉及公共领域的观念。在《公共领域的结构转型》之后，1963 年的《科学化的政治和公共领域》和 1968 年的《作为"意识形态"的技术与科学》都对以工具理性为基础的技术统治，以及公共领域的非政治化所导致的合法化危机进行了批判，并把希望寄托在充满活力的政治公共领域上。比如在《作为"意识形态"的技术与科学》中，他就谈道："从长远的观点来看，大、中学生的抗议运动，也许能够持续地破坏这种日益脆弱的功绩意识形态，从而瓦解晚期资本主义的本来就虚弱的、仅仅由于［群众的］非政治化而受到保护的合法性基础。"② 可见，与其说话语民主是回到早期的公共领域思想，还不如说是对早期公共领域的进一步发展。

而今，哈贝马斯民主政治的合法性在于公共领域这一点已成为共识，其实在早期《公共领域的结构转型》中他就已经显露了这种思想："尽管如此，我们还是应该在一种相对的意义上把握公众舆论的概念，因为，社

---

① ［德］于尔根·哈贝马斯：《公共领域的结构转型》，曹卫东等译，学林出版社 1999 年版，"1990 年版序言"，第 27 页。

② ［德］于尔根·哈贝马斯：《作为"意识形态"的技术与科学》，李黎、郭官义译，学林出版社 1999 年版，第 80 页。

会福利国家的宪政现实必须被视为这样一个过程，在此过程中，具有政治功能的公共领域得以实现，也就是说，民主的公共领域作为实施社会权力和政治统治的前提得以确立。"① 只不过在《公共领域的结构转型》中更多的是批判，而《在事实与规范之间》更多的是建构；在《公共领域的结构转型》中强调权力机关和利益集团对公共领域的操纵，而《在事实与规范之间》强调的则是权力系统与公共领域的相互作用。

公共领域向法治国家权力系统提供合法性是通过交往权力实现的。毋庸置疑，交往权力在哈贝马斯的话语民主中是一个关键词，它担当着连接公共领域和权力系统的重任。尽管如此，哈贝马斯的文本并没有详细阐述交往权力的生成机制，只是把它当作政治系统的闸门，对外将交往之流的公众舆论凝成权力，对内输送政治系统的权力源泉。它来源于非建制化的公共领域，形成于建制化的议会等建制化公共领域。他对待交往权力的这种暧昧态度，为我们理解话语民主增加了扑朔迷离的因素。

我们暂且把哈贝马斯的话语民主模式理解成这样一个循环系统：在植根于生活世界中的市民社会中，社会公众对私人生活领域中引起共鸣的边缘问题加以感受、选择、浓缩，将之加以放大引入公共领域，在其中对之进行自由讨论、争辩、达成共识，并与其他公共领域中形成的共识相互渗透而形成公众舆论，最终汇成一股交往之流，在建制化的公共领域（如议会）中凝成一种交往权力，交往权力通过立法、司法等法律中介转化为政治权力；与此相应，政治权力通过法律中介得到执行，保障公众的私人自主和公共自主，同时这种执行还会受到交往权力的影响，这表现为公众在公共领域中对公共权力的执行进行监督和批判，在某种情况下甚至发展成公民不服从的政治运动。

因此，公共领域向法治国家权力系统提供合法性分为两个方面：一是公共领域向法治国家权力系统输送交往权力，二是公共领域对权力系统进行监督和批判。

哈贝马斯把民主政治意见和意志形成的机制分为两个方面：一是建制化的、正式的民主政治意见和意志形成的公共领域，比如议会组织或代议制选举的投票组织，这也是现在西方民主制度施行的基本方式；另一方面

---

① ［德］于尔根·哈贝马斯：《公共领域的结构转型》，曹卫东等译，学林出版社 1999 年版，第 291 页。

就是非建制化的非正式的民主政治意见和意志形成的公共领域，它是一些亚文化公众集体所构成的、开放的、包容的交往网络。

其实，在哈贝马斯之前，卢梭、阿伦特等共和主义者都曾经提出了通过公民的自由交往形成公众意志，继而形成交往权力的思想，约斯华·科恩（Joshua Cohen）等人也提出过审议性民主的理论，主张政治的合法性来自平等的公民之间的公共论辩和讲理。但是，他们的问题都在于把公共权力系统看做一个自我封闭的系统，"对这样两方面之间的关系表示沉默，一方面是用民主程序来调节的取向于决策的协商，另一方面是公共领域中非正式的意见形成过程"①。而哈贝马斯与他们的根本区别就在于，将公共领域中非正式、非建制化公共意见的形成过程视为话语民主更为基础的方面。正是在公共权力系统之外的、非正式的、非建制化的公共领域，才能从生活世界中发现和提取权力的意义资源，并将其转化为交往权力。然而，哈贝马斯不是无政府主义者，交往权力必须转化为建制化的公共权力，所以，非建制化的公共领域与建制化的公共领域之间的相互作用，就成了把握其话语民主的关键。

这两种公共领域具有什么样的区别和联系呢？尽管都是公共领域，但是在哈贝马斯那里，建制化公共领域和非建制化公共领域却分属于不同的领域。哈贝马斯把整个社会分为系统与生活世界，而把公共权力系统分为政治系统和法律系统。建制化的公共领域属于政治系统，处于政治系统的入口处。而非建制化的公共领域则属于生活世界，处于生活世界的出口。同时也是生活世界与系统的连接点。政治权力系统与（非建制化的）公共领域的相互作用就是通过建制化的公共领域与非建制化的公共领域的相互作用而实现的。

首先，从来源上看，非建制化的公共领域根植于生活世界。公共领域中的公众是公共问题的潜在相关者，公共意见来自于他们对自己的私人生活的一种本己体验。"公共领域中所表达的问题，只是在个人生活体验的镜子之中，才可以被看出是一种社会性痛苦压力的反映……这样的体验起初是'私人地'处理的，也就是说，是在一种生活史的视阈中得到诠释的，而这种生活史又是在共同生活世界情境同其他生活史交织在一起的。

---

① ［德］于尔根·哈贝马斯：《在事实与规范之间》，童世骏译，生活·读书·新知三联书店2003年版，第380页。

公共领域的交往渠道同私人生活领域相连，也就是说不仅与家庭和朋友圈子而且与邻居、同事、熟人等等的密集的互动网络相连。"① 在哈贝马斯那里，公共领域关乎生活本身，其主体——公众——同时也是生活的主体。公开运用理性对生活的反思并非只是学者们的事情，也就是生活着的市民的要务。这种对生活的体验与反思一方面具有个体差异，具有最本己的特殊性和私人性，另一方面，如果作为政治公共领域中的公众对生活进行反思和追问，在相互理解中进行交往，个体的生活也具有某种普遍性和公共性。因为生活总是在与他人的共在中发生的。离开了他人的"生活"、没有公共世界的"生活"只是生存而已。有了最本己的特殊性，公共领域的公众就有了立足点，每一个人都立足于自我的生活，在公共领域中提议、批判和论证。自我的私人生活成为公共领域的意义之源。"人们在生活史中感受其共鸣的那些社会问题，经过私人方式的处理之后，成为公共领域的新鲜而有活力的成分。"② 同时，生活的意义是在与他人的共在中产生的。而个体总是在与他人的共同生活中才构成一个社会世界，总是在与他人的共同生活中才能被社会化。

而建制化的公共领域作为与生活世界相对的系统的入口，却距离生活本身有了相当的距离。它的主体不再是直接的生活主体，也不是公众，而是他们的代表，权力的执行者，比如议员、政党成员或者其他。因此，建制化的公共领域必须以非建制化的公共领域为基础。没有非建制化的公共领域向它源源不断地输送公共意见和公众舆论，建制化的公共领域就成了无本之木、无水之源，它们就只能求助于社会权力和政治权力系统，一旦这样，公共领域的话语就会成为权力争斗的结果。

其次，从构成条件来看，建制化的公共领域要发生作用必须具有确定的决策部门和议决程序作为基本框架，其主体、议题、议程及程序都是严格规定的。之所以称为"公共领域"，是因为其主体议员是民众选举出的代表，他们的观点必须代表选举人的公共利益而不是一己私利；其议题是公共问题，具有一定的普遍性；其决议方式采取公共讨论的方式，众议员以理解为取向，达成共识，并最终形成决策，并将这种交往共识转化为具

---

① ［德］于尔根·哈贝马斯：《在事实与规范之间》，童世骏译，生活·读书·新知三联书店 2003 年版，第 452 页。

② 同上书，第 453 页。

有普遍约束力的公共权力。

而非建制化的普通公共领域则具有一种无政府主义的结构，它自身不能建制化，是由市民自发形成的公众集体组成的，具有非正式的特征。哈贝马斯指出："公共领域不能被理解为建制，当然也不能理解为组织；它甚至也不具有权能分化、角色分化、成员身份规则等等的规范结构。它同样也不表现为一个系统；虽然它是可以划出内部边界的，对外它却是以开放、可渗透的移动着的视阈为特征的。"① 其主体是由私人集合起来的自由平等的公众，他们通过交往行动来反映生活世界中的问题；其议题是关乎公众生活的公共问题，他们发表自己的看法，无拘无束，畅所欲言。"公共领域的交往结构使公众卸掉了决策的负担；推迟了的决策活动，被留给决策性建制去进行。"② 这种无政府结构的非建制化非正式性特征，也决定了在这种公共领域中形成公众舆论只能是一种潜在的影响力，而不具有实质的影响力。要把这种潜在的影响力转化为实质的影响力，就必须在建制化公共领域中形成交往权力，并通过法律程序转化为政治权力。

最后，从功能来看，建制化的公共领域的目标更多地在于解决问题，而不是发现和辨认问题。而非建制化的公共领域则在于感受、发现、辨认问题，并集结成公共意见，为建制化的公共领域提供交往之流、意见之源。民主地构成的意见和意志形成过程，依赖于不具有正式形式的公共意见的供给，这种公共意见在理想情况下是发生在一个未受颠覆的政治性公共领域结构之中的。"议会团体的公共领域主要是作为辩护情景而构成的。这些团体不仅依赖于行政部门的前期工作和事后加工，而且依赖于一个发现性情境——由一般的公民公众集体所承担的不受程序调节的公共领域中的发现性情境。"③ 与这种建制化的公共领域比起来，非建制化的公共领域有其优越性："它具有一种无限制交往之媒介的优点；与受程序调节的公共领域相比，在这里新的问题情境可以得到更敏锐地感受，自我理解性商谈可以更广泛、更明确地进行，集体认同和对需要之诠释可以得到

---

① ［德］于尔根·哈贝马斯：《在事实与规范之间》，童世骏译，生活·读书·新知三联书店2003年版，第446页。

② 同上书，第448页。

③ 同上书，第381页。

强制性更少的阐述。"①

这样，公共领域就具有了双重功能：它一方面是"进攻性"的："设法提出同全社会有关的议题、定义各种对于问题的态度、提出解决问题的建议、提供新的信息、重新诠释价值、调动好的理由、驳斥坏的理由，以便造成广泛的舆论转向、改变有组织的公共意志形成过程的参数，对议会、法院和政府施加影响以有利于特定政策。"② 进攻性的方面是针对政治系统的合法性而言的，即向政治系统源源不断输送交往权力。另一方面它又是"防守性"的："维持现行的社团结构和公共影响结构，形成亚文化的逆向公众和逆向建制，巩固新的集体认同，并且以更广的权利，经过改革的建制的形式赢得新的地盘。"③ 这是针对生活世界和公共领域自身的再生产而言的。公共领域具有一种自我反思和自我生产的功能。它的存在需要自身的不断建构才能实现。这种防守性的功能，一方面保持自我的稳定和生产，另一方面防御权力系统的干扰和控制。

但是，建制化的公共领域却具有普通公共领域没有的功能，它一方面对非建制化的公共意见进行反思、检验和过滤，并对其实施逆导控预防性措施，抵制一种分化瓦解法治国家实践之规范内容的社会复杂性；另一方面，建制化的公共领域将普通公共领域中形成的交往之流，即公众舆论建制化，转化为交往权力。不过，非建制化公共领域向建制化公共领域，乃至权力系统输送交往权力并非是一劳永逸的。在哈贝马斯看来，政治权力与其说是一成不变的制度系统，不如说是不断从生活世界的公共领域吸取养料、不断生成的循环系统。公共领域向政治权力系统输送交往权力是随着生活世界的存在而进行的，只要生活世界不受系统干扰或控制，那么生活世界就会源源不断地向权力系统输送交往之流。

二　公共领域与公民不服从

公共领域向权力系统输送交往权力，并通过建制化程序形成了具有强制力的法律，这并没有完结民主法治国家公共权力的循环系统。哪里有法

---

① ［德］于尔根·哈贝马斯：《在事实与规范之间》，童世骏译，生活·读书·新知三联书店 2003 年版，第 382 页。

② 同上书，第 457 页。

③ 同上书，第 458 页。

律哪里就有公民对法律的服从与不服从。众所周知，服从法律是公民的义务，也是社会得以有序发展的根本保障。但是，服从法律有一个基本的前提，那就是法律是正义的。如果法律已经不再正义，那么公民该如何对待那些不正义的法律呢？在解决这样的问题的过程中，西方逐渐形成了一个公民不服从的传统，这一传统在一定程度上推动了西方法治化的进程。1972 年罗尔斯在《正义论》中的专题论述，再次将人们的目光引向了公民不服从的问题。尽管如此，关于公民不服从最有说服力的论述是在哈贝马斯那里。

在哈贝马斯看来，公共权力系统，特别是其执行系统——法律系统与公共领域之间始终保持了某种张力，这种张力的张弛取决于法律是否正义，即是否充分体现了民主的意志。如果法律是正义的，那么公共领域的公众们就遵守法律，它们之间的关系就处于舒缓状态；如果法律偏离正义的轨道，背离民主的意志，那么公共领域就动员公民的交往自由，充分发挥政治自主，对不正义的法律进行批判。批判性是公共领域的重要属性，它犹如猫头鹰的眼睛注视着公共权力的一举一动，其典型形态就是公民不服从。

（一）罗尔斯之前的"公民不服从"思想与实践

虽然索福克勒斯的《安提戈涅》通过赞颂安提戈涅"遵守神圣的天条而犯罪"[1] 的精神，就已经暗示了公民不服从的思想，但是，明确提出"公民不服从"问题的却是柏拉图的《克力同》。因而，人们一般都把《克力同》列为关于公民不服从问题的第一篇文献。

据《克力同》记载，在雅典由 501 人组成的大陪审团以多数票判决苏格拉底死刑之后，苏格拉底的朋友克力同等做好了安排，让他越狱逃往他乡，但是苏格拉底为了忠于法律而不为所动。他认为，越狱逃跑没有正当理由，不愿意越狱却是有正当理由的。其一，尽管对他的判决实质上不正义，但是在程序上完全是合乎法律的，因此他必须服从；其二，作为雅典的公民，既然享受了雅典法律带来的安宁和自由，就应当遵循和服从这

① ［古希腊］索福克勒斯：《悲剧二种》，人民文学出版社 1961 年版，第 9 页。索福克勒斯（约公元前 496 年—公元前 406 年），古希腊三大悲剧诗人之一，其作品反映了雅典民主政治全盛时期的思想。他提倡民主精神，反对僭主专制，歌颂英雄人物，重视人的才能。《安提戈涅》是其代表作之一，另外他还著有《俄狄浦斯王》等作品。

样的法律。因为，雅典法律公开宣布了这样一个原则：任何雅典人到了成年，认清了雅典国家政治组织和法律的性质，如果不满意的话，都可以带着他的财产迁居到他愿去的任何地方。所以，在苏格拉底看来，法律既然给了他这种选择的权利，而他并没有选择离开，而且享受了雅典法律带给他的秩序和利益，这就说明他实际上已经自愿与雅典的法律订立了一项契约，作出了一种承诺。这样，当这同一个法律的判决不利于自己时，怎么可以背信弃约逃跑呢？这样做就不是一个高尚的公民，而是一个最低贱的人了。因此，苏格拉底坦然地接受了死亡的判决和执行。

在苏格拉底这里，他所给出的理由不是"公民不服从"的理由，而是公民即便遭到了法律的不公正判决仍然严格服从法律的理由，这些理由体现了忠诚于法律、以法律为至尊的精神。但是，他的死却提出了一个与公民不服从一样的问题，即公民服从法律的义务的限度。此后很长一段时期，很少有思想家继续探讨这个问题。直到19世纪，亨利·大卫·梭罗（Henry David Thoreau）才提出了个人不服从法律的正当性的观念。梭罗问道：难道公民必须不断地把他的良心托付给立法者吗？他的回答是否定的。就像后来的诺齐克一样，梭罗认为，政府管得越少越好，但他并不是无政府主义者。他认为，我们首先是人，然后才是接受裁决者。梭罗以他个人的实际行动——拒绝纳税来反抗法律的不公正。他和苏格拉底一样，都不信赖公众的舆论和多数的判断，公民服从或不服从的行为都必须从道德正当出发，以成为一个行为正直和道德高尚的公民为目标。他也意识到这样的公民不服从是违法行为，并接受了"惩罚"。可见，梭罗的公民不服从仅仅是个人作为公民出于良知的偶然行为，而非群体的有计划有组织的行为，其目的也不在于改变法律或依法律而执行的公共政策。

1963年，马丁·路德·金（Martin Luther King）领导了一场反对种族歧视的非暴力反抗的公民不服从运动，第一次提出了如下观点和要求：为了少数人的利益可以也应该不服从多数人制定的不公正的法律。他这里所谓的不公正的法律就是贬低人格、多数人并不受其约束、少数人没有充分参与其制定的法律。此外，他又指出，当一条法律被用来保护不正当目的时，也是不公正的。

马丁·路德·金还总结了对待不公正法律的三种方式：第一种方式是逆来顺受。对于这种态度，他指出：消极地接受一种不公正的制度，便是与这制度合作，这样，被压迫者也就变得与压迫者同样罪恶。第二种方式是暴力反抗。他认为，这种方式作为获得种族正义的手段既不实际也不道德。第三种方式就是非暴力公民不服从运动。这种非暴力表现为和平劝说，以真理和良知来改变不公正的法律。他曾声言："我们会开展对于不公正的直接行动，而不等待其他机构的行动。我们不会遵守不公正的法律，也不会服从不公正的实践。我们这样做，会和平、公开和喜乐，因我们的目标便是劝说。我们会用言语来劝说，然而如若言语无效，我们也会用我们的行动来劝说。我们会永远乐于商讨并谋求公正的妥协，但如果必须，我们也准备着受苦，甚至甘冒生命的危险，为我们见到的真理作见证。"① 也就是说，虽然他们甘愿为自己的不服从而走向牢狱，但并不认为判决的法律是神圣的，而他们之所以采取非暴力的方式，并非出于对法律的忠诚，而仅仅因为它是相对较好的方式而已。

对于公民不服从的传统来说，苏格拉底、梭罗与马丁·路德·金是思想者，更是实践者。他们关于公民不服从的理论直接来源于他们的实践，反过来，他们的理论又指引着公民不服从运动的进一步发展。也正是他们所践行的这些公民不服从运动促使了罗尔斯、哈贝马斯等人从理论上对公民不服从的反思和重构。

（二）罗尔斯的"公民不服从"理论

罗尔斯对公民不服从的定义、条件、证明和作用进行了系统论证。他认为，公民不服从是"一种公开的、非暴力的、本着良心的却又是政治的反抗法律的行为，这种行为的目的通常是为了使政府的法律或政策发生一种改变。通过以这种方式行动，人们表达共同体的多数人的正义感，并宣称：按照他们经过考虑的观点，自由和平等的人们之间的社会合作原则没有受到尊重"② 。罗尔斯是在前人已有研究成果的基础之上提出这样一种定义的，不过他对之作出了更为详尽的解释。

罗尔斯认为，每个公民都有服从法律的政治义务，但是，当法律严重不正义时，公民就具有了不服从此种不正义法律的权利和义务。然而，如何判定一部法律是否是正义的呢？罗尔斯指出，存在着一个判定标准，即原初状态中形成的政治共识——两个正义原则。在一个具有民主的政治文

---

① 何怀宏：《西方公民不服从的传统》，吉林人民出版社 2001 年版，第 98—99 页。

② John Rawls. *A Theory of Justice*, Cambridge：The Belknap Press of Harvard University Press, 1999, p. 120.

化的社会里，这两个原则是制定正义的宪法的根据，因而是确定的，不仅不可违抗，而且违抗其他法律也必须依据它们而行。也就是说，违反了两个正义原则的法律就是不正义的，而对于公民来说，正当的不服从也需要满足不违反两个正义原则这一前提。而且，罗尔斯还进一步提出了正当的公民不服从的三个具体条件：一是不被服从的法律具有实质性的、明显的不正义；二是对政治多数的正常呼吁已经被真诚地做过了，但是没有效果；三是公民的不服从不能导致严重的无秩序状态，不能破坏对法律精神的尊重，从而产生对所有人来说都是不幸的后果。所以，具备这些条件的公民不服从具有如下的几个特征：违法性、政治性、公开性和非暴力。

显然，具有这些限定条件的公民不服从理论的适应范围是非常有限的，按照罗尔斯自己的说法，它只适用于接近于民主正义的社会：在这种社会里，作为指导人们社会生活的根本大法——宪法——和据此建立起来的政治权力已经被人们所接受。因此，公民不服从的法律不是反对当前的根本制度，相反，是为了维护和促进它。这种公民不服从作为一种稳定宪法制度的手段，通过在忠于法律尊严的范围内反对不正义法律，禁止对正义的偏离，并在偏离出现时纠正不正义，从而有助于维持和加强正义制度。

此外，与前人不同，罗尔斯还详细区分了公民不服从与良心拒绝。在他看来，公民不服从是表达多数人的正义感的请愿形式，而良心拒绝却不是如此，它主要表达个人内在的良心诉求；公民不服从建立在具有普遍性的正义的政治原则之上，而良心拒绝则可能建立在特殊的宗教价值观念或其他原则之上。因而，公民不服从诉诸的不是公民的道德良心，而是追求正义的公共理性。

可见，与其前辈们的理论相比，罗尔斯从正义的角度对公民不服从的阐释无疑进一步明晰了公民不服从这一概念的含义。但是，这一阐释只是在他的正义理论的框架内进行的，遗留了两个方面的问题。

首先，罗尔斯的公民不服从缺乏由之出发并归诸于此的可靠原点。罗尔斯认为公民不服从的根本出发点和最终价值都是正义，判定公民不服从正当性的依据是在原初状态中被设定的两个正义原则。因而，在他看来，在现行的法律条文之上一定存在着决定公民是否应该服从的最后命令。这个最后命令不是出于人们现实的、独特的、本己的实际生活，而是出于被假设的原初状态，它凌驾于特殊的生活世界之上。因而，公民不服从的主体只能诉诸普遍的、与个体无特殊关联的共同价值，不允许公民将自身独特的价值观念带入其中。这样，罗尔斯就掐断了公民的特殊价值与共同价值的联系。其实，任何共同价值，如正义，在特定的生活世界中都是公民本己的特殊价值，而且，也只有从这一特殊的价值立场出发，共同价值才有了力量的源泉。虽然罗尔斯强调公民对自己的公民不服从行动作出解释，但是评价其解释是否合理的标准是无知之幕掩盖下的正义原则。所以，作为一名典型的自由主义者，罗尔斯虽然一再强调公民个体在公民不服从中的自律，但他只是强调公共自律，而忽视了公民对自身生活世界的私人自律。这样，公民不服从仍然离开了使公民成为这个公民的生活原点。

其次，罗尔斯没有论证这种离开了可靠原点的公民不服从的可能途径。离开了生活世界的公民不服从是如何形成的呢？它是如梭罗那样的个人行为还是如路德所组织的那样的群体行为？从公民对违反正义的法律的自觉到参与不服从行为之间是一蹴而就的，还是经过了中间的必要过程？它所凭借的根本手段是什么？对于这些问题罗尔斯没有给出明确答案。虽然他强调公民不服从需要诉诸多数人的正义感，并在对政治多数的诉求已经真诚地做过了之后才能进行，但是他还是强调公民不服从是一种表达主张的请愿形式。然而，请愿与诉求有何差别呢？他并没有对此加以说明。其实公民不服从虽然是一种违法的政治行为，但是其根本宗旨在于对法律精神的维护和倡导，因而，其可能的途径只能是法律。也就是说，公民不服从的请愿虽然暂时采取了某种违法的方式，但是最终只能以正当的合法程序改变法律、政策或者重新立法，从而实现其倡导的价值。

罗尔斯这里存在的这两方面的问题，在哈贝马斯的话语民主理论中我们可以找到对应的答案。

（三）哈贝马斯的"公民不服从"理论

虽然哈贝马斯直接论述公民不服从问题的文字并不多，但是他的话语民主理论却包含了丰富的公民不服从思想。

哈贝马斯认为，社会的整合主要通过法律来完成，法律是否正义取决于它的合法性。而法律的合法性不在于公共权力，也不在于法律自身，而在于形成民主政治意志的公共领域。在公共领域中，自由平等的公众就共同关心的问题进行提议、批判、辩论、达成共识，并将这些共识形成公众舆论，从而凝结成一种交往权力。这种交往权力可以送达建制化的权力机关并通过立法的形式形成公共权力。这样，在哈贝马斯这里，公共权力系统，特别是作为其执行系统的法律系统，与公共领域之间就始终保持着某种张力，这种张力的张弛取决于法律是否正义，即是否充分体现了民主的意志。如果法律是正义的，那么公共领域的公众们就遵守法律，它们之间的关系就处于舒缓状态；如果法律偏离正义的轨道，背离民主的意志，那么公共领域就动员公民的交往自由，充分发挥政治自主，对不正义的法律进行批判。而批判的典型形态就是公民不服从。

哈贝马斯认为，"成熟"的民主应该包括公民不服从的可能性及必要性。根据其话语民主理论，政治权力即使已经通过法律运用到了整个社会，但这个"运用"主要是通过服务于多数人的"不完美"的纯粹程序来实现的。"它是不完美的，因为民主程序的设立是为了证明对合理结果的假设是正当的，并不能保证其结果就是正确的。"① 所以，依赖于纯粹程序的政治权力，就有了偏离真正民主价值的可能。这种偏离主要表现在两个方面：一方面政治权力受到非合法化的社会权力的干扰和控制，政治权力不再体现民主政治的意志，这样就会出现合法化危机；另一方面，生活世界是变动的，而政治权力系统特别是法律系统是固定的，这样，法律系统就可能实现不了其稳定社会期待的功能，市民生活就可能逸出法律的控制范围，从而在法律与生活世界之间出现紧张，这时，公共权力系统就失去了社会整合功能，于是就出现了政治的合理化危机。不管是合法化危机还是合理化危机，都可能引发人们基于生活世界而针对法律进行的公民不服从运动。

如果上述偏离真的出现了，由于政治权力自身没有反思能力，不能自行纠正，所以公民不服从作为对法律的反思批判行为，其动力只能来源于生活世界。生活世界并非一潭死水，而是像那不断涌动着的泉水生生不息。正是这种绵延不息的生活世界不仅使得法律而且使得宪法也具有了双重意义："作为历史文献，它保持对于它所诠释的那个基础行动的记忆——它标志着一种时间上的开端；同时，它的规范性质意味着，诠释和设计权利体系的任务是对每一代人都重新提出的——作为一个正义社会的

---

① Jürgen Habermas, "Reply to Symposium Participants, Benjamin N. Cardozo School of Law", in *Habermas on Law and Democracy*. ed, by Michel Rosenfeld and Andrew Arato, Berkeley: University of California Press, 1998, p. 397.

设计方案，宪法明确表达了一个面向时时呈现之未来的期望视阈。"① 所以，从长远来看，由于生活世界的变化，民主法治国家就不可能是一个完成的结构，而是一项敏感的、易受刺激的，尤其是可错的、需要修正的事业，其目的是要在变化了的情况下重新实现权利体系。也就是说，要对它进行更好地诠释、更恰当地建制化、更彻底地揭示它的内容。可见，与罗尔斯将先验的一成不变的正义原则作为法律和行动的准绳不同，哈贝马斯从鲜活的生活世界出发并充分挖掘它的潜能，这一点是它与罗尔斯在公民不服从问题上的显著区别。

对于哈贝马斯来说，这种基于生活世界的公民不服从并不是混乱无序的，这一切主要是通过公共领域的批判功能来完成的。公民不服从运动通过公共领域将生活世界的议题主题化、鲜明化，并诉诸两种对象。一方面，诉诸政治权力部门，要求他们针对偏离民主意志的问题，根据公众舆论重新协商和决策；另一方面，诉诸市民社会公众的正义感，也就是动员社会公众，引导他们对不正义的法律及其引起的后果进行集体的关注和批判。这样，公民不服从就把建制化的政治意志形成过程与公共领域的交往过程连接起来。如果说，公共领域是政治系统的"一个预警系统，带有一些不具有特殊功能但在全社会范围都敏感的传感器"②，那么公民不服从则是预警系统的警铃，一旦拉响，政治系统的各个相关功能系统和公共领域的公众都会把注意力集中到其主题上来。当然，充分引起政治权力系统和公众的注意并不是公民不服从的目标，其意旨在于改变偏离民主程序的、不正义的法律和政策。

但是，哈贝马斯指出，公民不服从要克制在交往理性的范围之内，超出这个范围就会演变成为暴乱或者革命。在他看来，作为公共领域的一种特殊形式，公民不服从必须以交往行动为基本形式，以理解为目标，将公众舆论传达给政治系统。因此，虽然公民不服从是违反或针对既有法律的行动，但其宗旨不在于实现自我的私利，也不在于颠覆政治系统，而在于纠正不正义的法律或政策。因此，公民不服从不可能建立在独断的私人的

---

① Jürgen Habermas, *Faktizität und Geltung*: *Beiträge zur Diskurstheorie des Rechts unddes demokratischen Rechtsstaats.* Frankfurt am Main: Suhrkamp, 1994, pp. 464 – 465. 参见《在事实与规范之间》，第 474 页。

② 同上书，第 435 页。

世界观之上，它不能受到社会权力及其传媒的操纵，而只能建立在那些根植于宪法自身之中的原则上，其本身的出发点是出于对宪政民主的尊重。

可见，哈贝马斯的公民不服从有别于暴乱和革命，也有别于反叛，它是非暴力的。从他自身的经历来看，从对纳粹的坚定批判、反对越战、反对军备竞赛到反对伊拉克战争，他一直反对暴力。虽然面对晚期资本主义的危机，他也曾经对革命抱有一线希望，曾热情支持学生抗议运动，但是，随后他发现，革命与他对资本主义民主的理解背道而驰。他认识到，"当时，我深信并声称要单纯运用革命概念，轻视了民主构成的传统，这使我不胜汗颜。总之，学生抗议运动有着青年运动的典型弱点——虽然其信仰的原动力和力量同出一源"①。这弱点就是没有认真对待资本主义民主传统的资源，并抛弃了理性的指南，有走向革命实践的危险。因此，他最后退出了。而在学术观点上，他也认为，暴力的实施是工具合理性的运用，是强权的体现。他的话语民主要求以相互理解的话语为交往手段，所以，公民不服从作为成熟民主不可缺少的一部分，是不能超越非暴力的界限的。

哈贝马斯认为，"公民不服从"对公共权力系统的这种非暴力的批判，一方面体现了权力系统的危机，另一方面体现了公共领域的自我意识：公共领域的民主政治意志始终先于建制化的政治权力系统，并且，在危机情况下，被充分动员起来的公众凭借交往权力可以对公共权力系统产生足够的压力，以促使它面对危机，并依据公众舆论作出相应的调适。因此，公民不服从是一种群体公共政治行动，而不是个人的伦理或道德行为。它需要多元的公共领域对相关议题进行足够的关注和讨论，最终形成一个公众舆论。这种公众舆论表明了相关公众的某种政治认同，但是这种认同要与基于共同善的社群的伦理—政治认同区分开来。公民不服从的目标不是实现社群的共同善，而是基于公民权利的、普遍的道德—政治认同。虽然和罗尔斯一样，哈贝马斯也认为，正义优先追求的是公民的基本权利，而不是社群的共同善，但是与罗尔斯的不同是，哈贝马斯这种正义是建立在以理解为取向的交往行动基础之上的，而不是建立在先天的自然法或者假设的原初状态上。他认为，公众需要对自我的生活世界有足够的

---

① ［德］于尔根·哈贝马斯：《现代性的地平线》，李安东、段怀清译，上海人民出版社1997年版，第117—118页。

体验，并在与他人交往中形成共识，这种共识随着生活的节奏而变化，具有历史性。而罗尔斯则认为，公民不服从所依据的原则是在假设的原初状态中形成的重叠共识。即使他采用了反思平衡的调节方法，但是这个重叠共识总是具有相对的固定性。

综上所述，哈贝马斯的公民不服从与前人的公民不服从理论有共通之处，即都是一种非暴力的、公开的、违法的政治运动。但是，之前的理论把公民不服从的依据建立在既定的意志（苏格拉底）、良知（梭罗）、真理（马丁·路德·金）和正义原则（罗尔斯）之上，并以之来辨别法律是否偏离正义的轨道，这明显具有形而上学的特征。在哈贝马斯看来，公民不服从运动应该建立在后形而上学的公共领域话语之中。公民不服从意在表达一种对权力执行的抗议，抗议那些通过合法途径而产生、但是根据有效的宪法原则又不具有合法性的决策。与以往的理论一样，他的公民不服从也需要忠于法律、忠于理性、忠于公民的自由意志。但是，法律或宪法不再是一成不变的，而是处于一个动态的不断生成和完善的过程之中。这个"生成"和"完善"是建立在民主的政治意见和意志形成的程序上，政治系统不断地接受公共领域的批判。用以纠正的理性也不再是先天的理性或意志，而是公众在交往行动之中以相互理解为取向的交往理性。公民的自由意志也不再是自我的良心，而是公众在公共领域中达成的普遍共识。

三　公共权力系统为公共领域提供保障

哈贝马斯尽管赋予了公共领域以基础性的地位，但是公共领域的功能也只限于为公共权力系统提供合法性，并对其进行公共批判。它本身并不具有实施权力和参加社会管理的功能。而且，公共领域始终属于社会领域，比起建制化的法治国家权力系统而言，更容易受到不平等分布的社会权力、结构性的暴力和系统扭曲之压抑性影响和排外性影响。所以，哈贝马斯认为："一种为政治意志形成过程作准备并对它发生影响的非正式意见形成过程，摆脱了那种以达成决策为目标的到场者之间商议所具有的种种建制化制约。这些公共领域应该为意见的自由提出、各种有效性主张和各种态度确保活动空间，考虑到这一点，它们必须受到宪法的保护。"①

① ［德］于尔根·哈贝马斯：《在事实与规范之间》，童世骏译，生活·读书·新知三联书店 2003 年版，第 209 页。

也就是说，公共领域的存在和功能的发挥都有赖于公共权力系统提供保障。而这种保障主要是通过法治国家诸原则来体现的。

哈贝马斯认为，民主法治国家有四条基本原则：人民主权原则；法律对个人权利的全面保护和依法审判的原则；依法施政和司法复议原则；国家与社会分离的原则。一方面，这四个原则构成宪法国家政治循环系统的总体：宪法国家是自由平等公民的联合体的政治自我组织形式。另一方面，这四个原则也阻止非合法化的社会权力僭越交往权力而转变成行政权力，并抵抗对公共领域的操纵，从而保障公共领域的存在和交往权力的生产。

1. 人民主权原则

人民主权原则意味着一切权力来源于人民。不过，"来源于人民"并非体现人民的意志，精英主义民主论就强调权力体现人民的意志，但人民却只是权力的接受者或旁观者。而哈贝马斯的人民主权原则强调，权力来源于人民积极参与政治意志形成过程而产生的交往权力。这样，这条原则就赋予了公共领域以先在地位，也就是说确立了公共领域向政治系统输送交往权力的合法地位，从而剥夺了议会组织作为合法性源泉的地位。在传统的自由主义宪政民主制度中，议会通过代议制选举制度确立了立法机构的最高地位。在晚期资本主义社会中，仅仅通过计算选票得出的立法结果逐渐受到政治党派和社会权力的操纵，这样的议会成了利益争斗的场所，而不是民主意志的神圣发源地。但是，在哈贝马斯看来，议会与政党在民主法治国家中仍然有举足轻重的地位，因此，他将公共领域的政治自主原则与议会原则和政党原则一起看成人民主权原则的内容，并将公共领域置于比议会更优先的地位上。

人民主权原则表现在法律所建制化的交往权和参与权当中，保障的是公民的公共自主。"法治国的各种建制应当确保具有社会自主性的公民有实效地运用其政治自主，更具体些说是以下面两种方式。一方面，它们必须使一种合理形式的意志所具有的交往权力能够存在，并在法律纲领中获得有约束力的表达。另一方面，它们必须允许这种交往权力通过对法律纲领的合理运用和行政实施而在整个社会流通，从而通过对相互期望之稳定和集体目标之实现而发挥社会整合力量。"① 也就是说，一方面，人民主

---

① ［德］于尔根·哈贝马斯：《在事实与规范之间》，童世骏译，生活·读书·新知三联书店 2003 年版，第 215 页。

权原则保障社会公众作为公共权力真正的主人，不仅享受权力所带来的益处，而且成为权力的构建者。只有社会公众对主人地位的自觉和实质性参与，而非只是其代表者或社会精英或利益集团的代劳，才成为形成公共权力的基本途径。另一方面，人民主权原则还保障社会公众的民主意志通过法律成为社会整合的真正力量。

2. 对个人权利的全面保护原则和依法审判原则

在哈贝马斯那里，公共领域作为一个典型的市民社会领域与不可侵犯的私人领域之间有着紧密的联系。甚至在《公共领域的结构转型》中，他就已经把公共领域看成是私人领域的一部分。这样，公共领域中的公众既是公共自主的也是私人自主的。人民主权保障了公众的公共自主，即保障他们积极参与政治意见或意志形成的合法权利。但是，仅有公共自主不但不能实现公共领域的民主功能，而且公共自主自身也是不可能的。

在哈贝马斯这里，公众的私人自主与公共自主具有内在联系，互为前提。而这种内在联系就在于人民主权与人权的相互作用之中。"一方面，人民主权在商谈性意见形成和意志形成过程中获得法律形式；另一方面，人权的实质就在于这种过程得以法律建制化的形式条件之中。"① 公共领域的公众要想恰当地使用他们的公共自主，就必须在私人自主的基础上保持充分的独立。哈贝马斯认为，市民社会是通过基本权利而构成的，因此，保障公众的私人自主是通过保障公众作为市民的基本权利来实现的。他指出，现代法律秩序主要由主观权利构成。主观权利也被称为古典自由权或者消极自由权，这是自由主义者如霍布斯、康德以及罗尔斯等视为政治首要的原则。哈贝马斯称之为人权。人权为法人提供了合法的活动空间，使他们能够按照自己的偏好去行动。人权通过宪法等法律得以建制化，保护公众的私人权益，维护私人生活的完整性。具体而言，公共领域得以顺利进行需要保障公众的四种基本人权：首先，集会自由、结社自由和言论自由确定了自愿性社团的活动空间；其次，有关出版、广播和电视的自由确保了公共交往的传媒基础；再次，公民参与政治的自由保障了市民社会与政治系统的密切联系；最后，对"私密性"的宪法保护维护了

① ［德］于尔根·哈贝马斯：《在事实与规范之间》，童世骏译，生活·读书·新知三联书店2003年版，第128页。

个人的人格完整和生活领域的完整，从而确保公众的私人自主性。① 人权为公众的个人权利提供全面保护，以保障他们在公共领域中按照生活世界的意义取向自由地支配自己的意志和行动。法治国家建制化权力系统通过保障公众的人民主权和人权的实现来保障公共领域民主功能的实现，从而保障自身的合法性基础。

3. 国家与社会相分离的原则和依法施政原则

通过人民主权原则和对个人实施全面保护的原则，民主法治国家仅仅保障了公共领域的公共自主和私人自主，但并不能完全保障公共领域的正常运行。在晚期资本主义国家里，公共领域时常遭到国家公共权力与社会权力的操纵，从而失去独立的批判性和公共性。因此，在国家权力的现实运作中，民主法治国家还要求国家与社会相分离以及行政部门的依法施政。

主张国家与社会之间存在着不可逾越的界限，是自由主义的核心主张。它认为，社会是一个由市场自发调节的系统，无须国家的干预就具有稳定的功能。哈贝马斯尽管批判自由主义的民主模式，但是在政治立场上毫不避讳其自由主义的立场。从《公共领域的结构转型》中所推崇的"自由主义模式的资产阶级公共领域"，到 1995 年公开承认与罗尔斯的"家族内部"关系，哈贝马斯的自由主义倾向是很明确的。而国家与社会相分离的原则也是这种倾向的一个重要体现。然而，哈贝马斯同意国家与社会的分离，主要不是为了保护市场的自由竞争。在他看来，以货币为媒介的经济领域和以权力为媒介的政治领域已经结为一体——系统，而与此相对的是以团结为媒介的社会文化领域——生活世界。要保障生活世界的合理化，首要条件就是公共领域的健全发展。因此，国家与社会相分离的原则是为了国家政治权力和社会权力各行其道，促使二者不得干预生活世界，从而维持一个自主而健全的公共领域。

在这里，哈贝马斯引入了交往权力和行政权力之外的第三种权力——社会权力。它主要指一些具有相当影响的私人利益集团在种种社会关系中维护自己的利益的能力。从历史来看，社会权力一直是国家宪政民主实践的一股强劲的力量。它既能促进也能限制公共领域中交往权力的形成，这

① 参见郑永流《商谈的再思——哈贝马斯〈在事实与规范之间〉导读》，法律出版社 2010 年版，第 274 页。

主要取决于它与公共领域的距离是否合理。

交往权力、国家权力和社会权力之间的博弈构成现代政治结构的基本特征。"商议性政治的结果可以被理解为交往地产生的权力，一方面同拥有可靠威胁的行动者的社会权力相竞争，另一方面同官员的行政权力相竞争。"①民主在规范意义上意味着国家权力对交往权力的依赖，然而，一旦这一关系发生扭曲，民主就受到威胁。或者是国家权力自上而下对交往权力进行控制，表现为集权国家取消独立的市民社会和公共领域，把整个社会置于自己的控制之下。或者是社会权力自下而上地控制行政权力，会出现权钱交易、贿选、特殊利益集团对议会的控制等现象。

哈贝马斯认为，国家与社会相分离的原则要求一种自由自主的市民社会，或者说充分摆脱了权力结构的自愿联合关系和政治文化。而在民主政治意志的形成过程中则要求公共领域保持充足的自主性。这种自主性除了自身的作用外，更需要民主法治国家的宪法保障。国家与社会分离的原则可以有效地阻止社会权力的肆意妄为，同时也限制国家权力本身对公共领域的干预。一方面防止国家被利益集团控制，另一方面保护社会自律，形成自主的公共领域。在这里，人民通过自主交往培养自由的政治人格以及民主的政治文化，并唤醒社会的团结意识。

限制国家权力对公共领域的干预，主要是通过行政权力的依法施政来实现的。依法施政是宪法民主国家的核心原则。从话语理论出发，行政主要涉及实用话语。从哲学传统来说，实用话语主要同经验主义相联系。哈贝马斯强调，行政权力机构与立法和司法机构的区别在于，它不具有来源于同政治公共领域的交往权力相联系所产生的合法性资源，行政权力只能依靠宪法机构的授权。如果行政权力凌驾于立法权之上，它就完全割断了与交往权力的联系，甚至操纵公共领域，使交往权力成为自身的附属品。行政权力必须服从公共领域的意志，也就是说，行政权力只能依据公共领域所形成的民主意志来执行自己的功能。

哈贝马斯认为，民主法治国家通过这四个基本原则构成了一个保

---

① ［德］于尔根·哈贝马斯：《在事实与规范之间》，童世骏译，生活·读书·新知三联书店 2003 年版，第 424 页。

障系统，保障公共领域中的公众有实效地运用其政治自主，在自由平等的话语中提出见解，形成代表民主意志的交往之流。然而，法治国家权力系统要保障公共领域的健全发展，还必须将公共领域中所形成的公众舆论建制化。而且，政治作为一个整体并不局限于为了在政治上自主地行动而彼此交谈的实践，还包括交往权力转化为行政权力的建制化过程。而这个转化主要是通过法律来实现的。

　　在哈贝马斯看来，就社会形态来说，公共领域既不是具有固定制度或程序的社会组织，不是具有确定目标的信仰体系，也不是以工具目的为取向的谈判妥协。它主要体现为分散的、多元的、散漫的公共集会和自由讨论的社会空间以及具有批判功能的自主舆论媒介。因此，尽管公共领域中的实践话语具有实用的、伦理的和道德的诸多影响和规范作用，但是，它为各种非建制化政治运动形式和政治表达形式所提供的是有限的行动空间，公众舆论作为集束的民主政治意见和意志只能行使公共权力传感器的功能，也就是说，对于大小事件只具有影响力，而没有统治和管理功能。这种影响力若要产生实质性的和决定性的效力，就必须经由建制化的公共领域形成交往权力，并通过立法程序成为真正的公共权力。"正是各具体程序和交往条件的这种法律建制化，使得对平等的交往自由的有实效利用成为可能，并同时要求对实践理性作实用的、伦理的和道德的运用，还有对利益的公平权衡。"①

　　在哈贝马斯那里，公共领域是一个民主政治意志形成的理想模型。同时，他也承认，在现实的政治意见和政治意志形成过程中，特别是在交往权力变成政治权力的立法过程中，政治话语并不全是通过以理解为取向的交往行动实现的。相反，"立法过程是在一个由各种理解过程和谈判实践所构成的复杂网络中实现的"②。在资本主义的代议制民主实践中，议会作为立法机构包括了对利益的公平平衡，对伦理的自我理解，以及对规则的道德论证。"除了面对具体任务我们能够做什么这个实用的问题之外，政治的意见形成和意志形成过程首先必须澄清三个问题：彼此竞争的各种偏好如何才可能协调起来，这是一个对达成妥协具有根本意义的问题；我

----

① ［德］于尔根·哈贝马斯：《在事实与规范之间》，童世骏译，生活·读书·新知三联书店 2003 年版，第 208 页。
② 同上书，第 219 页。

们是谁、我们真切地希望成为谁，这是一个伦理—政治问题；我们应当如何正义地行动，这是一个道德—实践的问题。在利益平衡的谈判中，能够形成的是聚合的总体意志；在有关意义的自我理解商谈中，能够形成的是本真的总体意志；在道德的论证商谈和运用商谈中，形成的是一个自主的总体意志。"①议会是一个利益角逐的场所，它要求议员通过谈判实践来争取委派代表的利益。因此，在利益平衡的谈判中，议会应该确保所有有关的利益和价值取向都能够得到同等的重视，并在自由开放的代议性商谈中把利益聚合起来，形成一个暂时的总体意志。而伦理—政治话语必须满足集体的意义自我理解所需要的自由交往条件，这些条件一方面保护参与者不受压制，另一方面又不使他们脱离其本真的体验语境和利益语境。因此，伦理—政治话语要求人们与文化传统和生活世界之间保持不受压制的、反思的和不断学习的良好关系。这种话语与直接的利益谈判不同，因此不能采取代理人模式。哈贝马斯认为，自我确认是没法由他人代理的，因此所有成员都必须加入到伦理—政治话语中。这就要求议会对于由自由话语构成的、影响微薄的、接近基层的、多元的公共领域，虚心听取、反应敏锐、从善如流。而道德话语与伦理—政治话语不同，它要求每个参与者不能局限于自己集体的成员，而要能够采取所有其他人的视角，在自由的、公共的和开放的理解实践中达成普遍共识。道德话语的普遍化角度要求建制化的立法实践无条件地接受未经组织的公众舆论的信息之流、问题压力和刺激潜力的影响。

　　总之，在议会的立法过程中，不管是平衡利益的实用问题，还是自我确认的伦理政治问题，抑或是普遍的道德问题，都必须遵守非强制性的话语原则，各方相关者和参与者是以更好的理由而不是暴力来合理推动的。"只有在未受破坏的主体间性结构当中，才会产生出共同信念的交往权力。"同样，也只有在未受破坏的主体间性结构当中，交往权力才会不被扭曲地转化为政治权力。它们对公共领域保持相当的敏感，并将相关舆论作为法律的内容加以建制化，这样才能保持权力代码不被行政权力自身和社会权力所扭曲。"法治国的理念可以一般地解释为这样的要求：把由权力代码来导控的行政系统同具有立法作用的交往权力相

---

① 　［德］于尔根·哈贝马斯：《在事实与规范之间》，童世骏译，生活·读书·新知三联书店2003年版，第219页。

联系，并使之摆脱社会权力的影响，也就是说摆脱特权利益的事实性实施能力。行政权力不应该自我繁殖；它的再生产，应该仅仅是交往权力之转化的结果。"① 因此，来源于公共领域的交往权力与在议会中的立法过程是交织在一起的。

---

① 〔德〕于尔根·哈贝马斯：《在事实与规范之间》，童世骏译，生活·读书·新知三联书店 2003 年版，第 184 页。

第四章

哈贝马斯话语民主理论的影响及应用

> 真正的共识决不会否定差异，取消多元性，而是要在多元的价值领域内，对话语论证的形式规则达成主体间认识的合理的一致，并将这一前提引入语言交往。因此，它所依据的乃是建筑在逻辑合理性之上的话语规则的统一，目的是使论证的有效性要求在形式和程序上的实现获得保证。换句话说，符合有效性要求的，在平等的主体间达成的共识，强调的是一种程序和规则的合理性，它所反对的恰恰是社会压制，所追求的恰恰是这种压制的否定和摒弃，它所努力寻找的恰恰是一条将人从社会压制下解放出来的道路。
>
> ——哈贝马斯

哈贝马斯对当代思想界已经产生了并继续产生着不容忽视的影响。作为一位百科全书式的思想家，其思想影响到哲学、社会学、政治学、伦理学、法学等众多领域。值得注意的是，他的影响在很大程度上是通过他与其他思想家的论战来实现的。

从迈进哲学的门槛起，哈贝马斯就与其他哲学家展开了激烈的思想交锋。1953 年，初出茅庐的他以《与海德格尔一起声讨海德格尔》（*Mit Heidegger gegen Heidegger denken*）为题，对当时久负盛名的海德格尔进行了严厉批判。其缘由是海德格尔只字未改地出版了 1935 年的讲稿《形而上学导论》，在这篇讲稿中存在一些关于"国家社会主义"的激烈言辞。这次批判促使哈贝马斯对哲学与政治的关系进行了反思，使他认识到，哲学不再是个人的学说，哲学本身就包含了某种政治的使命。自此以后，他就走上了哲学的论战之路。他不但对产生过重大影响的先辈哲学家如康德、谢林、黑格尔、马克思、尼采、韦伯、阿多诺等，提出了尖锐的批判，而且与同时代的著名理论家，如波普、伽达默尔、福柯、德里达、利奥塔、布尔迪厄、卢曼、罗尔斯、泰勒、拉辛格等，发生过激烈论战。①
当然，论战的作用对于哈贝马斯来说总是双重的，正是通过对这些思想家
的思想进行检视，他自己的思想才在批判的基础上获得某种程度的创新，
同时，通过论战向他者开放。可以说，哈贝马斯在论战中崭露头角，在论
战中显赫声名，也在论战中成为一代学术宗师。

作为一位论战型哲学家，哈贝马斯的思想少不了受到别人的批判和继
承。本书在此无意去详述他在每一个领域的影响，以及他的每一次论战，
而旨在说明其话语民主思想在当代的意义。从哈贝马斯的整个思想来看，
公共领域在场的话语民主理论是哈贝马斯交往行动理论的重要组成部分，
并且一直贯穿其整个理论体系的始终。从当代政治哲学领域来看，哈贝马
斯凭借公共领域的民主观念对现代民主理论的独特构建，也产生了复杂而
深远的影响。

哈贝马斯是作为一位西方马克思主义者出现在理论界的，因而他的理
论必然面对资本主义与社会主义这两种相对的话语方式和立场。然而，本
书以为，无论是对未来的资本主义民主观的认识，还是对社会主义民主观
的探索，公共领域在场的话语民主理论都将是一种有益的理论资源。

第一节　话语民主理论对资本主义民主观的影响

哈贝马斯主张认真地对待资本主义的民主传统，而其公共领域在场的
话语民主就是对资本主义民主政治的反思、批判和展望。话语民主理论是
在与他者的争论中完成的，同时也是在与他者的争论中影响着资本主义民
主观的发展。下面就将话语民主理论置于三个理论背景之中，以更清楚地
认识它对资本主义民主观的影响。第一个背景是哈贝马斯与法国后现代主
义者，如福柯、德里达、利奥塔等关于现代性民主的争论，第二个背景是
哈贝马斯与英美自由主义者，如罗尔斯等关于政治民主的讨论，第三个背

① 关于哈贝马斯与波普、伽达默尔、卢曼、利奥塔等争论的研究文献，请参见 Robert C. Holub, *Jürgen abermas: Critic in the Public Sphere*, London: Routledge, 1991。关于哈贝马斯与罗尔斯的争论请参见［美］约翰·罗尔斯等《政治自由主义：批评与辩护》，万俊人等译，广东人民出版社 2003 年版。关于哈贝马斯与泰勒的争论参见汪晖、陈燕谷《文化与公共性》，生活·读书·新知三联书店 1998 年版。关于哈贝马斯与拉辛格的争论参见曹卫东《曹卫东讲哈贝马斯》，北京大学出版社 2005 年版。

景是当前全球范围内关于审议民主的理论与实践的大讨论。

一 话语民主理论对后现代主义问题的回答

后现代主义者①与哈贝马斯之间的争论，特别是对于现代民主是否可能的问题的争论，是围绕着现代性这个问题展开的。在哈贝马斯看来，这是一个事实，现代性是一项未竟的事业，即我们还处在社会现代化的过程之中，它也是一项使命，我们的命运不是跳过现代性，而是脚踏实地地走过这一段路。后现代主义则认为，现代性已经衰颓，后现代性已经来临；哈贝马斯则认为，在现代生活中，通过公共领域的实践话语，人们仍然可以达成普遍共识，从而调节生活世界中的冲突，这也是现代民主的使命。而后现代主义者从根本上否定了普遍共识的可能。虽然后现代主义者与哈贝马斯在现代性问题上针锋相对，但是他们对民主怀有同样真挚的向往。哈贝马斯被誉为"民主的斗士"，而福柯则被称为"一位信奉尼采哲学的民主主义者"②。他们都对各种各样的专制统治进行痛斥贬责，比如德里达作为一位后现代主义者同样从理论上并在实践中捍卫民主的生活。因此，本书认为，后现代主义者与哈贝马斯在民主问题上的争论是在肯定民主本身的重要价值之前提下进行的。他们争论的焦点是民主生活在现代视阈中是否可能的问题，也可以说，民主在现代性条件下是否可能的问题。这种争论的意义从哈贝马斯与福柯之争中就可见一斑。哈贝马斯试图依靠公共领域的话语来形成交往权力，并通过法律中介实现民主；而福柯等则否定了话语的民主价值，认为话语不仅不是民主的，反而充斥着专制的统治，并且充当着专制的执行工具。

哈贝马斯和福柯之间的"论战"通常被认为是当代思想界"德—法之争"的一个典范。其实，这场论战，并不是一场真正的唇枪舌剑。20世纪80年代初，福柯提议与哈贝马斯就一些双方感兴趣的话题展开一场真正的面对面讨论，哈贝马斯建议以"现代性"为题，但福柯借口该题目太大而不予首肯。其后，福柯的猝死使这场讨论永远失去了可能。但是，其生前所写的最后长文之一《何为启蒙?》被认为是福柯就现代性这个

---

① 本书此处的后现代主义者主要指强烈批判现代性的法国后现代主义者福柯、德里达等，这里以福柯为其典型代表。

② Bent Flyvbjerg：《两种民主理论的述评》，韩旭译，载《政治学研究》2000 年第 4 期。

题目所作的最后陈词。在该文中，他不点名地批评了哈贝马斯。哈贝马斯则在《现代性的哲学话语》中用了两讲篇幅①予以回应。如麦卡锡（T. McCarthy）说，在后现代主义诸家中，福柯显然是哈贝马斯最为心仪的论辩对手。但是，本书在此不打算详述他们的交锋和分歧，而是要阐明：福柯和哈贝马斯都对资本主义民主进行了严厉批判，同时也都给予民主以希望，以及哈贝马斯的话语民主是否可以解决福柯的问题，又如何解决。

（一）福柯对民主合法性的批判

在福柯的思想中，一直存在着民主与专制的张力，可以说民主在其著作中具有重要地位。他所谓的专制不只是一种政治制度，因为他发现，在现代社会的各个领域，包括人文社会科学、自然科学以及社会的各个角落，都充斥着专制的话语和权力，而其根源在于现代形而上学——主体哲学的泛滥。而他所谓的民主则是各个领域的社会生活从专制的权力和话语中解放出来从而实现多元个体独特意义的社会行动及其价值。

1. 福柯对民主合法性危机的批判

与其他很多思想家一样，福柯也意识到现代社会所谓的民主政治陷入到合法性危机当中。他指出：这种危机表现为民主政治以知识和权力的总体化来奴役社会生活中的个人，奴役的过程表现为"将人变成主体"的生产过程，"区分"、"规训"和"主体化"则是实现这种"生产"的三种方式。

通过对现代社会中受到排斥的边缘化领域的研究，福柯揭示出现代社会的知识—权力制度按照所谓主体的标准将人区分为"正常人"和"非正常人"，而这种区分的开始也就是奴役的开始。在《疯癫与文明》等著作中，通过对"疯癫"、"犯罪"、"手淫"等现象的考察，福柯揭示了它们从一种自在的生活演变成一种"疾病"的过程，这个过程也正是理性对非理性的奴役过程。在这个过程中，人们根据理性的标准将疯人、罪犯和手淫者从主体当中分离出来，将之视为"不正常的人"。这种区分并不是自然现象，而是知识—权力机制作用于原初社会生活的结果，其实质是控制和奴役。

区分的目的是找出需要被改造的人，而改造是通过规训与惩罚来进行

①　参见哈贝马斯《现代性的哲学话语》之九"理性批判对人文科学的揭露：福科"及之十"权力理论的困境"。

的。在《规训与惩罚：监狱的诞生》中，通过对监狱的考察，福柯揭示出现代社会就是"规训的社会"。所谓规训，就是用知识、技术手段按照所谓正常人的标准对人的行为和肉体进行改造。这个改造的实质是统治权力的实施，以训练出符合标准的人，这个标准就是服从权力的统治。福柯写道："规训权力的主要功能是'训练'，而不是挑选和征用，更确切地说，是为了更好地挑选和征用而训练。"① 也就是说，规训的实质是一种为了使用而改造人的行为和肉体的技术，其目标在于使人成为驯顺的人。规训主要通过三种手段来实现：层级监视、规范化裁决以及两者在检查中的结合。通过各个层级的监视，现代社会受到全面的监控，通过各种规范化的裁决，现代社会充满各种处罚措施，通过各种检查，将监视与处罚结合起来，使每个人时时刻刻都处在规训当中。每个人（包括规训者本身）都深陷这种裹挟一切的洪流当中，成为它的一部分，增添它的力量，从而被控制、教育、治疗和改造。这所有的一切构成了现代人生活的实际处境。

　　规训并没有实现现代人的自我生产，而是现代人接受他者生产的过程，在现代社会中，通过主体化的自我意识的形成，现代人才最终完成了"将人变成主体"的过程，将奴役从对他者的奴役扩及对自我的奴役，从而完成了知识—权力的统治。在《性经验史》中，福柯考察了个体自我意识组织的历史演变过程，从而揭示了现代自我意识组织即主体化的真相，那就是主体化，即以自我塑造的面貌出现，使现代个体把主体化理解成"自我教育"，自觉自愿地按照主体标准改造自己，成为现代政治统治所要求的标准现代人。于是，现代个体被知识—权力彻底奴役却浑然不知，甚至乐此不疲。

　　可见，在福柯看来，现代政治标榜的民主制度的实质是专制，这样的民主是没有合法性的。真正的民主是不受区分、不受规训、非主体化的本真的社会生活。

　　2. 无处不在的权力和话语

　　福柯对现代民主政治的批判并没有停止在表象层面，而是进一步揭示了其根源。他是通过对"权力"和"话语"的追问来揭示这种根源的。他主要关注的问题是："什么是权力，或者，说得更明确些，权力是如何

---

　　① ［法］米歇尔·福柯：《规训与惩罚：监狱的诞生》，刘北成、杨远婴译，生活·读书·新知三联书店 2003 年版，第 193 页。

实施的；当某人对另一个人实施权力的时候，究竟发生了什么?"① 在他看来，权力往往通过某种话语表现出来。他认为，"我们生活在一个完全为话语（discourse）所标记、所交织的世界中，这种话语就是谈论被说出的物，谈论断言与命令，以及谈论已出现的话语（discourses）的言说"②。通过对于近代以来理性的崛起和非理性衰落这一过程的考察，福柯发现，理性的话语处于绝对宰制的地位，而理性他者却处于失语的状态，由此造成现代社会的专制。

福柯对理性专制的批判具有浓重的悲剧意味。他承认权力、真理、知识和理性的实际在场，并且认识到，建立在理性和真理基础之上的制度和权力具有顽固性。他无法从内部来"爆破"它，而只能从外面来"振动"或"撼动"它。因此，他直接攻击的不是理性、真理、制度、权力和霸权本身，而是采取了迂回的策略，揭示被他们排斥了的生活形态。他重点关注的是人们过去长期忽视的一些领域，比如，精神病院、监狱、学校、军营、性等。在所有这些"现代社会的毛细血管和缝隙"当中，福柯都窥探到了"权力无孔不入"的证据。因此，他对现代性采取了一种"颠覆性策略"，这一点相似于德里达，但他采取的方法不是语言分析或话语解构，而是细微的历史考察，即"谱系学"的研究视角。"（谱系学——引者加）指知识的造反。造反不是反对科学的内容、方法和概念，而是首先反对集中权力的作用，这个集中权力与在类似我们这样的社会中组织起来的科学话语的制度和功能紧密联系"③。这里所说的"知识"是经过现代理性过滤了的、经过现代科学证实了的、经过现代制度规范了的、经过现代媒体大众化了的知识。这样的知识其实是一种权力。它并不是普遍的，而是排他的，而被排斥的是非理性的、未证实的、制度外的、边缘的生活样式及其价值。因而，对知识的造反、对科学话语的抗争其实就是为边缘自由生活的呐喊，为那些被排挤在科学话语之外的生活争取话语的权力，为制度和功能体系所禁锢的生活解开枷锁，为被扭曲的、正在实施

① ［法］米歇尔·福柯：《权力的眼睛：福柯访谈录》，严锋译，上海人民出版社 1997 年版，第 27 页。

② Foucault, *Death and the Labyrinth: The World of Raymond Roussel*, translated by C. Ruas, The Athlone Press, 1987, p. 177.

③ ［法］米歇尔·福柯：《必须保卫社会》，钱翰译，上海人民出版社 1999 年版，第 8 页。

"矫正治疗"的生活价值正名。而"谱系学,相对于把知识注册在专属科学权力的等级中的规划,是一项解放历史知识使其摆脱奴役的事业,也就是说它有能力对统一的、形式化的和科学的话语进行反抗和斗争"①。通过谱系学的考察,福柯发现,由于理性、真理、知识、国家等的高度一体化和对权力的滥用,个体的"非理性"和"消极自由"维度处于一种完全被压制和被侵占的状态。

实际上,福柯对理性专制的批判是为作为体制内的主导者之他者争取合法权力,因为在他看来,权力的合法性来源于处于边缘的、被排挤的、被压制的他者话语。所以,他对整个现代性和人类科学都持一种批判和否定态度,把"他者的事业"和现代性置于势不两立的对立之中。这使他的学术从根本上站在启蒙以来西方主流政治哲学的对立面上,几乎从来没有给予现代政治民主以肯定性的评价。正如罗蒂所言:"在福柯的著作中,有一大部分……就在显示自由主义社会所特有的教养方式,如何把古老的前现代社会所无法想象的种种束缚,强加在其成员身上",从而"揭发民主社会的种种弊端,指出民主社会扼杀自我创造和个人规划的空间的种种方式"。② 可以说,福柯终生所致的目标就是,为个体的独立性、创造性、自主性和隐秘性找到存在的理由。

3. 对主体哲学的批判

福柯对权力及其专制的批判实质是对主体的批判。正如他自己所说:"我研究的总题目不是权力,而是主体。"③ "主体这个词有两种意义:控制和依赖使之隶属于他人;良知或自我认识使之束缚于自身的个性。两种意义都表明了一种使之隶属、从属的权力形式。"④ 也就是说,这种主体并非指单个的行动主体,而是被对象化的、被赋予了无穷力量的抽象的人,作为主体的人总是处于控制与依赖的专制之中。

福柯对主体的批判并非是对具体的行动主体的批判,而是对迷信主体力量的主体哲学的批判。这种主体哲学的典型特征是主客体二元分立的对

---

① [法]米歇尔·福柯:《必须保卫社会》,钱翰译,上海人民出版社 1999 年版,第 8 页。

② [美]理查德·罗蒂:《偶然、反讽和团结》,徐文瑞译,商务印书馆 2003 年版,第 91 页。

③ [法]福柯:《福柯的附语——主体与权力》,载 L. 德赖弗斯、保罗·拉比诺《超越结构主义与解释学》,张建超、张静译,光明日报出版社 1992 年版,第 272 页。

④ 同上书,第 276 页。

象化思维方式，它主张作为主体的人凭借理性能力具有绝对的控制客体的权力。这种权力体现在知识与规范当中。

福柯认为，在现代社会中，对知识的掌握表现为主体对客体的科学认识和对权力的技术实施。也就是说，知识与权力是一种共生的关系，其结果就是形成了认识的真理制度。这种真理制度作为权力实施的依据对主体和客体都同样起着统治的作用。"真理以科学话语的形式和生产该话语的制度为中心；它受到经济和政治的不断激励（经济生产和政治权力对真理的需求）；它以各种形式成为广泛传播和消费的对象（它流通于社会肌体中相对广泛的教育或新闻机构）；它是在某些巨大的政治或经济机器（大学、军队、新闻媒体）的非排他的、但居于主导地位的监督之下生产和传输的；最后，它是整个政治斗争和社会冲突（意识形态斗争）的赌注。"① 也就是说，通过认识及其结果——对真理的认识和实施，主体哲学将整个社会置于一种普遍的制度化的程序化的排他的统治机器之中，人从统治机器的制造者变成被统治的奴隶和响应一般程序的机器。这是真理的胜利，但同时也是真正主体即人的死亡。

主体哲学不仅主张真理的普遍适用，而且主张规范的普遍实施，即普遍道德。主体哲学主张社会应当按照统一规范来行动，遵守规范成为个体行动的首要要求，否则就被视为"非正常人"。非正常人需要通过各种规训组织和手段来获得遵守规范的能力，这样，疯人院、监狱等机构就产生了。福柯认为，规范的这种运用实质上不过是主体哲学所要求的生产主体和客体的一种方式。在现代社会中，它变成了对人的奴役。

于是，在福柯那里，民主具有现实虚假的民主与理想的真实民主的双重含义，对现实虚假民主的批判的另一面正是对真实民主的期盼。这种期盼在福柯那里并不是理论的建构或遥想，而是亲身的践行，他用自身的"疯狂"的行动——同性恋——对现代社会中专制的权力进行了讽刺和对抗，对隐藏在权力背后或阴暗角落的民主价值进行了揭示和张扬。

（二）守护民主的社会生活

根据上文所述，哈贝马斯与福柯都对现代社会中的民主合法性进行了批判，在这一点上，福柯显然与哈贝马斯具有某种内在的一致性，即都对

---

① 杜小真编选：《福柯集》，上海远东出版社 2003 年版，第 445—446 页。

现代社会中的专制，尤其是系统专制进行了激烈批判，只是前者采用的是谱系学的外在批判的视角，而后者则采用的是合法化的内在批判的视角。但是，他们对虚假民主的揭示并不表明他们否定民主的政治价值，更不意味着任凭专制的横行，而是以积极的态度来反抗专制，为现代民主开药方，为个体解放找出路。也正因此，哈贝马斯才被誉为"民主的斗士"，而福柯则被称为"一位信奉尼采哲学的民主主义者"①。

哈贝马斯认为，现代性是一项未竟的事业，即我们还处在社会现代化的过程之中，它也是一项使命，我们的命运不是跳过现代性，而是脚踏实地地走过这一段路。在现代生活中，通过重振公共领域，恢复其中的实践话语，人们仍然可以维护生活世界及其意义，这也是现代民主的使命。

在哈贝马斯那里，民主不仅仅是宪政国家的信念，而且是公民作为个体自主生活的解放历程。这种对待民主的立场使他极其注重解放，将之看做"一种非常特殊的自我经验方式，因为，其中的自主化过程与独立性的获得相互交织在一起"②。而这种解放首先就是让自我的生活现身。民主在个体当中激励而起的解放兴趣，使公民在自我认识和展现中体验自由。但是，在哈贝马斯看来，虽然自我是作为绝对属于自己的东西而存在于自我意识当中，但是仅仅依靠自我的力量，并不能保持和实现自我，而只能在与他人的交往中来保持和实现。因为，自我具有一个主体间性的内核。个体的日常生活是由主体间相互理解的诸种交往实践构成的。一个人越是通过与他者交往来认识自我，反思自我，塑造自我，他就越是自由。因此，任何一种制度、权力、话语或意识形态，若压制、扭曲或操纵了个体与他者之间的交往，就操纵了个人的自主生活，都与民主本身的解放兴趣相违背。而现代社会正是通过操纵公共领域中公众的自主交往来达到专制的目的。与此相应，要使现代民主名副其实，那就需要还公共领域一个自由之身。

福柯认为，自由民主政体仍然是一种前景良好的社会实验，并且把自己看做是在一个民主社会中为实现人类自由而奋斗的一个公民。③ 因此，他提出的问题是：真正的民主生活在现代社会中是否可能。有人说福柯是理想的天敌。的确，作为尼采式的民主主义者，福柯所瞩目的不是等在远

---

① Bent Flyvbjery：《两种民主理论的述评》，韩旭译，载《政治学研究》2000 年第 4 期。

② ［德］于尔根·哈贝马斯：《作为未来的过去》，章国锋译，浙江人民出版社2001 年版，第 104 页。

③ Bent Flyvbjery：《两种民主理论的述评》，韩旭译，载《政治学研究》2000 年第 4 期。

处的理想，而是展现在眼前的被压制的、被扭曲的社会生活本身。虽然如此，在面对"政治中有真理存在吗？"这一问题时，福柯回答道："我坚信真理的存在，以至不得不假设有多种多样的真理，和对真理不同的表述形式。"① 这里所谓的"真理"其实就是对民主的社会生活的表达或使之自由现身的理论。民主的社会生活是多种多样的，不应当有主次优劣，更不应当有操纵甚至毁灭。离开了民主的社会生活，真理就失去了赖以存在的内容而成为了空谈。我们不能指望先知或统治者来告诉我们真理。但是，正如福柯所说："我们可以向统治者要求某些真理，针对他们的终极目标，他们策略的一般性选择，还有他们计划的特定环节：这就是被统治者的'parrhesia'（言论自由），他们能够而且必须以知识的名义，根据自己的经验，以市民的身份，对统治他们的人提出质询，要求统治者解释所采取的行动和决定的意义。"②

德里达也表达了与福柯相似的观点——他者、差异、延异。他关注的首要问题是我们有意或无意地排斥、边缘化、压制和抑制他者的他者性和独特性的方式，并对这些方式进行了谨慎地分析和解构。可见，德里达和福柯一样，热情地关注着被排斥、被边缘化、被压制和被抑制的他者的生活。"几乎没有哪位当代思想家能够像德里达那样敏锐地注意到各种各样的他者，揭示他者是如何破坏、瓦解、威胁和逃脱我们的逻各斯中心主义的概念框架的。"③ 这些"他者"若要实现其生活价值就需要差异的逻辑。对差异的肯定和鼓励被德里达称为"即将到来的民主"，一种不同于任何现存民主形式的民主。然而，规划民主的蓝图不应该是哲学家或理论家的任务，而应该由它的参与者来完成。在德里达那里，民主永远是即将到来的，它永远不是完善的，永远是在将来。

哈贝马斯、德里达和福柯都经历了"二战"的精神创伤，都对极权主义深感憎恶。可以说，"二战"以来，哈贝马斯的思想世界一直围绕着民主的观念展开。在他那里，民主不仅是资本主义宪政国家的信念，而且

---

① ［法］米歇尔·福柯：《权力的眼睛：福柯访谈录》，严锋译，上海人民出版社1997年版，第20页。

② 同上。

③ ［美］理查德·伯恩斯坦：《现代性/后现代性的比喻：哈贝马斯与德里达》，江洋编译，载《马克思主义与现实》2005年第6期。

是公民作为个体自主生活的解放历程。这种对待民主的立场使他极其注重解放，把解放看做"一种非常特殊的自我经验方式，因为，其中的自主化过程与独立性的获得相互交织在一起"①。而这种解放首先就是让自我的生活现身。民主在个体当中激励而起的解放兴趣，使公民在自我认识和展现中体验自由。然而，人必须与他人交往，我们的日常生活就是由允许我们相互理解的诸种交往实践构成的。一个人越是通过与他者交往来认识自我，反思自我，塑造自我，他就越是自由。因此，任何一种制度、权力、话语或意识形态，若压制、扭曲或操纵了个人的自主生活，都与民主本身的解放兴趣相违背。

由上可知，哈贝马斯与福柯的思想都表达了对守护社会生活的民主的坚定信念。福柯的"向统治者要求某些真理"、"对统治他们的人提出质询"、"要求统治者解释"等途径，实质上就是一种争取民主社会生活的话语，一种与哈贝马斯的"公共领域"有异曲同工之妙的"实践话语"②。相较而言，福柯只是指出了这样一条通往民主的路径，而没有加以详述，而哈贝马斯却在多部著作和多种场合强调了他的方案，那就是重振公共领域，构建一个维护和展现社会生活的有效平台。

（三）公共领域——通往民主生活之路

从哈贝马斯与福柯对现代民主所提出的要求可以看出，现代民主是可能的，而可能的路径就是自由自主的话语批判。而哈贝马斯所论及的公共领域的实践话语则为个体间多样化的、差异性的社会生活提供了展现的舞台，而且为对公共权力的批判提供了场所。

首先，公共领域是边缘化的、被压制和被操纵的社会生活合法化的渠道。社会生活本身是无声的、自然而然的，每每我们说它、注视它或反思它时，它就逃逸了，因此作为说者、注视者和反思者的我们，始终与生活本身保持了距离，但是同时我们还在生活着。正是生活的这种无声和自然，使得某些生活方式被合法化，某些生活方式被边缘化，某些生活方式被非法化。而公共领域是人们反思、批判自身生活和公共权力的舞台，是

①　[德] 于尔根·哈贝马斯：《作为未来的过去》，章国锋译，浙江人民出版社 2001 年版，第 104 页。

②　关于公共领域中的实践话语的含义，参见拙文《论哈贝马斯的"实践话语"理论》，载《国外社会科学》2008 年第 3 期。

连接国家权力和社会生活的中间地带，是多元的生活世界的发声器，从而可以为边缘化的和被压制的生活提供合法化的话语空间。这种话语不是权力话语，不具有强制性，它是通过公众以理解为取向的交往行动形成的交往网络，从根本上说是反对强制的。

其次，具有批判精神的公共领域始终与国家公共权力和社会权力保持张力，随时警惕权力对社会生活的干预、压制和操纵。公共领域是以批判性为其精髓的。其批判性本身蕴藏着社会生活的解放兴趣。批判具有反思、理解、扬弃、辩护、澄清等含义。公共领域的批判一方面指公众对自身社会生活的自省、交流和理解；另一方面指对涉及自身社会生活的公共权力的理解、监督和反抗。人们以批判为目的，形成公认的可以作为实践话语的理性尺度和真诚坦率的交往氛围，由此对公共事务作出独立于公共权力领域之外的理性判断。正如哈贝马斯所说："社会批判不仅以生产关系为对象，即以首先制造出客观上可以避免的灾难的社会动力为对象，也以蕴涵在社会存在形式中的潜力为对象，以人的日常交往的和解行为，以相互承认的不可侵犯的主体通性，以人的独立和尊严为对象，同时也以正常的共同生活中短暂的幸福要素为对象。"① 作为生活主体的广大公众正是社会批判的主体，他们对公共权力的批判不是针对远离生活尘嚣的美丽幻境，而就是针对这些现存的公共社会生活本身的。

最后，公共领域要求宽容的精神。作为多元而自主的公众的话语场所，公共领域内在地要求他者的存在，多元主体结构和宽容是公共领域的内在要求，没有宽容精神的公共领域必然沦为专制的舞台。公共领域不是康德式独白的公共空间，公众正是在与他者的交往中确认自身，确认他者，确认共同的生活世界的。公共领域的话语是一种理解的话语，而不是一种宰制的话语，绝不容忍占主导地位的制度或权力对他者的压制、操纵和扭曲，甚至公共领域本身就是反对统治的。在哈贝马斯看来，不仅宗教世界观需要对异己教徒或非教徒的宽容，而且，在当今多元社会中，不同的世俗化世界观也需要宽容，甚至在具有强烈同一性特征的语言和文化生活方式中，仍然呼吁宽容精神。宽容蕴涵着共同的生活背景，但它指向的是生活的差异，因此它与强制、排斥和同化都是相对立的。

---

① ［德］于尔根·哈贝马斯：《生产力与交往》，李黎译，载《哲学译丛》1992 年第 3 期。

总的来说，哈贝马斯与福柯等后现代主义者在如下这个根本点上是一致的：民主要求国家与社会的分离，其重心不在于国家，而在于社会，民主就是保卫社会；保卫社会就要守护生活世界的意义，反对系统对生活世界的统治。当然，在福柯看来，权力无处不在，即使在哈贝马斯的公共领域中也同样充斥着权力的压制，公共领域不过是一种理想而已。然而，不管福柯是否承认，作为一种话语机制，公共领域始终是被边缘化、被压制、被扭曲的社会生活向各种专制挑战的阵地和获取承认的舞台。

二　话语民主理论对罗尔斯问题的回答

如果说哈贝马斯对后现代主义民主问题的回答解决了是否坚持现代民主政治的问题，那么他与罗尔斯之间的争论针对的就是如何坚持资本主义现代民主宪政的问题。如果说福柯等后现代主义者维护的是发达资本主义社会中生活的差异性，那么罗尔斯关注的则是差异生活中的普遍性。而这是通过"正义"问题彰显出来的。1971 年，罗尔斯出版了《正义论》，此书被誉为"第二次世界大战后伦理学、政治学领域中最重要的理论著作"①，提出了一种"作为公平的正义"的理论。他试图为他所处的美国社会提供一个合适的、能最广泛地为人接受的道德基础，提出了作为宪政民主政制基础的正义原则："第一个原则：每个人对与所有人所拥有的最广泛平等的基本自由体系相容的类似自由体系都应有一种平等的权利。第二个原则：社会的和经济的不平等应这样安排，使它们：在与正义的储存原则一致的情况下，适合于最少受惠者的最大利益；并且，依系于在机会公平平等的条件下职务和地位向所有人开放。"② 1992 年，罗尔斯出版了《政治自由主义》，回应了对《正义论》的各种批评，同时重新整理和修正了正义理论。对他来说，现代社会中宪政民主政治的最基本事实之一，就是他所谓的各种"完备性"（comprehensive）的宗教学说、哲学学说和道德学说的多元特征。"这些学说中的任何一种都无法得到公民的普遍认肯"，而"政治自由主义"所要解决的问题就是："一个由自由而平等之公民——他们因各种尽管互不相容但却合乎理性的宗教学说、哲学学说和道德学说而产生了深刻的分化——所组成的稳定而正义的社会怎样才可能

①　何怀宏：《公平的正义：解读罗尔斯〈正义论〉》，山东人民出版社 2002 年版，第 12 页。
②　[美] 约翰·罗尔斯：《正义论》，何怀宏等译，中国社会科学出版社 1988 年版，第 302 页。

长治久安？易言之，尽管合乎理性但却深刻对峙的诸完备性学说怎样才能共同生存并一致认肯一立宪政体的政治观念？一种能够获得这种重叠共识支持的政治观念的结构和内容是什么？"① 正义是民主政治的根本价值，在多元社会中如何达成正义的普遍共识，就成为罗尔斯基本的民主问题。

哈贝马斯高度评价了罗尔斯的正义理论："约翰·罗尔斯的《正义论》在最近的实践哲学史上标志着一个轴心式的转折点，因为他将长期受到压抑的道德问题恢复到作为哲学研究之严肃对象的地位……随后，罗尔斯在《政治自由主义》一书中总结了他二十年来对自己正义论的扩展和修正，把道德自律这一概念作为解释一个民主社会之公民的政治自律的关键所在……正如他早先采取了一种反功利主义的立场一样，现在，他首先回应了语境主义观点对所有人类之共同理性预制的质疑。因为我赞赏这一谋划，共享其意向，并将其基本结论看作是正确的，所以，我在这里表示的歧见将只是一种家族内部的争论。"② 这场争论之所以被称为自由主义"家族内部的争论"，具体原因如下：

第一，哈贝马斯和罗尔斯都遵循自由平等原则，即每个人都有自由和平等的权利参与公共事务，并由此进入原则上所共享的社会体系。只是在罗尔斯那里，首先是进入预设的原初状态，而哈贝马斯这里是进入公共领域。第二，二者都反对传统形而上学中的排斥异己的完备性真理观、世界观和价值观，而承认多元社会的基本事实。在罗尔斯看来，"民主社会的政治文化总是具有诸宗教学说、哲学学说和道德学说相互对峙而又无法调和的多样性特征"③，因此，他主张在这些深刻分化的多元价值之间达成价值无涉的重叠共识。而哈贝马斯则试图在多元理性中通过交往行动达成话语共识。他们都反对通过强制手段对他者的侵犯，而主张对不同的世界

---

① ［美］约翰·罗尔斯：《政治自由主义》，万俊人译，译林出版社 2000 年版，导论，第5—6 页。

② ［美］约翰·罗尔斯等：《政治自由主义：批评与辩护》，万俊人等译，广东人民出版社2003 年版，第15—16 页。关于哈贝马斯与罗尔斯之间争论的研究目前已经成为理论界的一个亮点，这种研究并没有因为罗尔斯的逝世而停止，至今在国内外理论界还在继续进行，主要表现为研究者对争论中涉及的问题的进一步研究。如 Hedrick, Todd, *Rawls and Habermas*: *Reason*, *pluralism*, *and the claims of political philosophy*, Stanford University Press, 2010 和 Finlayson, James Gordon, *Habermas and Rawls*: *disputing the political*, Rouledge, 2011。

③ ［美］约翰·罗尔斯：《政治自由主义》，万俊人译，译林出版社 2000 年版，第3 页。

观和价值观采取宽容原则。然而，要解决多元社会中的冲突依靠的不是语境主义，而是资本主义传统的宪政民主制度。因此，他们面对的共同问题就是在多元社会中宪政民主如何可能的问题。第三，二者都对传统的理性观念和相应的合法性观念进行了批判。只是罗尔斯推崇公共理性，认为"公共理性是一个民主国家的基本特征"①，"只有当我们的行使符合宪法——宪法的根本内容是所有公民都可以合乎理性地期待大家按照他们视之为理性而合理的、因而认为是可接受的原则和理念来认可的——时，行使政治权力才是恰当的，因之也才是正当有理的"②，即公共权力的合法性来源于自由平等的公民的相互承认。而哈贝马斯则推崇交往理性，这种交往理性体现在公共领域中自由平等的公众以理解为取向的交往行动之中。他认为，要实现普遍的社会公正，首先必须实现话语的民主、个人话语的自由和话语权的平等，反对话语的霸权，而交往理性将话语的"有效性要求"以及话语规范的恪守提升到社会伦理原则的高度，通过理性的交往、对话、论证和协商，达成广泛的话语共识，从而使得多元的世界观价值观能够和谐共处。可见，罗尔斯和哈贝马斯都将政治合法性建立在自由平等的公民依据公共（交往）理性的相互承认基础上。

虽然与罗尔斯有颇多共同之处，但是哈贝马斯还是对罗尔斯提出了"一种建设性、内在性的批评"③。本书以为，哈贝马斯的话语民主对罗尔斯的民主理论有所补益。

第一，哈贝马斯的公共领域观念是对罗尔斯原初状态理念的修正。"原初状态"和"无知之幕"两个概念是罗尔斯正义理论中的基本概念。他说道：在作为公平的正义中，平等的原初状态相应于传统的社会契约论中的自然状态。这种原初状态当然不可以看做一种实际的历史状态，也并非文明之初的那种真实的原始状况，它应被理解为一种用来达到某种确定的正义观的纯粹假设状态。这一状态的基本特征是：没有一个人知道他在社会中的地位——无论是阶级地位还是社会出身，也没有人知道他在先天的资质、能力、智力、体力等方面的运气。他甚至假定，各方并不知道他

①　［美］约翰·罗尔斯：《政治自由主义》，万俊人译，译林出版社 2000 年版，第 225 页。

②　同上书，第 230 页。

③　［美］约翰·罗尔斯等：《政治自由主义：批评与辩护》，万俊人等译，广东人民出版社 2003 年版，第 17 页。

们特定的善的观念或他们的特殊心理倾向。正义的原则是在无知之幕后被选择的。这可以保证任何人在原则的选择中都不会因先天的机遇或社会环境中的偶然因素得益或受害。

可见，"原初状态"和"无知之幕"两个概念具有一定的社会契约的特征，但是代表了更高抽象水平的契约论思想，它排除了契约论中的社会历史因素，而使之成为一种证明方法和标准。作为一种证明方法，罗尔斯的契约论强调的是人们选择正义原则的先决条件，只有在这些条件下选择的正义才是公平协议的结果。而这些条件也是公共理性形成的先天基础。这样，正义原则和公共理性便成为了人们在一种公平的原初状态中，在一个对自己所属的社会并不了解的无知之幕后进行选择的结果。也就是说，公共权力的根源在于原初状态中各方在无知之幕后的合理选择。

而哈贝马斯对罗尔斯这种原初状态理念进行了质疑："（1）处于原初状态中的各方能否理解他们的当事人的，仅仅建立在合理利己主义基础之上的较高层次的利益？（2）基本权利能否被同化为首要善？（3）无知之幕是否保证了判断的公平？"① 哈贝马斯以为，原初状态中的各方如果要理解当事人的利益，就必须具备一定的认知资质，而不是被无知之幕所阻挡。因此，公共权力的基础需要建立在公众对公民的生活及其价值有相当理解和确定的基础上，这就需要市民对自己生活及其价值的自觉和自律。而公共领域恰好提供了市民自律的平台。哈贝马斯认为，基本权利属于一个规范范畴，需要在普遍化的行为期待得以实现的意义上得到遵守；而基本善属于价值范畴，表达了特殊群体追求善的偏好倾向。而罗尔斯却把基本权利解释为首要的善，"这使他把应然规范的义务论意义同化为价值偏好的目的论意义"②。哈贝马斯还批评道，罗尔斯的无知之幕从一开始就剥夺了各方根源于生活世界的实践理性，这就使他承受了证明的双重负担。"无知之幕必须拉盖到可能损害一个公正判断的所有特殊的观点和利益之上；同时，无知之幕又只能拉盖到在没有进一步的纷争下就能被排除的规范性事物作为自由、平等的公民所接受的共同善的候选物之上。"③ 而哈贝马斯主张以话语伦理学的公共领域中的理想言谈情

---

① ［美］约翰·罗尔斯等：《政治自由主义：批评与辩护》，万俊人等译，广东人民出版社2003年版，第19页。

② 同上书，第22页。

③ 同上书，第27页。

境代替原初状态。所谓话语伦理学，关系到我们作为自由平等的公民，在日常生活的实践交往中，根据什么原则来进行话语沟通、论辩，并最终获得所有相关者都承认的共识。

在罗尔斯那里，民主具有一种前在的优先背景地位，即公民的代表选择出正义原则不仅仅依靠的是原初状态的假设，在这种假设的背后是对自由平等的正义价值的索求。因此，一方面，罗尔斯将民主社会作为正义社会的基本前提，"民主社会包含着社会基本结构内公民间的一种政治关系，该社会是他们生于斯并在其中正常度过终生的社会"①。另一方面，罗尔斯将民主作为正义社会诉求的一种基本政治价值来看待，"这意味着，公民们还平等地分享着他们通过选举和其他方式相互行使的强制性政治权力。作为理性而合理的公民，而且知道他们认肯合乎理性的宗教学说、哲学学说的多样性，他们应该准备随时根据每一个人都能合乎理性地期待他人可以作为与其自由和平等相一致的说法，相互解释他们的行为。努力满足这一条件，乃是民主政治的理想要求我们做的工作之一"②。因此，"原初状态"中的当事人被规定为具有完全自律性的公民，但在"无知之幕"下，公民的这种决断能力被客观的、中立的立场所取代，而从中立性的立场出发必定会放弃对认识的有效性要求。事实上，处于原初状态下的当事人不可能有任何自律可言。而哈贝马斯所说的共识并不需要"中立状态"作为假设，相反，交往的任何一方恰恰将其生活世界中的"偏见"带进交往，并且这种"偏见"构成了交往的意义之源。在罗尔斯的假设中，原初状态中的当事人更多的是出于自身可能陷入的、未知的不利状态的恐惧而推导出"作为公平的正义"的两大原则的。换言之，被推导出的正义原则基于一种自我保存的策略需要。而在哈贝马斯看来，这种取向于成功的策略性行为本身就不是理想的交往状态——取向于理解的交往，依据这种策略行为在道德上不可能达成普遍共识。罗尔斯的"无知之幕"从一开始就剥夺了当事者的知情权，不啻是一种人为的"信息强制"（information constraint），因此，共识只能通过不同当事人事实上具有同等的利益关系来实现；而在哈贝马斯所说的话语共识中，"在主体间进行的论证程序被具体化为道德的观点。通过这种程序，当事者们各自都

---

① ［美］约翰·罗尔斯：《政治自由主义》，万俊人译，译林出版社2000年版，第231页。
② 同上。

超越了自身立场的界限而实现了理想化"①。罗尔斯的原初状态是一种为宪政民主政治提供道德基础的假设状态，因此没有清楚地认识到为了限制国家的调节性力量，包含在市民社会中的自律的、自组织的联合的必要性，否认了市民社会/公共领域中的公共理性的潜能。在他那里，市民社会属于具有特殊价值诉求的社会群体，市民的理性是非公共理性。

　　第二，哈贝马斯以正式的公共权力系统与非正式的公共领域之间的相互作用来挑战罗尔斯依据正义原则建构的社会基本结构。罗尔斯的社会基本结构是指社会主要制度分配基本权利和义务，决定由社会合作产生的利益之划分的方式。这种结构是一条单线封闭的权力系统。他将社会基本结构的正义诉求看成是政治的、非宗教的、非形而上学的主题，因此，由公共理性导引的公共权力系统就是一条屏蔽了具有多元价值诉求的市民社会的特殊性。当然，这种特殊性是历史和现实中都存在的事实，罗尔斯并非视而不见，相反，这种特殊性正是他关注的焦点。在他那里，原初状态虽然通过无知之幕排除了契约各方的特殊信息，但正义问题正是源于这种特殊信息所导致的利益和价值冲突。因而，罗尔斯采取了分离国家与社会的方法，将民主问题都纳入国家制度范围。虽然他申明宪政民主政制必须获得所有公民合乎理性的承认，但这种承认的力量不是来源于多元的市民社会，而是来源于先在的道德直觉：每个人都拥有一种基于正义的不可侵犯性。所以，罗尔斯的正义理论建构了原初状态—正义原则—制宪—行政/司法的民主程序，也就是说，在原初状态中达成重叠共识，即两个正义原则，根据这两个原则来制定宪法，公共权力机关依据宪法实施行政和司法的权力。他并不否认公民作为自由平等的市民的理性能力，其正义观的价值取向正是为了维护社会中多元的世界观和价值观，特别是作为社会最少受惠者的弱势者的利益和价值。然而，屏蔽了多元价值的社会基本制度是否真正代表了所有公民公平正义的"重叠共识"，却使哈贝马斯产生了怀疑。

　　在社会结构问题上，哈贝马斯也主张国家与社会的分离，但是在民主

---

　　① Jürgen Habermas, "Reconciliation through the Public use of Reason: Remarks on John Rawls's Political Liberalism", *The Journal of Philosophy*, No. 3, 1995；约翰·罗尔斯：《答哈贝马斯》，载《政治自由主义》；并参见盛晓明《从多元到一体：由哈贝马斯与罗尔斯的分歧谈起》，载《浙江学刊》2000 年第 6 期。

问题上，他却用公共领域将国家与社会相结合，主张国家公共权力的动力来源于社会的生活世界，并通过公共领域的实践话语将生活世界的意义转变为交往权力，通过正式程序的话语论证形成公共权力。另外，除了为公共权力提供合法性来源的功能之外，公共领域还作为正式的公共权力机关的共振板和预警器，对公共权力的实施随时保持警觉和批判。所以，相对于罗尔斯单线的、封闭的社会结构而言，哈贝马斯正式的公共权力机关与非正式的公共领域既前后相承，又并行不悖的社会结构更具有优越性。一是公共领域作为生活世界与公共权力机关的桥梁，为公共权力机关输送生活意义的资源；二是作为变化着的流动着的生活的发声器，公共领域引导着、鞭策着相对静止的公共权力机关的前行；三是在交往理性的指引下，公共领域中多元的公众通过非强制的话语交往，保持了权力的公共性。可见，罗尔斯通过原初状态屏蔽了市民社会，而哈贝马斯通过公共领域却凸显了市民社会的民主潜能。

　　第三，哈贝马斯用同源的公共自律与私人自律替代罗尔斯分离的公共自律和私人自律。罗尔斯将公共自律表述为充分的自律，而将私人自律表述为合理的自律①。在他看来，合理自律是通过使原初状态成为一种纯程序性正义情形而塑造出来的。合理自律表现在这几个方面：首先，公民们作为原初状态中的各方代表，在政治正义的限度内可以自由地追求他们的善的观念；其次，受到某种合理动机的驱动，他们会去确保他们更高层次的、与道德能力相联系着的那些利益的安全；再次，在原初状态限制内，各派可以选择任何他们认为是最有利于其所代表利益的正义原则；最后，在估价这种有利时，他们所考虑的是那些个人的较高层次的利益。②也就是说，罗尔斯的合理自律表征的是原初状态中代表不同利益的各方合理利己的能力，它是通过各方根据自己所代表的利益选择正义原则来实现的。而他所谓的充分自律的主体不再是原初状态中的各派，而是秩序良好之社会中公共生活的公民。不仅行为符合正义原则，而且正是对政治生活中的正义原则的公共认同和明智运用，公民才获得充分自律。因此，公民的公共自律是在公民按照正义原则来行动的时候才实现的。所以，罗尔斯的私人自律

---

　　①　［美］约翰·罗尔斯：《政治自由主义》，第二讲第五节"合理的自律：人为的而非政治的"及第六节"充分的自律：政治的而非伦理的"。

　　②　［美］约翰·罗尔斯：《政治自由主义》，万俊人译，译林出版社2000年版，第79页。

和公共自律是分离的，前者实现于原初状态，后者实现于原初状态之外。

哈贝马斯对罗尔斯的这种自律观念进行了批判。他尖锐地指出："公共自律和私人自律之间的这种先定界限不仅与共和主义的直觉抵牾——该直觉从相同的根基中培育出人民主权和人权；而且也与历史的经验相冲突，尤其是与下述事实相冲突：从一种规范性的观点来看在私人和公共领域之间历史性地流动着的界限总是成问题的。另外，福利国家的发展表明，公民私人自律与公共之间的界限是不断变化的，而且，这一区别必须服从公民政治意志的形成，如果后者有机会坚持要求关于他们自由的'公平价值'的合法性的话。"① 因此，他认为，私人自律和公共自律不能由一道无知之幕隔离，它们之间具有同源的特征。

具体来说，哈贝马斯认为，当"无知之幕"逐渐被揭开，罗尔斯意义上的公民就越来越变成有血有肉的市民，他们就会越来越感受到自己是屈从于在自身的控制之外且已被建制化的原则和规范。既然原初状态中的选择行为不能在一个已经组成了正义社会的制度性条件下被重复，那么基本权利体系的实现过程就不能在一个前进着的社会生活中得到确保。由于关于合法性的所有根本话语已经在理论中完成了，理论的结果已经沉淀在宪法之中了。公民们不能如变化着的历史环境所要求的那样，把这一过程经验为开放的和未完成的，不能在他们的市民生活中看到民主的希望。在哈贝马斯看来，罗尔斯的"公民并不能把宪法理解成一种谋划，理性的公共运用实际上不具有政治自律之当下运作的意义，而仅仅是在和平地保持政治稳定性方面想起到促进作用"②。

对于罗尔斯来说，哈贝马斯的上述批判的确是不容忽视的。后者的原初状态中的选择结果——正义原则是固定的，而运用原则的实践却是流动的变化的，尽管罗尔斯企图用公共理性来调节公共自律，诚如他自己所辩护的，公共自律只是政治的自律，它只运用于根据正义原则来实施政治权力和应用政治权利的过程之中。罗尔斯的公共理性规避了多元的现实的变化中的社会生活，仅仅把原初状态作为一个背景文化起作用。随着无知之幕的揭开，作为活生生的市民社会的成员，需要遵循依据正义原则制定的

---

① ［美］约翰·罗尔斯等：《政治自由主义：批评与辩护》，万俊人等译，广东人民出版社2003年版，第40页。

② 同上。

宪法和法律而生活。也就是说，政治的合法性虽然来源于公民的承认，但是罗尔斯强调的是公民必须承认宪法①。在这里有一种自上而下的强迫的意味，这与哈贝马斯自下而上的合法性观念是根本违背的。

第四，哈贝马斯以基于交往理性的话语共识对罗尔斯基于公共理性的重叠共识的批判。对公共理性及其合法性地位的不同规定，造成了哈贝马斯与罗尔斯观点的另外一个差异，即对公共理性之形成的界定是不同的。具体来说，后者从"原初状态"和"无知之幕"概念出发，来推导公共理性；而哈贝马斯则是从公共领域的讨论和生活世界的理想话语情境出发，来论述公共理性。罗尔斯重叠共识的道德基础是建立在假设的原初状态基础上，而哈贝马斯的话语共识却是在公共领域的交往行动中达成的。

在罗尔斯那里，公共理性是民主国家的基本特征，它包含三种含义：其一，它是民主国家的公民理性，是那些共享平等公民身份的人的理性；其二，它的主题是公共的善和基本的正义问题；其三，它的本性和内容是公共的，是由通过社会的政治正义观念所表达，并在此基础上开放实施的那些理想和原则所给定的。由此引出了公共理性的两个基本特征：第一，它对于个体公民和根本性的社会政治生活问题具有某种强制力，但这种强制力并不适用于公民个体和政治生活问题的全部，而只是适用于有关政治社会之"宪法根本"和诸如选举权、宗教宽容、财产权、机会均等的保障等基本正义问题，易言之，这些问题才是公共理性的主题，它们往往是通过民主社会的宪法来加以规定的；第二，公共理性并不适用于我们对政治问题的个人思考，也不包括像教会和大学这样的文化团体的成员有关社会政治问题的言论。相反，这些内容恰恰是公共理性得以充分展现的社会文化条件。

总体上看，公共理性不是一种道德理性，而是一种社会的政治理性，它是政治自由主义确立其民主政治之合法性原则的基础或依据。所谓自由主义的合法性原则是指，"只有当我们的行使符合宪法——宪法的根本内容是所有公民都可以合乎理性地期待人家按照他们视之为理性而合理的、因而认为是可接受的原则和理念来认可的——时，行使政治权力才是恰当的，因之也才是正当有理的"②。因而，政治合法性原则所要求的是：有

---

① ［美］约翰·罗尔斯等：《政治自由主义：批评与辩护》，万俊人等译，广东人民出版社2003年版，第70页。

② ［美］约翰·罗尔斯：《政治自由主义》，万俊人译，译林出版社2000年版，第230页。

关宪法之根本和基本正义的问题，基本结构以及公共政策都可以向全体公民证明其正当合理性。可见，公共理性指涉的是社会的政治权力及其使用。在民主社会中，政治权力是通过公共理性建立起来的一种强制性权力，从根本上来说，它是一种公共的权力。当把公共理性和正义原则联系起来看时，我们就更容易看清公共理性的合法性功能。如果说正义原则表达的是民主社会基本结构的实质性内容，那么公共理性体现的就是"民主社会的公民决定正义"这一实质性原则是否正当，是否最能满足他们的社会生活所要求的理性推理规则和公共"探究指南"；而如果说正义原则是民主社会制定其宪法的根本核心理念，那么公共理性就是民主社会的公民理性地、公开地检审宪法的基本方式。

罗尔斯将公共理性定义为民主国家行使政治权力和制定宪法根本内容的合法性基础和指南，这与哈贝马斯把公共领域以及生活世界的实践话语看做民主国家的合法性依据有着异曲同工之处。然而，正如罗尔斯本人在对哈贝马斯的批评所作的回应中说明的那样，政治自由主义的公共理性与哈贝马斯的公共领域虽然极有可能被人们等同起来，但实质上它们并不相同。公共理性是立法者和执政者（如总统）以及法官（尤其是最高法庭的那些法官）的推理理性，它还包括政治竞选中各候选人、各派领导人在这些领导班子里工作的人的推理理性，另外还有公民在对宪法根本和基本正义问题投票表决时的推理理性。也就是说，公共理性只涉及民主国家的基本政治架构和宪法的根本正义问题。所以，公共理性只有一种，但非公共理性却多种多样。非公共理性是由许多市民社会的理性所构成的，与公共政治文化相比，它们属于公共理性的"背景文化"。如果说公共理性只与政府或准政府的机构和活动相关，那么非公共理性则同民间的机构与活动有关。这样一来，罗尔斯实际上就把市民社会的理性排斥在民主政治的合法性基础之外。换言之，提供合法性依据的不是市民社会，而是政治权力系统。这与哈贝马斯是背道而驰的。

在哈贝马斯那里，政治国家获取合法性的过程是，市民社会的理性经过公共领域的实践话语而上升为国家权力的理性话语，从而为国家的民主建制和政治权力的行使提供合法性约束或依据。因而，真正构成合法性基础的是公共领域，而非政治国家自身。而且，罗尔斯所指出的非公共理性恰恰是哈贝马斯所认定的交往理性的主要形式。

毋庸置疑的是，罗尔斯政治自由主义的民主观念是为了解决现代民主在多元社会中如何可能的问题。尽管还设置了一种反思平衡的论证方法，但他还是凭借原初状态的代表设置而企图一劳永逸地解决民主宪政国家的政治正义问题。作为政治的总理念——正义原则是不容反思和平衡的，它是一切社会生活的原则和政治合法性的依据。这种民主观念缺乏作为市民之公众的自主自律的实践话语，而哈贝马斯的公共领域在场的话语民主对它是一种有益的补充。从哈贝马斯的理论基础来看，现代民主如何可能的问题不可能一劳永逸地解决。作为表达和维护社会生活意志的机制，民主依赖于民众在公共领域中充分参与政治实践话语的水平。民主的前提不能预设，更不可能一次性解决，而必须是在生生不息之生活世界的源流中，在开放而又现实的公共领域中，在与他人的交往行动中，自主参与，平等对话，从而形成普遍的民主意志。

三　话语民主理论对审议民主模式的启示

各种民主理论，不管是后现代主义还是现代主义，不管是自由主义者还是共和主义者，都承认话语是民主宪政中不可缺少的要素。而在关于话语的民主理论中，出现了一种集结了各家特点的审议民主①理论。

早在古希腊的城邦政治中，审议民主就已经出现了，并曾一度非常繁荣。但是，在密尔、杜威和阿伦特等政治理论家们的著作中，仍然流淌着审议民主的涓涓细流。而哈贝马斯公共领域的话语民主理论复兴了建立在自由讨论基础上的审议民主，并使之在 20 世纪末期汇成了民主之话语理论的一条大河。正如埃尔斯特（John Elster）所说："主要由于哈贝马斯的影响，围绕偏好转换而不仅仅是偏好聚合的民主观念已经成为民主理论的主要立场之一。"② 1980 年，在《审议民主：共和政府的多数原则》一文中，约瑟夫·毕塞特（Joseph M. Bessette）首次在学术意义上使用"审议民主"一词，表示与选举精英的代议民主相对的参与式民主。1989 年，受哈贝马斯话语理论启发，科恩（Joshua Cohen）在其文章《审议与民主

---

①　"审议民主"的英文原文是 deliberative democracy，也译作"协商民主"，指的是这样一种民主模式：在政治共同体中，自由平等的公民，通过自主参与政治意志的形成过程，提出自己的观点，同时充分考虑其他人的生活意志，在相互理解和协商的基础上批判性地审视各种政策建议，从而赋予立法和决策以合法性。

②　John Elster, *Deliberative Democracy*, New York：Cambridge University Press, 1998, p. 1.

合法性》中提出了"审议民主"的概念，并指出："话语民主（delibera-tive democracy）这一概念根植于民主交往的直觉理想中，根据这一理想，交往的条件是否合理，通过平等公民的公共辩论和批判来决定。这样，在解决集体事务的过程中，公民凭借公共批判，承载了一定的责任。因为基础机制建构了自由公共讨论的框架，公民肯定，这些机制是合法的。"① 这里的"话语民主"就是指审议民主。

到 90 年代，审议民主理论已经成为民主理论中不容忽视的理论流派，并逐渐成熟，其代表人物有埃尔斯特、科恩、德莱辛克（John S. Dryzek）等。埃尔斯特认为："在最低程度上，民主应该是公民对领袖或政策的一种有效的、正式的控制。'有效的'意味着拒绝有名无实的参与；'正式的'意味着叛乱等行为不是控制手段。民主的存在并不取决于这种控制是事前或是事后的、一步或两步的、直接或是间接选举的、分权或是集中的，也不依赖于选民基础是否广泛。"② 在他这里，民主主要取决于自由平等的相关参与者的审议。

而在科恩看来，审议民主是指公共事务受共同体成员的公共审议所支配的一种民主模式。共同体将民主本身看成是基本的政治理想，而不只是将其看成能够根据公正和平等价值来解释的协商理想。

在德莱辛克看来，20 世纪最后十年，民主理论发生了明显的审议转向，民主的实质已经广泛地被认为是与投票、利益聚合、宪政权利或者自治相对的审议。而真正审议的条件是参与者间无强迫的交往。审议民主理论一方面根源于自由主义的宪政民主理论和实践，另一方面受惠于社会批判理论的话语民主理论。③ 在他看来，使用"话语民主"（discursive de-mocracy）一词比"审议民主"（deliberative democracy）更好。原因有三：首先，审议可以被理解为个人的决定过程，而不必然是集体的社会的决议过程。而话语却必然是社会的和主体间的；其次，审议具有静态的、推理论证的意味，而话语进程则是从交往的角度来被审视的，具有更宽泛的含

---

① 转引自［德］于尔根·哈贝马斯《公共领域的结构转型》，曹卫东等译，学林出版社 1999 年版，1990 年版序言第 24 页。

② ［美］乔·埃尔斯特：《协商与制宪》，张潜译，载陈家刚选编《协商民主》，上海三联书店 2004 年版，第 217 页。

③ John S. Dryzek, *Deliberative Democracy and beyond*：*Liberals*，*Critics*，*Contestations*，Oxford：New York：Oxford University Press，2000，pp. 1 – 3.

义，边缘的不受约束的和富有争议的交往也被包括其中；最后，话语术语受到当代两种政治理论传统的影响，一是福柯及其追随者的话语；二是受哈贝马斯影响的与福柯相反的话语，而德莱辛克特别强调了哈贝马斯公共领域中的话语对民主的建构作用。他认为，审议民主必须依靠公共领域中的话语机制对现有权力结构进行批判。①

在这些审议民主的理论中，哈贝马斯及其"公共领域"和"话语民主"无疑已经成为关键词。随着听证会制度等的实施，话语民主理论也越来越多地被运用到民主实践中。比如，在美国出现了詹姆斯·费希金（James Fishkin）所指导的"协商民意测验"，并产生了较大影响②。这些民主实践都带有审议民主的主要特征：通过公众积极的广泛的参与，包括提问、讨论、批判等活动，形成了具有一定权力效力的公共意见，而这些意见构成了政府实施公共权力的重要依据。但是，他们过于强调公共领域中的审议机制和程序，而忽略了哈贝马斯的法治国家观念，忽略了公共领域与权力系统间的相互作用。

第二节　话语民主理论与马克思主义民主观

苏东剧变之后，以福山为代表的资本主义理论家们宣告：资本主义已经取得了完全的胜利，马克思主义和社会主义已经终结了。然而，福山的幻想根本不能成为现实。虽然马克思主义一度处于低潮，但是即使在西方也还有一些思想家捍卫着马克思及马克思主义在当代的价值。比如，在1993年的"马克思主义向何处去"的国际讨论会上，后现代主义者德里达就作了《马克思的幽灵》的演讲，向世人宣告："不能没有马克思，没有马克思，没有对马克思的记忆，没有马克思的遗产，也就没有将来；无

①　John S. Dryzek, *Deliberative Democracy and beyond*: *Liberals*, *Critics*, *Contestations*, Oxford; New York: Oxford University Press, 2000, p. vi.

②　参见［美］詹姆斯·费希金《实现协商民主：虚拟和面对面的可能性》，劳洁摘译，载《浙江大学学报》2005年第5期。除此之外，中国浙江省的温岭市结合中国的社会主义民主实践开创了"民主恳谈"的民主模式，这种民主模式经过实践推动了中国基层民主的发展，并于2004年获得了"中国地方政府创新奖"。参见慕毅飞《民主恳谈：温岭人的创造》，中央编译出版社2005年版。

论如何得有个马克思，得有他的才华，至少得有他的某种精神。"① 他认为，不管承认与否，马克思的学说作为一种幽灵在当代乃至将来都继续产生很大影响。

作为现代性之卫士的哈贝马斯也在一定程度上为马克思辩护：苏东剧变并不意味着社会主义的失败，失败的只是苏联模式的"社会主义"，即官僚社会主义，这是一场"纠补的革命"，马克思主义仍然具有当代意义。其实，哈贝马斯从其早期开始就深受马克思主义的影响，除了马克思著作的直接影响外，西方马克思主义者对他的引导也是不容忽视的。他自己对此也毫不讳言："得感谢布洛赫（Bloch）和阿多诺（Adorno），是他们的著作让我们茅塞顿开，懂得马克思主义并没有终结"②，"卢卡奇指引我走进了青年马克思。阿多诺在我学术生涯中又起到了关键作用，他教我如何摆脱理解马克思的历史局限"；"在 50 年代，无论是历史的马克思还是资本主义理论，对我都不重要，真正对我有重要影响的是写作《1844年经济学—哲学手稿》的马克思——一个将抽象问题具体化的理论家。当然还有卢卡奇和科尔施（Korsch）……他（阿多诺）还教导我从'人类学'角度去解读马克思。"③

对马克思的理解和继承使哈贝马斯即使面对社会主义实践遭受挫折的情况下，也对社会主义民主寄予某种希望："如果把'社会主义'理解为种种解放了生活方式——关于这些生活方式，参与者自己先得达成理解——的那组必要条件的话，那么我们就会看到，对法律共同体的民主自我组织，也构成了这种事业的规范性核心。"④ 即使在他所钟情的资本主义民主问题上，哈贝马斯也注入了某种社会主义的解放力量。因为在他看来，"社会主义是一个能够把社会财富和社会国家的大众民主制的政治自由，包括在一个有资格被称之为基本上民主的，社会的，彻底的，多元的和独立的实践中的社会主义"⑤。

---

① ［法］德里达：《马克思的幽灵》，何一译，中国人民大学出版社 1999 年版，第 21 页。

② ［德］于尔根·哈贝马斯：《现代性的地平线》，李安东、段怀清译，上海人民出版社 1997 年版，第 4 页。

③ 同上书，第 42 页。

④ ［德］于尔根·哈贝马斯：《在事实与规范之间》，童世骏译，生活·读书·新知三联书店 2003 年版，前言，第 5 页。

⑤ ［德］于尔根·哈贝马斯：《生产力与交往》，李黎译，载《哲学译丛》1992 年第 3 期。

综上所述，哈贝马斯作为具有深厚马克思主义传统的法兰克福学派的第二代掌门人，其思想无疑深深地打上了马克思主义的烙印。

哈贝马斯认为，在他之前的法兰克福学派的马克思主义有三个方面的缺陷：一是关于"理性的哲学—历史概念"问题①，二是关于"从黑格尔那里继承的真理的哲学概念"问题②，三是"旧法兰克福学派从不重视资产阶级民主"，而他自己则试图挖掘出资产阶级民主的潜能。而且，哈贝马斯明确了他所谓的马克思主义与传统马克思主义的区别："我深信即使运用古典政治经济学批判，今天我们也无法作出准确的经济预言：预言一个自主的、能自我再造的经济体制。这一点我是不相信的。事实上，法制的当代经济已不再等同于马克思当年分析时的经济。当然这不意味着马克思的结构分析是错误的。只要不考虑这一点，即错误地以为经济结构完全可以引导政治体制，而忽视政治体制的介入，马克思的分析就有其正确性。"③ 而他自己则将"经济结构"从社会生活领域抽离出来，纳入系统结构中，使之与"政治体制"融合，并用生活世界代替经济结构，使之成为经济结构和政治体制的基础。而这决定了哈贝马斯与马克思主义之间微妙的关系。

作为一位西方马克思主义者，哈贝马斯在一定程度上体现了马克思主义的基本观点。这种体现不仅在于他对历史唯物主义的重建上④，而且在于他从话语民主的角度丰富了马克思主义的民主观，在新的形势下进一步阐发了马克思主义的解放理论。马克思主义民主观的核心观念是，作为反映人民生活意志的国家制度，民主是对扭曲的社会生活的解放，包括对资本主义市民社会生活的解放。在新的形势下，哈贝马斯重新阐发了国家与社会的关系，并以公共领域和生活世界的观念进一步补充马克思主义的市民社会观念；从民主的实质问题来看，在晚期资本主义的历史环境中，哈贝马斯进一步批判了资本主义民主制度的虚伪性及其意识形态特征；从当

① ［德］于尔根·哈贝马斯：《现代性的地平线》，李安东、段怀清译，上海人民出版社1997年版，第45—46页。

② 同上书，第48—49页。

③ 同上书，第32页。引用时略作了语句的调整。

④ 详尽阐述参见哈贝马斯的《重建历史唯物主义》、郑召利的《哈贝马斯的交往行动理论——兼论与马克思学说的相互关联》（第六章），以及 Thomas McCarthy, *The Critical Theory of Jürgen Habermas*，第三章。

今利益多元化的社会结构出发，指出了实现复杂化了的阶级利益的可能路径。然而，哈贝马斯的思想作为资本主义制度环境的产物，又不能跳出资本主义的樊篱，达到马克思主义的视野，故而在一定程度上又扭曲了马克思主义的民主观，表露出公共领域在场的话语民主理论的缺陷。不过，不管怎样，他的话语民主理论对当代的社会主义民主理论的探讨都具有重要的启发意义。

一　话语民主理论与马克思主义民主观的视野交融与偏离

在阐述哈贝马斯的话语民主理论与马克思主义民主观的关系之前，需要澄清的问题是马克思主义的民主观是什么。

（一）马克思主义的民主观

在马克思看来，一切国家制度在形式上都以民主为宗旨，即代表人民的意志。"民主制是国家制度的类……是一切国家制度的本质。"[①] 从作为类的民主制来看，其他任何制度，包括君主制都需要具备这个"类"的普遍形式，这个形式就是人民主权。然而，其他国家制度只是从形式上抽象地转嫁人民主权，在其他国家制度，如君主制中，国家制度在实质上与人民意志相分离，甚至根本对立。其他国家制度只具有民主的形式，没有真正民主的内容，它们只有"伪造内容"。因此，民主制又是一种特殊的国家制度，作为一种国家制度，它具备了民主的内容和形式。马克思将民主制与君主制作了如下比较：

> 在君主制中，整体，即人民，从属于他们的一种存在方式，即政治制度。在民主制中，国家制度本身只表现为一种规定，即人民的自我规定。在君主制中是国家制度的人民；在民主制中则是人民的国家制度。民主制是一切形式的国家制度的已经解开的谜。在这里，国家制度不仅自在地，不仅就其本质来说，而且就其存在、就其现实性来说，也在不断地被引回到自己的现实的基础、现实的人、现实的人民，并被设定为人民自己的作品。国家制度在这里表现出它的本来面目，即人的自由的产物。也许有人会说，在某种意义上，这对于立宪

---

① 《马克思恩格斯全集》第 3 卷，人民出版社 2002 年版，第 39—40 页。

君主制也是适用的。然而民主制度有的特点是：国家制度在这里毕竟只是人民的一个定在环节，政治制度本身并不构成国家。①

　　从这段话中，我们可以看出，马克思对民主制度的褒扬溢于言表。君主制中，政治制度就是整个国家。政治制度及其权力不但不是来源于人民，而且还规定了人民的生活，国家制度成为了主体，而人民只不过是它针对的客体，作为现实的主动的人民成为了抽象的被动的对象。因此，在君主制中现实的人及其生活被规定了，被驯化了，甚至被钉死在了国家制度的架子上。而民主制却相反，在其中，国家制度来源于人民现实的存在，国家权力从实质上代表人民的意志，是人的自由生活的产物。与此相应，国家制度只是人民生活的一种表现形式，人民是国家制度的主人。

　　马克思认为，民主制度是一切国家制度中最好的国家制度。在民主制中，不是人为法律而存在，而是法律为人而存在，民主制是人的现实生活的存在形式。"只有民主制才是普遍和特殊的真正的统一……在民主制中，国家制度、法律、国家本身，就国家是政治制度来说，都只是人民的自我规定和人民的特点内容。"② 也就是说，在民主制中，国家制度、法律、国家本身作为政治制度的表现形式，不是统治人民的机器，而是来源于人民的社会生活意志，维护人民在社会生活中的利益。然而，在马克思看来，就像虽然基督教是卓越超绝的宗教，但还是要随着宗教的被消灭而消失一样，作为一种最好的国家制度，作为一切国家制度的本质，民主制会随着政治国家的被消灭而消失。而民主消失的时刻就是它的价值完全实现的时刻。

　　在马克思看来，政治国家来源于社会。他对"社会"进行了精辟的描述："社会——不管其形式如何——是什么呢？是人们交互活动的产物。人们能否自由选择某一社会形式呢？决不能。在人们的生产力发展的一定状况下，就会有一定的交换［commerce］和消费形式。在生产、交换和消费发展的一定阶段上，就会有相应的社会制度、相应的家庭、等级或阶级组织，一句话，就会有相应的市民社会。有一定的市民社会，就会

　　① 《马克思恩格斯全集》第3卷，人民出版社2002年版，第39—40页。
　　② 同上书，第40—41页。

有不过是市民社会的正式表现的相应的政治国家。"① 可见，社会是人们在特定历史条件下的客观的交往领域，国家则是反映这种交往关系的产物，而社会关系中最典型的关系就是阶级关系。也正因此，国家是阶级统治的工具。资本主义的社会生活表现为市民社会生活。而资本主义国家则是建立在资本主义市民社会基础上的。

马克思并不把市民社会理解为一个自在自为的自由社会，相反，认为它是在过去一切历史阶段上受生产力所制约，同时也制约生产力的交往形式，是社会生活中的生产关系、经济关系、交往关系的总和。而"政治国家没有家庭的自然基础和市民社会的人为基础就不可能存在。它们对国家来说是必要条件"②。因此，国家不仅不是社会的主宰物，反而正是社会的产物。

但是，市民社会是私人等级社会。不管是封建社会中的市民社会还是资本主义社会中的市民社会，都没有摆脱阶级统治的属性。封建社会的市民社会通过领主权、等级和同业公会的形式，将封建主的特殊利益上升为国家的普遍利益，资本主义的市民社会通过人权等法律的形式，将资产阶级的利益转变为国家的普遍利益。

马克思意识到，从形式上看资本主义的国家与社会相分离，市民作为自由平等的个人分享了资本主义民主的权利，而从实质上看，国家与社会却相互依赖，相互制约，其国家只是代表和维护资产阶级统治利益的工具。资本主义民主制建立在资本主义的市民社会基础上，而市民社会凭借资本主义的民主政制强化了市民社会的阶级结构。在形式上，市民社会总是试图扬弃资产阶级统治的意识形态性质，即以普遍的、自由平等的权利为价值取向，因此，市民社会本身充满了其形式与实质的悖论："政治国家是一个同市民社会分离开来的存在。一方面，如果全体人员都是立法者，那么市民社会就会扬弃自身。另一方面，与市民社会相对立的政治国家只有具备符合政治国家尺度的形式，才能容忍市民社会。换句话说，市民社会通过议员参与政治国家，这正是它们分离的表现，而且正是它们的纯粹二元性统一的表现。"③ 市民社会越是体现自身的实质——阶级统治，

---

① 《马克思恩格斯选集》第 4 卷，人民出版社 1995 年版，第 532 页。
② 《马克思恩格斯全集》第 3 卷，人民出版社 2002 年版，第 12 页。
③ 同上书，第 148 页。

国家与社会的亲缘关系就越是明显，它就越是消解了其形式的民主特征；市民社会越是离间其自身的实质——阶级统治，国家与社会的亲缘关系就越是疏远，社会中的市民就越是自由平等，真正的民主价值才越是凸显。因此，马克思揭示了资本主义市民社会中个体所享有的形式上的自由："人没有摆脱宗教，他取得了信仰宗教的自由。他没有摆脱财产。他取得了占有财产的自由。他没有摆脱行业的利己主义，他取得了行业的自由。"①

　　在马克思看来，市民社会中的社会关系主要建立在生产关系基础上。具体来讲，资产阶级通过对物质生产资料的占有而占有了无产阶级的所有，也从而获取作为市民的自由权利。而与此相应的，国家的政治关系最终根源于物质生产关系。"那些决不依个人'意志'为转移的个人的物质生活，即他们的相互制约的生产方式和交往方式，是国家的现实基础，而且在一切还必需有分工和私有制的阶段上，都是完全不依个人的意志为转移的。这些现实的关系决不是国家政权创造出来的，相反地，它的本身就是创造国家政权的力量。"② 这样，在资本主义的市民社会中，一切社会生活都要服从交换原则，一切人的活动和社会关系都被拴在了生产、交换和消费的链条上，而相应的社会生活关系表现为人对物的依赖关系，即以商品为目的的交往关系。马克思批判了交换价值生产体系对人的这种片面化，强调应该发展人的全面的社会关系。这种社会关系决定了资本主义的国家性质。作为占有生产资料的资产阶级统治无产阶级的工具，资本主义的国家制度不仅扭曲了无产阶级的社会生活，而且作为统治阶级的资产阶级的社会生活也局限于这种物的关系。

　　因而，马克思认为，真正的民主制绝不是资本主义民主制。在他看来，资本主义民主制是虚伪的民主制，是真实的专制。从根本上来说，资本主义民主制度是建立在私有制基础上的，而后者又根源于市民社会中资产阶级对无产阶级劳动力的占有和驱使，以及对生产资料的私人占有和垄断。也就是说资本主义民主一方面是资产阶级的民主，另一方面是对无产阶级甚至自身的奴役。因此，在资本主义的市民社会中，人的关系被扭曲了。

---

① 《马克思恩格斯全集》第3卷，人民出版社2002年版，第188页。
② 同上书，第377—378页。

马克思主张打碎资本主义的物的关系对人的统治，建立全面发展自由个性的生产关系和社会关系，从而形成新的生产关系和自由人的联合体。而"代替那存在着阶级和阶级对立的资产阶级旧社会的，将是这样一个联合体，在那里，每个人的自由发展是一切人的自由发展的条件"①。怎么代替呢？首要的条件是改变人对物的依赖。而人对物的依赖从根本上说是因为生产力不够发达，资本主义正是借此才把生产劳动发展成单一尺度基础上的交换价值生产体系，以物质生活生产来充斥人的全部生活，从而抹杀人的具有多样性的社会生活。因此要解脱人对物的依赖，根本问题并不在于改变国家的政治制度，而在于发展社会生产力。然而，马克思并不是一个经济决定论者，他揭示资本主义生产体系与社会生活的激烈冲突和对抗性质，并不是为了单纯的物质生活，而是为了明确社会生活的物质基础，同时也是为了消灭这个物质基础。他认为，只有消灭了这个物质基础，人与人的关系才会是健全而自由的联合。

在马克思那里，国家从来就不是社会生活的目的，而是社会生活的手段。国家的产生并非只在于所有个人的自由权利，而在于维护有产阶级的利益。国家，包括资本主义民主国家，都只不过是有产阶级维护私有利益的权杖而已。国家从一开始就只具有虚假的公共性，其实质是私有性，建基于对物质资料的占有的私有性。因此，恩格斯指出："现代国家，不管它的形式如何，本质上都是资本主义的机器，资本家的国家，理想的总资本家。"②

马克思认为，真实的民主制度与国家是相背离的，或者说真实的民主与其自身是相背离的。真实的民主旨在于解放，而"任何解放都是使人的世界和人的关系回归于人自身"③。国家却总是在某种程度上扭曲了部分人的社会生活，在资本主义国家就表现为资产阶级压迫了无产阶级的生活。要实现真正的民主，体现人民的意志，就只有让所有相关者都占有生产资料，实现人民的主权。这样，作为国家制度的民主就会随着国家的消亡而消亡。国家的消亡，也就是民主的消亡。因此，民主作为一种国家制度，其越是发展，越是显明自身，就越是走向死亡。

---

① 《马克思恩格斯选集》第2卷，人民出版社1995年版，第294页。
② 《马克思恩格斯选集》第3卷，人民出版社1995年版，第629页。
③ 《马克思恩格斯全集》第3卷，人民出版社2002年版，第189页。

（二）话语民主理论与马克思主义民主观的视野交融

在哈贝马斯的理论生涯中，虽然其思想兴趣和研究方法都有所转变，但仍然有一条红线贯穿其思想的始终，那就是人的解放。人的解放是马克思主义的宏旨，也是社会批判理论的宏旨。尽管哈贝马斯对马克思进行了一些批判，然而，在解放的旨趣上，其话语民主理论与马克思主义民主观具有融合之处。

首先，从国家与社会的关系问题来看，与马克思一样，哈贝马斯也主张社会生活决定国家制度。并且，他还以"生活世界"观念解释了马克思的"自由联合体"观念。

马克思通过批判黑格尔的国家决定论，指出国家只不过是根据一定社会生活形式组成的虚幻共同体。他虽然没有提出过"生活世界"的概念，但"无论从直接的、还是深层长远的理论动意来看，马克思哲学是以认识与把握生活、反思与批判生活、追求生活的解放与自由、建构生活新形态为主题的哲学"①。他总是通过批判历史和现实的社会生活来建构生活的新形态的。在他看来，资本主义及其以前的社会生活都遭到了扭曲，社会生活表现为分裂的生活。而这种分裂的社会生活形式决定了代表阶级利益的国家政治形式。

在晚期资本主义的历史环境中，哈贝马斯在前人的基础上重新阐发了生活世界的观念，并对马克思的生活观进行了批判。他用系统—生活世界的二元分析模式对国家与社会的关系进行了重新阐述。在马克思那里，市民社会是以经济生产为基础的社会生活领域，国家建立在这个领域基础上。而哈贝马斯认为，在晚期资本主义社会里，经济系统已经从社会领域分离出来，并与国家政治权力纠结在一起被统称为"系统"，而与系统相对的社会生活领域被称为"生活世界"。生活世界是人们进行社会交往的背景和视界，是交往主体价值和意义的源泉，是行为主体之间相互理解的信息库。它包括文化、社会和个人的三分结构。对于系统来说生活世界具有奠基性和先在性。它是系统的意义来源，并为系统提供动力和合法性。在哈贝马斯看来，生活世界发生了分裂，根源就在于现代生产劳动体系的原则和权力原则越来越趋向于支配生活世界。

---

① 杨楹：《生活与自由——我所理解的马克思哲学》，载《学术研究》2006 年第 1 期。

　　哈贝马斯认为，晚期资本主义生产关系与自由资本主义时期相比发生了变化，这表现为："（1）剩余价值的生产形式发生了变化，这就影响到了社会组织原则；（2）出现了一种准政治性的雇佣结构，这就表现出了一种阶级妥协；（3）政治系统的合法性需求有所增加，这就使得以使用价值为取向的需求起了作用，这种需求可能会与实现资本的需求产生竞争。"① 剩余价值的生产不再只是市场规律作用的结果，国家行政权力大量干预其中，形成了国家与市场相结合的社会组织原则。而通过国家福利政策的实施，资产阶级与无产阶级间进行了某种程度的妥协，目的在于获取无产阶级对其统治的承认和忠诚。这就使得以使用价值的物质需求换取了对政治统治的承认。这种变化了的生产关系导致的后果是，国家权力与社会经济的融合形成系统，不仅支配了经济社会和国家制度，而且支配了作为意义和价值源泉的生活世界。

　　哈贝马斯认为，现代社会最根本的危机就在于生活世界的殖民化。本来，在由价值与意义的关系性网络所交互构成的生活世界中，人们运用语言和非语言的符号作为彼此相互理解的手段，在私人领域和公共交往领域进行自由的交往，并为系统输入动机来源和意义来源。然而，以金钱和权力为媒介的系统以其无所不在的强大力量，逐渐侵入生活世界，从而导致它的殖民化。这表现为作为私人领域核心的家庭关系受到了金钱和权力的侵害，家庭关系变成了金钱关系和权力关系；原本具有公共性和批判性的公众变成公共权力机关和私人利益集团或政党引诱和控制的对象，具有自由批判精神的公共领域受到操纵，沦为私人利益集团和国家权力的统治工具。后果是资本主义民主重新封建化，从而导致了动机危机和政治合法化危机。

　　其次，从真正民主的实质问题来看，与马克思一样，哈贝马斯批判了资本主义，特别是晚期资本主义民主制度的虚伪性及其意识形态特征。"意识形态"是一个极其混乱和复杂的词汇，其意可大可小、可褒可贬。然而，马克思和哈贝马斯的"意识形态"概念都包含了同一个含义：打着普遍利益和价值的旗号维护和攫取自身统治利益的思想意识。马克思批判自由资本主义的民主是虚伪的民主，其民主制度只是打着民主旗号维护资产阶级的统治。哈贝马斯赞同马克思的这种批判，并以之分析了资本主

---

　　① ［德］于尔根·哈贝马斯：《合法化危机》，刘北成、曹卫东译，上海人民出版社2000年版，第75页。

义民主的意识形态特征："意识形态的根源应该是在角色和公众舆论中把'财产所有者'与'一般人'等同起来"，而"阶级利益是公众舆论的基础"，这样，在自由资本主义时期，意识形态从主体（阶级）到客体（阶级利益）都采取了虚假的普遍的形式。① 而到了晚期资本主义时期，意识形态从直接的阶级统治转移到科学技术的工具理性统治上来。

但是，哈贝马斯与马克思的意识形态论还是有所区别的。其一，在哈贝马斯看来，自由资本主义时期的民主虽然具有资产阶级统治的特征，但是资产阶级公共领域作为一种民主政治意志形成的公共空间，却对资本主义民主产生了巨大的推动作用。"公共领域本身在原则上是反对一切统治的"②，因此，公共领域本身具有普遍的民主价值。所以，哈贝马斯把资本主义民主的希望寄予在公共领域的复兴上。

其二，晚期资本主义民主的意识形态特征主要表现在，资本主义以形式民主来掩盖其剩余价值的追求，相应地，以科学技术的工具—目的行为来替代公共领域中民主生活意志的形成。哈贝马斯区分了这两种意识形态，称"自由资本主义时期的阶级统治的意识形态"为"旧意识形态"，称"晚期资本主义时期的科学技术的意识形态"为新意识形态。"毫无疑问，无论是新的意识形态，还是旧的意识形态，都是用来阻挠人们议论社会基本问题的。"③ 因此，新旧意识形态都与真正的民主相背离。然而，新的意识形态同旧的意识形态的区别就在于："新的意识形态把辩护的标准与共同生活的组织加以分离，即同相互作用的规范的规则加以分离；从这种意义上说，是把辩护的标准非政治化，代之而来的是把辩护的标准同目的理性活动的子系统的功能紧紧地联系在一起……技术统治意识的意识形态核心，是实践和技术的差别的消失——这是失去了权力的制度框架和目的理性活动的独立系统之间的新格局的反映，但不是这种新格局的概念。"④ 在哈贝马斯看来，作为技术统治意识的意识形态，消解了公共领域的公共性和批判性功能，从而使资本主义民主徒具形式民主的特征。这

---

① ［德］于尔根·哈贝马斯：《公共领域的结构转型》，曹卫东等译，学林出版社1999年版，第96—97页。

② 同上书，第97页。

③ ［德］于尔根·哈贝马斯：《作为"意识形态"的技术与科学》，李黎、郭官义译，学林出版社1999年版，第69页。

④ 同上书，第70—71页。

种形式民主使得资本主义国家的行政权力只是在形式上获得市民的大众忠诚，但是这种忠诚不是通过积极的政治参与实现的，而是通过消极的投票喝彩而实现的。公民对政治参与的热情转向有经济系统和国家福利所提供的职业、休闲和消费的兴趣上。而实质上的政治权力却来源于科技专家等精英阶层和利益集团的社会权力阶层。因此，晚期资本主义要实现真正的民主，就要消除晚期资本主义的科学技术的意识形态特征，而这首先就需要重振公共领域，恢复其中的实践话语。

最后，从当今利益多元化的社会结构出发，哈贝马斯指出了实现复杂化了的阶级利益的可能路径——公共领域的实践话语。他承认马克思对自由资本主义社会的阶级分析，并继承了这种阶级分析方法，将之运用于对自由资本主义时期公共领域结构的分析。然而，在他看来，到了晚期资本主义时期，阶级结构发生了变化，即"那些同维护生产方式紧密联系的利益，不再是阶级的利益，它们不再带有'明显的［阶级］局限性'"①。"但是，这并不意味着阶级对立的消亡，而是阶级对立的潜伏。阶级的特殊差别依然以集团文化传统的形式和以相应的差异形式继续存在；这种差异不仅表现在生活水平和生活习惯上，并且也表现在政治观点上。"② 也就是说，在哈贝马斯看来，自由资本主义时期占主导地位的阶级冲突到晚期资本主义时转化为潜在的阶级差别。而这种差别不是表现为阶级压迫等明显的专制形式，而是体现在社会生活水平、生活形式以及政治观点上。在晚期资本主义时期，特别是在多元文化社会中，政治权力不是单纯地维护资产阶级的统治利益，其更重要的使命是调节不同生活水平、生活形式和政治观点的差异。他指出："中期经济制度所施行的超载财政是以及时转移社会冲突方向来维持社会稳定的，资本主义有着强大的适应力，其制度的灵活性简直不可思议，它依然拥有重要的文化和动力资源。它有惊人的能力去整合不同的社会一体化形式。"③ 这样一来，要解决这种转化了的阶级对立，就不能依靠马克思所说的大力发展生产力和阶级斗争，更不

---

① ［德］于尔根·哈贝马斯：《作为"意识形态"的技术与科学》，李黎、郭官义译，学林出版社1999年版，第66页。

② 同上书，第67页。

③ ［德］于尔根·哈贝马斯：《现代性的地平线》，李安东、段怀清译，上海人民出版社1997年版，第31页。

能诉诸激进的暴力革命。因为在他看来，要解决这种占次要地位的阶级冲突，"越来越依赖于民主法制国家中的话语组织，越来越依赖于公民社会和政治公共领域中的交往过程"①，即依赖于公共领域在场的话语民主。

（三）话语民主理论对马克思主义民主观的偏离

尽管公共领域在场的话语民主在以上问题上与马克思主义民主观有一致之处，但是，在以下问题上它偏离了马克思主义，甚至可以说背离了马克思主义，这也是哈贝马斯话语民主的根本缺陷之所在。

第一，民主作为根本的社会生活方式，其首要前提就是社会公众对生产资料（生活资料）的占有，而公共领域在场的话语民主理论颠倒了生产与民主的关系。劳动是马克思历史唯物主义的基本范畴，劳动使人区别于动物，在劳动和劳动关系中人实现其本质。社会实践特别是生产劳动是决定历史发展的根本力量。哈贝马斯坚持历史唯物主义，反对唯心主义，即认为社会历史的决定力量不是精神，但他也不认为它是生产劳动，而是交往活动。

哈贝马斯一方面高度评价马克思关于社会劳动在人类社会产生和人类生活方式再生产中之重要意义的思想。他认为，马克思既继承了黑格尔对康德批判的积极成果，同时纠正了黑格尔的旧形而上学的片面性，并同唯心主义划清了界限。他指出，用社会劳动这一概念解释人类历史的发展，并把劳动当做人类物质生产活动和精神发展过程统一的基础，这是马克思的突出贡献。但是，另一方面，哈贝马斯批判马克思忽略了人类交往行动的作用："马克思对相互作用和劳动的联系并没有作出真正的说明，而是在社会实践的一般标题下把相互作用归于劳动，即把交往活动归之为工具活动。"② 而哈贝马斯自己则将生产实践完全看成是技术—工具性的劳动，并将其排斥在生活世界之外。而在社会世界里，人与人的和谐相处依靠的不是生产劳动，而是交往行动。③

因此，在哈贝马斯看来，资本主义的生产劳动受工具理性的支配，不仅没有把人从自然的奴役中解放出来，而且成了进一步奴役的形式。特别

---

① ［德］于尔根·哈贝马斯：《后民族结构》，曹卫东译，上海人民出版社 2002 年版，第 200 页。

② ［德］于尔根·哈贝马斯：《作为"意识形态"的技术与科学》，李黎、郭官义译，学林出版社 1999 年版，第 33 页。

③ 参见［德］于尔根·哈贝马斯《交往行动理论》和本书第二章。

是在经济领域，以利润为目的的资本主义生产使职业劳动最大限度地工具化，带来了越来越沉重的效率压力；竞争机制的普遍化使人彻底沦为资本的附庸和"顺民"，丧失了独立人格；服务行业和时间的商业化和金钱化将人际关系变成了彻头彻尾的交换关系，人与人之间相互同情、相互帮助的道德风尚不复存在；而生活方式的消费化则使人不由自主地陷入了市场的控制，成为商品交换的奴隶。① 因此，他认为，人的解放不但不能依赖于生产劳动，而且要摆脱生产劳动的束缚。他将这种经济领域的生产劳动纳入系统范围，认为系统的合法性并不取决于它自身，而是取决于生活世界的交往行动。要将人从商品交换中解放出来，也不是依靠生产本身，而是依靠生活世界的交往行动，特别是公共领域中的实践话语。他说："我信赖的是最明显表现在社会解放斗争中的交往的生产力，而不是生产力的理性，亦即不是自然科学与技术的理性；这种交往的理性在资产阶级的解放运动中，在为民族主权和人权斗争中，也发挥了巨大作用。交往的理性是在民主的法制国家的各种设置（机构）和资产阶级舆论的各种制度中缓慢沉积而成的。"② 所以，哈贝马斯抛开了物质生产，而把民主建立在了生活世界的交往行动之上。

　　从马克思主义的观点来看，一定的生产方式决定一定的市民社会，一定的市民社会决定一定的政治国家。而哈贝马斯却从根本上颠倒了生产与公共领域在场的话语民主的关系。在此不必去详细阐述哈贝马斯对马克思"生产"概念的狭隘理解③，而是需要对哈贝马斯这种对生产与民主间关系的错误颠倒进行批判。哈贝马斯有保留地肯定了马克思关于生产力是社会发展动力的学说。他认为，在原始部落社会中，亲属体系承担着生产关系的作用；在前资本主义的传统社会中，生产关系是在政治秩序中体现出来的；"只有在资本主义社会中……生产关系才采取了经济的形式"④。生

---

① 参见章国锋《关于一个公正世界"乌托邦"构想》，山东人民出版社2001年版，第15页。

② ［德］于尔根·哈贝马斯：《生产力与交往》，李黎译，载《哲学译丛》1992年第3期。

③ 参见郑召利《哈贝马斯的交往行动理论——兼论与马克思学说的相互关联》，第六章第三节"对哈贝马斯诘难的辩驳"。其中已经详细阐明马克思的生产和交往实践观，即马克思的生产实践不仅仅是物质生产，而是整个生活的生产。马克思的交往不仅是人与自然界的交往，还包括人与人的交往关系。

④ ［德］于尔根·哈贝马斯：《交往行为理论》，曹卫东译，上海人民出版社2004年版，第224页。

产关系之所以能成为"制度结构赖以存在的基础"，也只是因为资本主义生产方式的产生建立了以公平交换为基础的市场体制。而到了晚期资本主义社会，由于科学技术进步所创造的生产力，以及国家对经济生活干预活动的增加，已经改变了资本主义社会的生产关系和阶级关系的性质。生产力的发展不但没有推动资本主义的发展，反而"危害着资本主义"①，在物质生活具有一定保障的情况下，人们的民主生活不但没有提高，反而有所倒退。因此，推动社会发展的不再取决于生产力的提高，而是取决于生活世界中人们的道德意识和实践能力的提高。

其实，不仅仅是自由资本主义社会里生产力决定生产关系，在一切社会里，生产力与生产关系的矛盾运动都是社会发展的根本动力。"一切历史冲突都根源于生产力和交往形式之间的矛盾"②，在晚期资本主义也不例外。资本主义的生产方式和资产阶级追求剩余价值的本性决定了整个社会中人对物的依赖关系。资本主义生产方式在某种程度上是所有相关者的联合生产，在生产过程中人与人之间的依赖性更加紧密了。但是，晚期资本主义时期生产方式的一个特点是，生产的控制权越来越集中在少数人手里，这些少数人是掌握了资本的垄断资本家、掌握了权力的政治家或者掌握了科学技术的科学家或技术专家。而大多数人则被束缚在科层管制的机器上定时地无意识地运转。这就是生产方式的专制统治。这种"被束缚"是无奈的，他们无力改变这种事实，即使是作为资本家的少数人，也无法改变这种事实。这种"被束缚"也是必需的，他们要生活，就必须就业，所以他们害怕从中"解脱"。生活世界的殖民化，公共领域的衰落正是决定于这种生产方式而不是别的。而相应的，晚期资本主义的民主也只能取决于这种生产方式的转变。

第二，公共领域的实践话语建立在理想话语环境的假设基础上，掩盖了资产阶级凭借生活资料的占有对无产阶级的话语霸权。其实，由于深受马克思主义的影响，哈贝马斯在早期曾认为，公共领域的话语民主需要建立在对财产的所有权基础上。比如，我们在前文③就已提到的，在《公共领域的结构转型》一书中，他就明确指出，在自由资本主义时期，由私

① ［德］于尔根·哈贝马斯：《生产力与交往》，李黎译，载《哲学译丛》1992年第3期。
② 《马克思恩格斯选集》第1卷，人民出版社1995年版，第115页。
③ 见本书"哈贝马斯公共领域的概念"一节。

人到公众需要具备两个基本条件：财产和教育。在他看来，财产是私人维持自身生存和自律的基础，维护和争取自己的财产是私人进入公共领域的主要动机之一。而已经占有的财产，尤其是所占有的生产资料却是进入公共领域和在公共领域中参与实践话语的主要手段。而教育则保证个体具有独立的自我理解和公共批判的理性能力。而私有财产和教育在很大程度上都取决于生产力的发展水平和相应的生产资料的占有情况。

在哈贝马斯看来，到了晚期资本主义时期，随着平等公民权的逐渐普及，大众的私人自律不再建立在私人财产所有权基础之上，因为，发达资本主义国家都实行了社会福利政策，这保证了每个公民的基本的生活资料。他认为，"社会主义者从来不曾想到［后来会出现一种］专制性的福利国家（der autoritaere Wohlfahrtstaat），即会出现社会财富有了相对保障但却排除政治自由的国家"①，也就是说，对生产资料的占有并不是政治自由的必要条件，社会财富与民主生活之间没有必然联系。

而事实上，人类社会的一切活动都是围绕着生活资料的生产而进行的。生产是多个层面的，包括物质生活资料的生产，物质生产资料的生产，人口的生产，生产关系的生产，思想、观念和意识等社会文化的生产。因此，这里的"生活资料"，包括物质生活资料和精神生活资料，它既是生活的基本手段，也是生活的基本目的。按照历史唯物主义的观点，物质生产活动包括经济生产活动并不是与文化生活的生产相分离的，物质交往形式构成其他一切历史活动（政治活动、文化活动、社会活动）和其他一切社会关系的基础，同时也构成公共领域中的交往行动的基础。"这种历史观就在于：从直接生活的物质生产出发来考察现实的生产过程，并把与该生产方式相联系的、它所产生的交往形式，即各个不同阶段上的市民社会，理解为整个历史的基础；然后必须在国家生活的范围内描述市民社会的活动，同时从市民社会出发来阐明各种不同的理论产物和意识形式，如宗教、哲学、道德等等，并在这个基础上追溯它们产生的过程。"② 而作为维护生活资料的基本场域和机制的公共领域，其对内和对外所依赖的基本条件都是社会公众对生活资料的占有。就作为一个独立的

---

① ［德］于尔根·哈贝马斯：《作为"意识形态"的技术与科学》，李黎、郭官义译，学林出版社 1999 年版，第 92 页。

② ［意］安东尼奥·葛兰西：《狱中札记》，葆煦译，人民出版社 1983 年版，第 51 页。

公共空间来说，公共领域总是存在着一个共同的生活背景，共享着同样的生活资料。这是形成一个公共领域的基本前提。而就公共领域的话语机制来说，公共领域中的话语权力是建立在较佳论证基础上。尽管公共领域的形成是建立在对同样的生活资料的共享基础上，但是，公共领域是一个利益多元化的空间，公众之间是具有众多差异的个体。而在现实生活中，较佳论证的条件却是随着对生活资料的占有条件变化而变化的。也就是说，对生活资料的占有差别往往决定了这种论证的水平的差别。

正是对生产力和在此基础上的生产关系，特别是对经济关系的忽视，使得哈贝马斯将公共领域及其实践话语建立在抽象的生活世界基础上。而这就致使其话语民主理论具有两个根本缺陷。

首先，哈贝马斯对生活世界作了理想化的理解。在他的话语民主理论中，生活世界是作为背景知识进入到人的交往行动中去的，离开了它，人们之间就无法沟通和理解，当然也就无法发生"交往行动"。作为交往行动的主体，生活世界中的社会公众被理想化了；作为交往行动的活动场所，生活世界统摄客观世界、社会世界和主观世界的知识，是一个绝对集真、善、美为一体的"真空世界"；作为语言规则和交谈规则构成的世界，生活世界遵循着言语行为的"有效性要求"，为交往参与者创设了一个"理想的话语情境"。这就意味着，哈贝马斯把生活世界当成一个独立于人们物质生产活动之外的自明性境域，把交往行动仅仅限定在生活世界里，把人与人之间的关系视为不受物质关系制约的认识关系、思想关系、道德实践关系，从而割裂了人与人之间在物质生产活动中形成的最基本的生产关系。

其次，哈贝马斯虽然强调主体间的交往关系，但却对这种关系作了抽象化的理解。在他那里，所谓的交往主体只是在进行"自由对话"的主体，这种主体只是被设想出来的、用语言逻辑推理出来的理想化的抽象的人。而在历史唯物主义那里，任何主体都是现实的，是从事实际活动的，特别是从事着特定生产活动的，具有社会属性的人。从哈贝马斯对公共领域中公众之间的交互主体关系的理解来看，他强调交往双方自始至终都只能处于"相互理解"的主体地位，交往的任何一方都不得视对方为满足自己需要或达到自己目的的工具或手段，否则，交往行动就变成了工具—目的行为。然而，这种纯粹的"互为主体关系"只能是一种假设的想象中的抽象关系。实际的情形则是，在交往中，人们总是处于一定的生产关系中，这种生产关系决定了人们在公共领域中的话语权利。

哈贝马斯的话语民主理论的缺陷就在于，将经济领域与生活世界绝对分离，从而分裂了本为一体的生产关系。其实这两者总是融合在一起的，经济领域是生活世界的重要组成部分。生活世界作为一个背景状态，涵盖了人的经济生活、政治生活和文化生活等各个领域，这里也不是哈贝马斯所说平等自由的理想语境，其中充满了权力、地位和财富的不平等，充斥着福柯所指出的专制与奴役。生活世界也不仅仅是交往行动的舞台，而且也是权力争斗的场所。可以说，哈贝马斯过高地估计了公共领域的公共性和批判性的实践能力。其话语民主理想的实现不仅仅需要公共领域的实践话语，更需要生产实践本身的合理化以及相应的生产关系的合理化。

二　话语民主理论对西方社会主义民主理论的启发

尽管哈贝马斯公共领域在场的话语民主理论在一定程度上偏离了马克思主义民主观的主线，但是，它对当代西方社会主义民主观的发展还是产生了重要的作用。在西方，存在着一种将社会主义和民主相分离甚至对立的观点，比如，熊彼特就认为，社会主义与民主并不必然联系在一起，"两者之中任何一个都能够没有另一个而单独存在"①。其实这种观点并没有认识到社会主义和民主的本质。与资本主义将追求资本作为最高目标相比，社会主义和民主都有一个共同的最高价值目标——解放生活。而西方左翼政治理论家们都认识到这一点，他们对资本主义民主进行了强烈的批判，并在哈贝马斯的影响下，试图从建构社会主义的市民社会/公共领域着手，探讨社会主义民主政治的可能性。他们不仅承认资本主义的市民社会/公共领域中存在着剥削、压迫和不平等，而且致力于对资本主义市民社会和国家进行彻底的改造，建构社会主义的市民社会，并将其作为社会主义国家政治合法性的基础。

在 1984 年出版的《公共生活和晚期资本主义》一书中，在哈贝马斯早期的公共领域观念的启发下，约翰·基恩（John Keane）从公共生活的

---

① ［美］熊彼特：《资本主义、社会主义与民主》，吴良健译，商务印书馆 1999 年版，第 355 页。

角度以突出批判社会民主主义①促进官僚主义化倾向为标靶，主张晚期资本主义民主的出路在于，通过建立和巩固独立自主的公共领域来削弱公司和国家官僚机构的权力，并以此作为"重新考虑和说明以民主的方式走向社会主义是什么意思的初步尝试"②。他将社会民主党的福利国家政策和共产党的计划经济模式统称之为"国家社会主义"，认为它会导致国家机构的恶性膨胀和社会生活的全面官僚主义化。他指出，晚期资本主义的人们都生活在官僚主义的阴影之中，这种官僚主义将全体公民都纳入专业技术化的管制下。要克服晚期资本主义的官僚主义，基恩认为出路在于社会主义公共生活的道路。在这个问题上，他毫不掩饰对哈贝马斯的赞赏："在过去几十年里，哈贝马斯对社会主义公共生活理论作出了最令人感兴趣和最富于雄心的贡献。"③ 但是，基恩并不像早期哈贝马斯那么悲观，他认为，官僚主义在对公共生活管制的同时也促成了公共领域的生长。"公共领域——集合在一起的国民在其中发表意见、相互影响和独立自主地决定行动的方针——是各种官僚主义权力范围内不间断的、虽然不是故意的虚假相互承认过程的产物。"④ 而独立自主的公共领域的发展不仅是克服晚期资本主义官僚主义的有效途径，也是走向民主的社会主义的必经之路。

　　基恩在承认哈贝马斯早期对公共生活理论作出贡献的同时，也批判地指出了他后来的普遍语用学的缺陷。他认为，哈贝马斯建立在普遍语用学

---

　　① 社会民主主义一词最早出现在 1848 年欧洲革命时期。在第一国际和第二国际时期，社会民主主义接受了马克思主义，受到马克思和恩格斯的肯定和支持，对国际工人运动的发展发挥了积极作用。第一次世界大战前后，社会民主主义的内涵发生分化，社会民主党发生分裂，其左翼从中独立出来成为共产党，中、右翼则主张用和平、渐进的方式由资本主义过渡到社会主义，反对暴力革命，反对无产阶级专政。第二次世界大战前后，随着社会民主党在一些国家执政，社会民主主义开始兴盛起来，并成立了社会党国际组织，实践其基本主张。在政治上，社会民主主义主张取消工人阶级这一阶级基础，使社会民主党由"工人党"转变为"人民党"、"选民党"；在经济上，否认公有制的主体地位，主张实行以私有制为基础的混合经济；在社会发展道路上，把通过普选取得议会多数作为取得政权的唯一方法；在社会目标上，把社会主义当作一种价值追求而不是客观发展规律，等等。此后，社会民主主义的理论观点和政治主张有不同程度的调整，但基本观点没有根本变化。

　　② ［英］约翰·基恩：《公共生活与晚期资本主义》，马音等译，社会科学文献出版社1999年版，绪论，第3页。

　　③ 同上书，第180页。

　　④ 同上书，绪论，第9页。

基础上的交往行动理论与早期的公共领域观念是自相矛盾的，并且在政治上具有一种退却的特征。首先，哈贝马斯关于交往主体的分析脱离了现实生活的实际情况，尤其没有考虑交往行动的身体方面的问题。其次，哈贝马斯设置了理想的语言情境作为公众交往的背景条件，而在基恩看来，"民主的公共生活绝不可能采取一种理想的言语情境的形式"①。再次，哈贝马斯过于强调交往的一致性，从而过高估计了公众达成这种一致性的能力和可能性。不过，尽管如此，基恩还是肯定了普遍语用学对于社会主义公共生活的贡献："一般语用学（普遍语用学——引者注）的论证的确把我们的注意力从实际上强加于人的虚假一直转向真正的政治一致的可能性。它正确地强调无须暴力就达到的政治上的一致和妥协的真实性取决于决策者的能力和他们达到一致和妥协的条件。因此，一般语用学理论提高了我们对于官僚制度的剥削和在现代状况下假交往的类型的认识。"② 因此，基恩在哈贝马斯的基础上提出了建构社会主义公共生活的理论。

在 1988 年出版的《民主与市民社会》一书中，基恩强调"多元的民主公共领域"的观念，提出要建构相对独立于国家的社会主义市民社会。他所谓的"社会主义市民社会"，又称之为"民主的市民社会"，具备下列特征：（1）有一个由多元化的公共领域构成的非国家领域，它包括生产单位、家庭、志愿性组织和社区服务组织，它们受到法律保障并实行自治。（2）它是平等和自由的复合体。基恩主张将国家和市民社会力量结合起来以最大限度地实现平等和自由。公民生产的产品应按多重分配正义标准分配，即以不同方式、出于不同理由对不同的人分配不同的商品，从而填平"富有"与"贫穷"阶层之间的鸿沟。决策权分散于国家和市民社会内部及彼此之间的众多机构之中，机构成员可以充分参与内部决策，这样才能最大限度地实现公民自由。（3）国家和市民社会/公共领域互相依存，互为对方民主化的条件。"国家和市民社会的分离必须成为充分民主的社会和政治秩序的一个永久的特征"③。这是因为，市民社会民主化离不开国家权力的支持和保障。多元化、决策分散、团体自主有可能形成

---

① ［英］约翰·基恩：《公共生活与晚期资本主义》，马音等译，社会科学文献出版社 1999 年版，第 224 页。

② 同上书，第 239 页。

③ John Keane, *Democracy and Civil Society*, London：Verso, 1988, p. 15.

无政府状态，这就需要有集中的计划和协调，利益冲突也需加以调停；政治民主化也有赖于来自市民社会的支持和推动。建立社会主义市民社会要求两个过程同时展开，即扩大社会的平等和自由、对国家机构进行民主改造，以及动员公民积极参与这两个过程，成为民主化取得成功的关键。可见，基恩是在哈贝马斯的基础上，从公共生活的角度提出社会主义的民主建设问题的。但是，关于社会主义如何民主化，基恩并未给出详细的路径。①

1989 年东欧事变后，公共领域在场的话语民主理论更是成为反思社会主义民主可能性的一个理论参照。作为当下具有重要影响的市民社会理论家，简·科恩（Jean L. Cohen）与安德鲁·阿拉托（Andrew Arato）以哈贝马斯的公共领域观念为基础，建立了自己的市民社会理论，并以此为基点考察了当代资本主义民主和社会主义民主的出路。②

综上所述，哈贝马斯公共领域在场的话语民主理论作为一种实践哲学，既是对思想史中民主理论的批判，也是对当今民主理论的回应，更是对当下现实的民主实践的诊断和期望。它既在一些基本观点上与马克思主义民主观相一致，并在一定程度上拓展了马克思主义民主观的视野，同时又在一定程度上背离了马克思主义民主观。尽管如此，公共领域在场的话语民主理论对晚期资本主义社会的民主问题进行了批判，有助于我们更清楚地认识资本主义民主，而且，作为一种西方马克思主义理论，它本身也对社会主义的民主问题进行了一定的剖析，这对于社会主义民主的理论和实践也具有重要的启发意义。也就是说，话语民主不仅是对资本主义民主政治的批判，而且它本身就是社会主义民主的某种展望。对于正在建设中的中国社会主义民主来说，这不失为一种重要的理论资源。

第三节　培育和谐公共领域，完善社会主义民主

随着我国社会结构的转型和市场经济体制的确立，具有中国特色的公

---

　　① 参见何增科《社会大转型与市民社会理论的复兴》，载《当代世界与社会主义》1997 年第 3 期。

　　② 关于哈贝马斯对他们的影响以及他们对哈贝马斯的批判，参见李佃来《公共领域与生活世界——哈贝马斯市民社会理论研究》第六章第二节"柯亨与阿拉托：生活世界之市民社会理论的再建构"，人民出版社 2006 年版。

共领域已经显现雏形。公共领域已经逐渐成为我国人民表达生活意愿、参与政治活动、维护公民权利和监督公共权力的有效路径。因此，培育和谐的公共领域对于完善社会主义民主具有重要的价值和意义。然而，中国的公共领域是如何形成的？它是否就是哈贝马斯等西方理论家所论述的公共领域？我们应当如何对待它？对于这些问题，本节将作出初步探讨。

一　中国特色公共领域的形成和特征

哈贝马斯的公共领域理论在中国引起了广泛讨论，以此为视角，人们开始反思中国是否存在过公共领域或市民社会，在当今改革开放的社会浪潮中是否可以"建构"有中国特色的公共领域。[①] 然而，"公共领域"概念是舶来品，它们的产生、发展和灭亡都取决于一定的生产方式和政治文化传统，并不以人们的主观意志为转移。因此，中国的公共领域既不是从西方照搬来的，也不是凭空创造的，而是在已有的社会生产方式和政治文化基础上形成的。一些理论家们已经证明，中国历史上曾经出现过公共领域[②]。所谓"曾经"有三层意思：第一，在中国特定的历史时期出现过公共领域；第二，由于某些原因，这些公共领域消失了；第三，中国现在没有公共领域。而我们认为，当今中国已经具备了公共领域形成的经济政治文化环境，具有中国特色的公共领域正在形成，它们具有自身的内涵和特征。

（一）中国特色公共领域的形成

社会结构的转型为公共领域的形成提供了前提。在改革开放之前，中国社会长期处于家国同构的结构之中，国家与社会高度一体化。由于长期受到封建政治文化的影响和冷战时期国际形势的逼迫，国家政治权力的合法性基础不是社会而是国家本身。国家高度垄断着社会资源和权力分配与运用，社会力量不仅在政治生活中的作用微乎其微，而且个人和社会群体

---

① 邓正来：《国家与市民社会》，中央编译出版社2002年版；彭立群：《公共领域与宽容》，社会科学文献出版社2008年版；杨仁忠：《公共领域论》，人民出版社2009年版。

② ［美］罗威廉：《晚清帝国的"市民社会"问题》，载邓正来《国家与市民社会》，中央编译出版社2002年版；黄宗智：《中国的"公共领域"与"市民社会"》，载邓正来《国家与市民社会》，中央编译出版社2002年版；许继霖：《近代中国的公共领域：形态、功能与自我理解——以上海为例》，载《史林》2003年第2期；许继霖：《中国早期现代化研究：中国早期现代化中的公共领域》，载《光明日报》2003年1月21日。

的社会生活都严格受制于国家权力，从而造成了强国家弱社会和社会依附于国家的状况。这种"国家—社会"的不对称格局使得民主政治缺乏坚实的社会根基，从而阻碍了社会主义民主建设的进程。然而，社会主义民主政治要求的恰好是强社会弱国家直至国家消失的社会结构，使人民能够自主地生活。这就是中国民主化之两难症结真正的根本要害之所在：国家与社会之间没有形成适宜的良性结构。

社会主义市场经济制度的建立为公共领域的孕育提供了适宜的土壤。改革开放以来，市场经济的发展导致了社会利益和价值的高度分化，新的社会群体、社会交往形式和社会矛盾不断出现。社会个人作为公民，其权利意识不断增强，其政治参与的热情已远远不满足于正式的程序性的投票选举，而是积极主动地参与各种相关的社会群体和公共空间，从而更直接、更广泛地表达和维护自主的社会生活。这样，公民的社会生活就远远地超出了家庭等私人领域，在私人生活与国家政治生活之间的社会公共生活开始丰富起来。与此相适应，各种社会团体或组织也雨后春笋般发展起来，从而开始形成了具有中国特色的公共领域。

有中国特色的传统文化为公共领域提供了意义源泉。任何一种公共领域，作为连接私人生活与公共权力的桥梁，需要生活世界为其提供丰富的意义资源，而有着辉煌灿烂历史的中国传统文化就为我国的公共领域的形成和功能发挥提供了源源不断的意义源泉。意义是公共领域的精气神，它决定了公共领域的动机和价值取向。而各种各样的传统文化所孕育出的正是各种意义与价值。比如儒家文化所孕育出的"士"的精神，即"自强不息，厚德载物"的进取精神、"国家兴亡，匹夫有责"的爱国精神、"舍生取义，杀身成仁"的献身精神、"为天地立心，为生民立命，为往圣继绝学，为万世开太平"的担当精神等，就为当今中国公共领域提供了意义支撑和不竭动力。实际上，各种形式的优秀传统文化都为公共领域提供了发展的空间和形式。比如，具有中国特色的戏剧、相声等曲艺就成为人们公共生活的重要形式，它们不仅蕴涵着丰富的意义和价值，而且以艺术的形式对社会生活和公共权力进行反思和批判。又比如有中国特色的茶文化中的茶馆就是中国公共领域的一种形式，品茶，论道，说天下，甚至可以说它形成了中国公共领域的一种典型形态。这些传统文化在现代社会中又被赋予了时代的内涵，成为现代公共领域的精神动力。

由上可知，现代化进程中的当今中国已经具备了形成公共领域的条件，只是这种公共领域并不雷同于哈贝马斯等人眼中的西方公共领域，而是有中国特色的公共领域，它必然具有中国特色的内涵和特征。

（二）中国特色公共领域的内涵和特征

中国特色的公共领域是指在国家公共权力和市场机制的直接作用之外，在各种社会领域出现的以中国特色的社会文化为背景、以特定的社会公共问题为主题、以自主自律的公众为主体、以主体间的自由交往为表现形式、以特定制度为规范、以维护或实现特定利益和价值为目标的社会组织形式。根据其内容的差别，可以将中国特色的公共领域分为经济公共领域、政治公共领域和文化公共领域。经济公共领域是以一定的经济额度为准入标准、以工商管理或其他经济活动为表现形式、以经济利益为目标的民间工商组织，比如商会。经济公共领域已经成为中国经济活动中的重要组织力量。政治公共领域则是以公共权力为对象，以监督、批判或掌握政治权力为目标的政治组织，比如政党。政治公共领域是中国公众直接进行政治参与、维护公众权益和监督公共权力的重要途径，对于中国的基层民主起着直接的带动作用。文化公共领域是以思想文化为内容、以书刊、剧场等传播媒介为载体、以文学等文化为表现形式的社会组织形式，比如具有中国特色的相声。文化公共领域已经成为中国公众表达生活意愿和监督公共权力的重要途径。

这些的公共领域之所以称之为中国特色的公共领域，是因为它们并不是理论上的公共领域的理想形态，而是在中国具体的历史的社会发展中孕育和产生出来的现实的公共领域，具有中国社会发展的特色，因而，与哈贝马斯等西方理论家根据西方的历史发展所描绘出来的"公共领域"具有重大差别。这些公共领域的中国特色主要表现在如下几个方面：首先，作为社会的一部分的公共领域仍然与国家公共权力有着千丝万缕的联系，在一定程度上受公共权力的制约。这是由中国尚处在社会结构的转型过程中和市场经济体制还不够完善的客观条件决定的。其次，中国的公共领域私人自主性较弱，而公共自主性较强。这是由于中国的公共领域往往是自上而下形成的，即在国家权力的导向下形成的，公众看问题的视角往往不是出于自身私人的生活，而是出于公共的生活，其价值主体往往不是作为个体的"我"，而是作为集体的"我们"。最后，中国的公共领域建立在有中国特色的政治文化基础之上，深深地打上了中国文化的烙印。

二　培育中国特色公共领域的路径

由上可知，中国的公共领域在当代中国特定的经济、政治和文化的土壤中已经生根发芽。既然这样，我们对于中国的公共领域问题的态度，就既不应直接从西方搬来，也不能随其自然而放任自流。作为客观的社会形态，公共领域具有自身的发生、发展和衰落的历史过程，因而还不可以依据某种模型来人为"建构"。人为"建构"的市民社会和公共领域是不可能具备其原生态的独立自主特征和公共批判功能的。那么，对待中国的公共领域应该采取什么态度呢？答案是"培育"的态度。所谓培育，那就是国家的法律或政府的政策以现有的公共领域发展的状况为基础，既要遵循市民社会/公共领域自身的发展规律，也要结合中国的国情和社会主义的发展要求，因势利导，为公共领域自身的发展和完善提供有利的环境和良好的条件，以促使它有效地实现其功能。

哈贝马斯等西方理论家提出的公共领域观念是针对资本主义的历史和现实而提出的，因此，培育中国的市民社会和公共领域也不能完全依循他们的观念。但是，正如黄宗智先生所指出的，"这并不意味着我们就不能从哈贝马斯的观点里深受教益"[1]。现有的资本主义市民社会和哈贝马斯的市民社会和公共领域观念，都可以成为培育中国和谐的市民社会和公共领域可资借鉴的资源。据此，本书认为，培育和谐的有中国特色的公共领域主要应从以下几个方面入手。

第一，培育和谐的公共领域应当以比较完善的社会主义市场经济体制和较强的生产力发展水平为基础。正如李铁映所说，"民主无论作为观念，还是作为制度，最终都是由经济基础和生产力发展水平所决定的"[2]，作为社会主义民主政治的一种机制，公共领域是由其经济基础和相应的生产力发展水平决定的。在《公共领域的结构转型》中，哈贝马斯说，资本主义生产方式和商品交换的发展促成了资产阶级公共领域的发生[3]。资

---

① 黄宗智：《中国的"公共领域"与"市民社会"》，载邓正来编著《国家与市民社会》，中央编译出版社 2002 年版，第 428 页。

② 李铁映：《论民主》，人民出版社 2001 年版，卷首语。

③ ［德］于尔根·哈贝马斯：《公共领域的结构转型》，曹卫东等译，学林出版社 1999 年版，第 14—25 页。

本主义的市场经济具有瓦解同质性、整体性社会，促使其分化、解体的内在力量。资本主义的自由交换，特别是重商主义的发展使得市民不仅摆脱了王公贵族和封建领主的统治，而且使得市民在"自由交往"的基础上形成了与国家公共权力相对的市民社会。但是，后来他将经济从市民社会排除出去，认为经济与政治共同结成了系统，这在一定程度上反映了垄断资本主义的社会现实。垄断资产阶级通过控制经济而控制了国家的政治权力，甚至全球的资产阶级联合起来，通过跨国公司等形式，将社会生产资料和相应的政治权力牢牢掌握在自己手中。但是，这种社会现实并不是由经济本身决定的，而是由资本主义的本性决定的。资本的本性在于增值，资产阶级的本性在于最大化攫取资本，而资本主义制度就在于保障资产阶级获取资本的利益。因此，资本主义民主的宗旨必然在于保障资产阶级攫取资本。人民的社会生活不但不是目的，就连人本身也成了生产的工具。这样，民主就失却了表达和维护社会生活的方向。因此，哈贝马斯认为，社会主义民主如果要实现其解放生活的兴趣，就必须抛却生产决定论，将社会解放的力量转移到社会文化上来。

以商品为细胞的市场经济及其社会化大生产真的与公共领域的民主生活相背离了吗？其实，社会主义的经济生产，尤其是市场经济的社会化大生产与民主的生活并不是相悖的。相反，中国的市民社会和公共领域正是在市场经济中萌芽的。市场经济加速了传统的整体性、同质性社会的解体，为市民社会的发育、发展创造了前提。市场经济塑造了有主体意识、自主意识、平等意识、自由意识、竞争意识的个人与团体，从而逐步形成并不断强化着市民社会的自主性品格。市场经济是市场主体平等进行交易的经济，它的前提条件之一是主体间地位和机会的平等，任何个人或企业既不享有任何行政宗法特权，也不依权力、地位形成某种等级差别。在进入市场参与经济活动时，每个市场主体都自主地进行判断，自由地进行选择，平等地进行交易，其行为不受他人强制，其选择的后果也要由自身承担。市场经济激活了人们对多样的利益和价值的追求，并为实现个人或团体的利益和价值提供了广阔的空间。① 因此，培育中国的社会主义市民社会和公共领域，不但不能把经济领域从市民社会排除出去，而且，还要进

---

① 蔡拓：《市场经济与市民社会》，载《天津社会科学》1997 年第 3 期。

一步发展市场经济，使之构成社会主义公共领域的坚实的基础。

第二，培育和谐的市民社会和公共领域要求以广大社会公众为主体。哈贝马斯对资本主义大生产的警示是有必要的，如何避免经济系统对民主生活的殖民？他认为，公众的主体地位需要得到保障，只有这样才能使得公众的意见具有公共性和批判性。资本主义的市民社会和公共领域之主体是市民阶层，即有财产、受过教育的公众。在他看来，那就是资产阶级。这个阶级既具有理想性，又具有普遍性，即它的民主意志代表了社会的整体意志。如果说在自由资本主义时期，公共领域的资产阶级以私人财产所有权获得了私人自律的基础，从而获得了参与公共领域的入场券，那么在福利国家资本主义时期，国家通过福利手段为所有公民获取了基本的私人财产，从而有资格进入公共领域。"当作为福利国家当事人的市民享有作为民主国家的公民赋予自身的地位保证时，这一衍生的私人自律就有可能成为原初私人自律的对等力量，后者建立在私人财产所有权的基础之上。"① 总之，哈贝马斯一以贯之的观点就是，进入公共领域的首要条件就是获得财产。只是在他看来，福利国家的公众的自律地位依赖于社会福利国家的保证，从而政治与经济结成系统，因而，依赖于系统的公众就容易受到来自于系统的操纵和控制。这样的公众必然失去批判的能力，他们组成的公共领域是失去权力的公共领域。

然而，在社会主义的中国，由于生产资料公有制占主体，公民不是以接受福利者的身份，而是以生产资料所有者的身份成为公众的。社会主义的本质在于人民生活的共同富裕，因而，从原则上讲，社会生活是社会主义国家权力的合法性来源。社会生活的主体——人民群众就是国家与社会的真正主体，对自身的社会生活应当具有自主的维护功能，对国家的公共权力应当具有一种自觉的参与和批判功能。

所以，群众路线一直是中国社会主义革命和建设的根本路线，人民群众的意见始终是国家权力的重要依据。但是需要注意的是，在中国，群众主要是作为生活的主体存在的，其目标不是政治权力，而是生活本身。因而，"群众"这一语词本身已经被消解了政治权力，总是游离于国家权力之外。这样，"群众"作为主人翁的政治参与和政治批判的功能容易被掩

---

① ［德］于尔根·哈贝马斯：《公共领域的结构转型》，曹卫东等译，学林出版社1999年版，"1990年版序言"，第13页。

盖起来。一旦如此，作为社会生活的主体与政治权力的主体就相互分离，从而不能完全履行自己表达生活和守卫生活的职责。而其后果则是群众变成被权力关怀和领导的对象，甚至演变成被操纵的大众。所以，中国公共领域的培育从逻辑上需要明晰群众的主体地位，即群众不能只是权力的客体，更应是权力的主体。一切权力都应来源于群众，权力的一切应是为了群众，群众的一切都应依靠自己。

第三，培育和谐的公共领域要求公众之间进行自主的公共交往。以社会公众为主体的中国公共领域，也要吸收资本主义公共领域的教训，防止遭受到政治和经济系统的操纵，从而丧失公共性和批判性。如何做到这一点呢？那就是公众之间必须进行自主的公共交往。一方面自主的公共交往区别于自主的私人交往。中国长期的家国同构为公私不分提供了温床。公共行为往往打上血缘亲情、地缘乡情等私人色彩，甚至公共权力本身成为一部分人实现私人利益的工具。而总是带有家族性或地缘性的私人行为却往往对个体性进行贬损或打压。这样，个人的生活往往既没有个体性，也没有公共性，而是具有族群性或地缘性。培育中国的市民社会和公共领域需要公众之间的行为公私分明。这就要求培养公众私人自律和公共自律的意识和能力，使他们在私人自律和公共自律的基础上进行自主交往。

另一方面，自主的公共交往还区别于受到操纵的公共交往。自新中国建立以后，中国政治一直以人民当家做主为目标，中国共产党一直以为人民服务为宗旨。也就是说，中国人民终于摆脱了被奴役受压迫的枷锁，在原则和形式上成为了自己的主人，这开辟了中国政治的新天地。但是，在相当长一段时期内，由于生产力低下和政治制度的不完善，公众的社会生活在很大程度上都依赖于国家公共权力的实质性计划，从生产、交换到消费，从日常生活到政治参与都在国家的严格计划之内。这种依赖在如下的条件下是必需的：在特殊历史环境中，公众作为社会生活的主体，还不能自主自律地表达和维护自我的社会生活，需要国家权力成为社会公众的核心。但是，国家的行为必须具有公共性，即公共权力要来源于人民，为了人民。如果超出了这个条件，公众已经能够自主地表达和维护自我的社会生活时，国家公共权力就不能再严格计划公众的生活，而是应充分地表达公众的意志，顺应公众的生活，维护公众的利益。公共领域作为社会生活的表达和维护的空间和机制，要求社会公众对社会生活有自觉的意识，并在与他人的交往中自由表达和维护生活的意志。当然，这种意志需要在与他者意志的理解和碰撞中交流、妥协，最终达成共识。因而，培育中国特色的市民社会和公共领域需要公共权力的相应调整，即从完全计划型的公共权力向表达维护型公共权力转化，即将公共权力对社会生活的计划限定在合适的范围内。否则，计划就变成了操纵。受到操纵的公共交往其实是部分人表达私人利益的舞台，也就是说，部分私人利益以公共交往中的公共利益的名义得以实现，腐败就是其典型的表现。

最后，培育和谐的公共领域需要以建制化的政治制度和法律制度作保障。中国的一切权力属于人民，一切法律都是由人民制定的，反映了人民的意志，因而人民的意志是中国公共权力唯一合法的基础。在这个意义上，作为表现和形成民众意志的公共领域是否完善影响到中国公共权力的合法性。同时，作为中国社会的一部分，公共领域不是处于真空地带，它必须受到现行法律的约束和保障。也就是说，公共领域中的公众行为必须受到法律的约束，公众的私人自主和公共自主在法律许可范围内得到保障。也只有在建制化的政治制度和法律制度的保障下，公共领域才能成为各方顺畅地发表意见的所在，才能成为社会共同参与和监督政治意志形成的公共空间。因而，我们要培育的公共领域，是与社会主义法制相适应，与社会主义公共权力和谐与共的公共领域。

综上所述，要进一步完善中国的社会主义民主，最关键之处是培育有中国特色的和谐公共领域，并使之与人民代表大会制度、以共产党领导的多党合作和政治协商制度相适应。而培育和谐的公共领域不能照搬西方市民社会或公共领域的模式，而是要建立在中国特殊的政治文化的基础上。鉴于此，社会主义的民主生活不仅仅体现在人民代表大会制度和政治协商制度之中，还需要体现为社会公众作为国家的主人对自我生活和公共生活的自觉自律的公共交往中。而这种自觉自律就要求：在人民代表大会制度和政治协商制度之外，社会公众自主地表达自我的生活意志，广泛地参与公共生活，积极地发表意见，并勇于监督公共权力的实施。

参考文献

一　中文文献

〔意〕托马斯·阿奎那：《阿奎那政治著作选》，马清槐译，商务印书馆 1982 年版。

〔美〕汉娜·阿伦特：《人的条件》，竺乾威译，上海人民出版社 1999 年版。

〔英〕安德鲁·埃德加：《关键概念》，杨礼银、朱松峰译，江苏人民出版社 2009 年版。

艾四林：《哈贝马斯》，湖南教育出版社 1999 年版。

艾四林、王贵贤、马超：《民主、正义与全球化》，北京大学出版社 2010 年版。

〔英〕奥斯维特：《哈贝马斯》，沈亚生译，黑龙江人民出版社 1999 年版。

〔美〕理查德·伯恩斯坦：《现代性/后现代性的比喻：哈贝马斯和德里达》，江洋编译，载《马克思主义与现实》2005 年第 6 期。

〔美〕博拉朵莉：《恐怖时代的哲学》，王志宏译，华夏出版社 2005 年版。

〔英〕卡尔·波普尔：《开放的社会及其敌人》，郑一明等译，中国社会科学出版社 1999 年版。

曹卫东：《交往理性与诗学话语》，天津社会科学院出版社 2001 年版。

曹卫东：《权力的他者》，上海教育出版社 2004 年版。

曹卫东：《老欧洲新欧洲》，华东师范大学出版社 2004 年版。

曹卫东：《曹卫东讲哈贝马斯》，北京大学出版社 2005 年版。

〔日〕川崎修：《阿伦特》，斯日译，河北教育出版社 2002 年版。

陈家刚：《协商民主》，生活·读书·新知三联书店 2004 年版。

陈学明：《哈贝马斯的"晚期资本主义"论述评》，重庆出版社 1994年版。

蔡拓：《市场经济与市民社会》，载《天津社会科学》1997 年第3 期。

［美］罗伯特·达尔：《论民主》，李柏光、林猛译，商务印书馆1999 年版。

［美］罗伯特·达尔：《多头政体》，谭君久、刘惠荣译，商务印书馆2003 年版。

［法］雅克·德里达：《马克思的幽灵》，何一译，中国人民大学出版社 1999 年版。

［法］雅克·德里达：《书写与差异》，张宁译，生活·读书·新知三联书店 2001 年版。

杜小真、张宁主编：《德里达中国讲演录》，中央编译出版社 2003年版。

邓正来：《国家与市民社会》，中央编译出版社 2002 年版。

［美］詹姆斯·费希金：《实现协商民主：虚拟和面对面的可能性》，劳洁摘译，载《浙江大学学报》2005 年第 5 期。

Bent Flyvbjery：《两种民主理论的述评》，韩旭译，载《政治学研究》2000 年第 4 期。

［法］米歇尔·福柯：《权力的眼睛：福柯访谈录》，严锋译，上海人民出版社 1997 年版。

［法］米歇尔·福柯：《必须保卫社会》，钱翰译，上海人民出版社1999 年版。

傅永军：《哈贝马斯晚期资本主义危机理论述评》，载《哲学研究》1999 年第 2 期。

傅永军：《批判的意义——马尔库塞、哈贝马斯文化与意识形态批判理论研究》，山东大学出版社 1997 年版。

高鸿钧：《商谈法哲学与民主法治国：〈在事实与规范之间〉阅读》，清华大学出版社 2007 年版。

［意］葛兰西：《狱中札记》，葆煦译，人民出版社 1983 年版。

中央编译局编译：《葛兰西文选》，人民出版社 1992 年版。

龚群：《当代西方道义论与功利主义研究》，中国人民大学出版社

2002 年版。

　　龚群:《道德乌托邦的重构》, 商务印书馆 2003 年版。

　　龚群:《生命与实践理性》, 中国社会科学出版社 2004 年版。

　　[德] 于尔根·哈贝马斯:《所谓今日之危机》, 载《哲学译丛》1981 年第 5 期。

　　[德] 于尔根·哈贝马斯:《交往与社会进化》, 张博树译, 重庆出版社 1989 年版。

　　[德] 于尔根·哈贝马斯:《生产力与交往》, 载《哲学译丛》1992 年第 6 期。

　　[德] 于尔根·哈贝马斯:《现代性的地平线》, 李安东、段怀清译, 上海人民出版社 1997 年版。

　　[德] 于尔根·哈贝马斯:《公共领域的结构转型》, 曹卫东等译, 学林出版社 1999 年版。

　　[德] 于尔根·哈贝马斯:《关于公共领域问题的答问》, 载《社会学研究》1999 年第 3 期。

　　[德] 于尔根·哈贝马斯:《作为"意识形态"的技术与科学》, 李黎、郭官义译, 学林出版社 1999 年版。

　　[德] 于尔根·哈贝马斯:《认识与兴趣》, 郭官义、李黎译, 学林出版社 1999 年版。

　　[德] 于尔根·哈贝马斯:《合法化危机》, 刘北成、曹卫东译, 上海人民出版社 2000 年版。

　　[德] 于尔根·哈贝马斯:《作为未来的过去》, 章国锋译, 浙江人民出版社 2001 年版。

　　[德] 于尔根·哈贝马斯:《后形而上学思想》, 曹卫东等译, 译林出版社 2001 年版。

　　[德] 于尔根·哈贝马斯:《包容他者》, 曹卫东译, 上海人民出版社 2002 年版。

　　[德] 于尔根·哈贝马斯:《后民族结构》, 曹卫东译, 上海人民出版社 2002 年版。

　　中国社会科学院哲学研究所编:《哈贝马斯在华演讲集》, 人民出版社 2002 年版。

　　[德] 于尔根·哈贝马斯:《在事实与规范之间》, 童世骏译, 生活·

读书·新知三联书店 2003 年版。

［德］于尔根·哈贝马斯：《交往行为理论》，曹卫东译，上海人民出版社 2004 年版。

［德］于尔根·哈贝马斯：《现代性的哲学话语》，曹卫东等译，译林出版社 2004 年版。

曹卫东编：《哈贝马斯精粹》，南京大学出版社 2004 年版。

［德］于尔根·哈贝马斯：《理论与实践》，郭官义、李黎译，社会科学文献出版社 2004 年版。

［德］于尔根·哈贝马斯：《对话伦理学与真理的问题》，沈清楷译，中国人民大学出版社 2005 年版。

［德］海德格尔：《存在与时间》，陈嘉映、王庆节译，生活·读书·新知三联书店 1999 年版。

韩震：《生成的存在》，北京师范大学出版社 1996 年版。

韩震：《重建理性主义信念》，北京出版社 1998 年版。

韩震：《历史哲学：关于历史性概念的哲学阐释》，云南人民出版社 2002 年版。

韩震：《作为社会妥协的程序机制的民主》，载《新视野》2004 年第 3 期。

韩震：《现代性、全球化及其认同问题》，载《新视野》2005 年第 5 期。

韩红：《交往的合理化与现代性的重建》，人民出版社 2005 年版。

何怀宏：《西方公民不服从的传统》，吉林人民出版社 2001 年版。

何怀宏：《公平的正义》，山东人民出版社 2002 年版。

何增科：《社会大转型与市民社会理论的复兴》，载《当代世界与社会主义》1997 年第 3 期。

贺翠香：《劳动·交往·实践》，中国社会科学出版社 2005 年版。

［美］戴维·赫尔德：《民主的模式》，燕继荣等译，中央编译出版社 2004 年版。

［德］德特勒夫·霍尔斯特：《哈贝马斯传》，章国锋译，东方出版社 2000 年版。

［德］阿克塞尔·霍耐特：《为承认而斗争》，胡继华译，上海人民出版社 2005 年版。

［德］霍克海默·阿多诺：《启蒙辩证法》，渠敬东、曹卫东译，上海人民出版社 2003 年版。

［德］黑格尔：《哲学史讲演录》，贺麟、王太庆译，商务印书馆 1959 年版。

［德］黑格尔：《法哲学原理》，范扬、张企泰译，商务印书馆 1961 年版。

［英］约翰·基恩：《公共生活与晚期资本主义》，马音等译，社会科学文献出版社 1999 年版。

焦文峰：《哈贝马斯的公共领域理论述评》，载《江苏社会科学》 2000 年第 4 期。

［法］让－马克·夸克：《合法性与政治》，佟心平、王远飞译，中央编译出版社 2002 年版。

李佃来：《葛兰西与当代市民社会理论传统》，载《学术月刊》 2004 年第 1 期。

李佃来：《哈贝马斯市民社会理论探讨》，载《哲学研究》 2004 年第 6 期。

李佃来：《公共领域与生活世界：哈贝马斯市民社会理论研究》，人民出版社 2006 年版。

李淑梅、马俊峰：《哈贝马斯以兴趣为导向的认识论》，中国社会科学出版社 2007 年版。

李铁映：《论民主》，人民出版社 2001 年版。

李忠尚：《第三条道路》，学苑出版社 1994 年版。

刘钢：《哈贝马斯与现代哲学的基本问题》，人民出版社 2008 年版。

刘建成：《第三种模式：哈贝马斯的话语政治理论研究》，中国社会科学出版社 2007 年版。

刘建明：《社会舆论原理》，华夏出版社 2002 年版。

卢梭：《社会契约论》，何兆武译，商务印书馆 2003 年版。

［美］理查德·罗蒂：《偶然、反讽和团结》，徐文瑞译，商务印书馆 2003 年版。

［美］约翰·罗尔斯：《正义论》，何怀宏等译，中国社会科学出版社 1988 年版。

［美］约翰·罗尔斯：《政治自由主义》，万俊人译，译林出版社

2000 年版。

　　[美] 约翰·罗尔斯：《政治自由主义：批评与辩护》，万俊人等译，广东人民出版社 2003 年版。

　　[美] 马尔库塞：《单向度的人》，刘继译，上海译文出版社 1989 年版。

　　[美] 马尔库塞：《现代文明与人的困境》，李小兵译，上海三联书店 1989 年版。

　　马克思：《1844 年经济学—哲学手稿》，人民出版社 2000 年版。

　　马克思、恩格斯：《德意志意识形态》（节选本），人民出版社 2003 年版。

　　《马克思恩格斯全集》第 1 卷，人民出版社 1956 年版。

　　《马克思恩格斯全集》第 3 卷，人民出版社 2002 年版。

　　《马克思恩格斯全集》第 4 卷，人民出版社 1995 年版。

　　《马克思恩格斯选集》第 1—4 卷，人民出版社 1995 年版。

　　慕毅飞：《民主恳谈：温岭人的创造》，中央编译出版社 2005 年版。

　　[美] 普特：《共和主义自由观对自由主义自由观》，刘宗坤译，载《二十一世纪评论》1999 年 8 月号。

　　盛晓明：《哈贝马斯的重构理论及其方法》，载《哲学研究》1999 年第 10 期。

　　盛晓明：《从公共性到主体间性——哈贝马斯的普遍语用学转向》，载《浙江学刊》1999 年第 5 期。

　　盛晓明：《从多元到一体：由哈贝马斯与罗尔斯的分歧谈起》，载《浙江学刊》2000 年第 6 期。

　　[德] 叔本华：《作为意志和表象的世界》，石冲白译，商务印书馆 1982 年版。

　　[英] 约翰·索利：《雅典的民主》，王琼淑译，上海译文出版社 2001 年版。

　　童世骏：《批判与实践——论哈贝马斯的批判理论》，生活·读书·新知三联书店 2007 年版。

　　[加] 查尔斯·泰勒：《自我的根源》，韩震等译，译林出版社 2001 年版。

　　汪晖、陈燕谷：《文化与公共性》，生活·读书·新知三联书店 1998

年版。

汪行福：《走出时代的困境》，上海社会科学院出版社 2000 年版。

汪行福：《通向话语民主之路》，四川人民出版社 2002 年版。

王凤才：《蔑视与反抗：霍耐特承认理论与法兰克福学派批判理论的"政治伦理转向"》，重庆出版社 2008 年版。

王晓升：《商谈道德与商议民主——哈贝马斯政治伦理学思想研究》，社会科学文献出版社 2011 年版。

王振林：《生产、语言与交往——马克思与哈贝马斯》，载《社会科学战线》1999 年第 4 期。

［法］让 - 皮埃尔·韦尔南：《希腊思想的起源》，秦海鹰译，生活·读书·新知三联书店 1997 年版。

［美］理查德·沃林：《存在的政治》，周宪、王志宏译，商务印书馆 2000 年版。

［德］格奥尔格·西美尔：《宗教社会学》，曹卫东译，上海人民出版社 2003 年版。

［美］熊彼特：《资本主义、社会主义与民主》，吴良健译，商务印书馆 1999 年版。

薛华：《哈贝马斯的商谈伦理学》，辽宁教育出版社 1988 年版。

［古希腊］亚里士多德：《尼各马可伦理学》，廖申白译，商务印书馆 2003 年版。

［古希腊］亚里士多德：《政治学》，颜一、秦典华译，中国人民大学出版社 2003 年版。

杨耕：《为马克思辩护》，北京师范大学出版社 2004 年版。

余灵灵：《哈贝马斯传》，河北人民出版社 1998 年版。

袁贵仁：《价值学引论》，北京师范大学出版社 1991 年版。

章国锋：《哈贝马斯访谈录》，载《外国文学评论》2000 年第 1 期。

章国锋：《关于一个公正世界的"乌托邦"构想》，山东人民出版社 2001 年版。

章国锋：《话语·权力·真理》，载《社会科学》2006 年第 2 期。

张翠：《民主理论的批判与重建：哈贝马斯政治哲学思想研究》，人民出版社 2011 年版。

张曙光：《生存哲学：走向本真的存在》，云南人民出版社 2001

年版。

张扬金：《权利观与权力观重塑：哈贝马斯的协商民主理论研究》，中国社会科学出版社 2012 年版。

郑永流：《商谈的再思——哈贝马斯〈在事实与规范之间〉导读》，法律出版社 2010 年版。

郑晓松：《技术与合理化——哈贝马斯技术哲学研究》，齐鲁书社 2007 年版。

郑召利：《哈贝马斯的交往行动理论》，复旦大学出版社 2002 年版。

朱勤军：《中国政治文明中的协商民主探析》，载《政治学研究》2004 年第 3 期。

二 外文文献

Habermas Jürgen, "Mit Heidegeer gegen Heidegger Denken. Zur Veröffentlichung von Vorlesungen aus dem Jahre 1935", *Frankfurter Allgemeine Zeitung*, 25 July.

Habermas Jürgen, Kultur und Kritik. Verstreute Aufsätze, Frankfurt: Suhrkamp, 1973.

Habermas Jürgen, Nachmetaphsisches Denken, Frankfurt: Suhrkamp, 1988.

Habermas Jürgen, Erläuterungen zur Diskursethik, Frankfurt: Suhrkamp, 1991.

Habermas Jürgen, *The Theory of Communicative Action*, Vol. 2, translated by Thomas McCarthy, Boston: Beacon, 1987.

Habermas Jürgen, *Philosophical-Political Profiles*, translated by Frederick G. Lawrence, Massachusetts: The MIT Press. 1988.

Habermas Jürgen, *The Structural Transformation of the Public Sphere: An Inquiry into a Category of Bourgeois Society*, trans. by Thomas Burger, Massachusetts: the MIT Press, 1989.

Habermas Jürgen, *The New Conservatism: Cultural Criticism and the Historians' Debate*, Ed. and trans. Shierry Weber Nicholsen, Cambridge, Mass: the MIT Press, 1989.

Habermas Jürgen, *Moral Consciousness and Communicative Action*, Trans.

Christian Lenhardt and Shierry Weber Nicholsen, Cambridge, Mass: The MIT Press. 1990.

Habermas Jürgen, *Justification and Application: Remarks on Discourse Ethics*, trans. by Ciaran Cronin Cambridge: MIT Press, 1993.

Habermas Jürgen, "Reconciliation through the Public use of Reason: Remarks on John Rawls's Political Liberalism", *The Journal of Philosophy*, No. 3, 1995.

Habermas Jürgen, *Between Facts and Norm: Contributions to a Discourse Theory of Law and Democracy*, Tr. by William Rehg, Cambridge: MIT Press, 1996.

Habermas Jürgen, *On the Pragmatics of Communication*, edited by Maeve Cooke, Cambridge, Mass. : MIT Press, c1998.

Habermas Jürgen, *The Liberating Power of Symbols : Philosophical Essays*, translated by Peter Dews. Cambridge, Mass. : MIT Press, 2001.

Habermas Jürgen, *On the Pragmatics of Social Interaction : Preliminary Studies in the Theory of Communicative Action*, Translated by Barbara Fultner. Cambridge, Mass. : Polity Press, c2001.

Habermas Jürgen, *Religion and Rationality : Essays on Reason*, God and Modernity, edited and with introduction by Eduardo Mendieta. Oxford : Polity, 2002.

Habermas Jürgen, *The Future of Human Nature*, Cambridge, UK : Polity, 2003.

Habermas Jürgen, *Truth and Justification*, Cambridge, Mass. Polity Press, 2003

Habermas Jürgen, *The Divided West*, edited and translated by Ciaran Cronin, Cambridge; Malden, MA: Polity, c2006.

Habermas Jürgen, *Time of transitions*, edited and translated by Ciaran Cronin, Cambridge; Malden, MA: Polity, 2006.

Habermas Jürgen, *Europe: The Faltering Project*, *Selections*, translated by Ciaran Cronin, Cambridge; Malden, MA: Polity, c2009.

Habermas Jürgen, *An Awareness of What is Missing: Faith and Reason in a Post-secular Age*, Cambridge, U. K. ; Malden, Mass. : Polity Press, 2010.

Arendt, Hannah, *Essays in Understanding*: 1930 – 1954. New York. Harcourt Brace, 1994.

Bernstein, Richard J. , *Habermas and Modernity*, Cambridge, Mass. : Polity Press, 1985.

Calhoun, Graig, *Habermas and the Public Sphere*, Massachusetts: the MIT Press, 1992.

Cohen, Jean, "Discourse Ethics and Civil Society", *Philosopliv and Social Giticisne*, No. 14, 1988.

Cohen, Jean, L. , Arato, Andrew, *Civil Society and Political Theory*, Massachusetts: The MIT Press, 1992.

Crossley, Nick and Roberts, John Michael, *After Habermas*: *New Perspectives on the Public Sphere*, Oxford: Blackwell Publishing, 2004.

Dryzek, John S. , *Deliberative Democracy and beyond*: *Liberals*, *Critics*, *Contestations*, Oxford: University Press, 2002.

Elster, John, *Deliberative Democracy*. Cambridge University Press, 1998.

Eriksen, Erik Oddvar. *Understandiing Habermas Communicative Action and Deliberate Democracy*, Continuum International Publishing Group-Academi, 2004.

Foucault, Michel, *Death and the Labyrinth*, translated by C. Ruas, the Athlone Press, 1987.

Goode, Luke, *Jürgen Habermas Democracy and the Public Sphere*, London; Ann Arbor, MI: Pluto Press, c2005.

Holub, Robert C. , *Jürgen Habermas*: *Critic in the Public Sphere*, London: Routledge, 1991.

Keane, John, *Democracy and Civil Society*, London: Verso, 1988.

Matustik, Martin Beck, *Jürgen Habermas*: *A Philosophical-Political Profile*, Maryland: Rowman & Littlefield Publishers, Inc, 2001.

McCarthy, Thomas, *The Critical Theory of Jürgen Habermas*, Oxford: Polity Press, 1984.

Rosenfeld, Michel and Arato, Andrew, *Habermas on Law and Democracy*, California: University of California Press, 1998.

Habermas and Pragmatism, edited by Mitchell Aboulafia, Myra Bookman and Catherine Kemp, London and New York: Routledge, 2002

Hedrick, Todd, *Rawls and Habermas: Reason, Pluralism, and the Claims of Political Philosophy*, Stanford University Press, 2010.

Finlayson, James Gordon, *Habermas and Rawls: Disputing the Political*, Rouledge, 2011.

后　记

本书是在我的博士论文基础上修改而成的。回首攻读博士学位那三年宝贵的光阴，深感惭愧与无奈，因为尽管我为之竭尽全力，但还是没有能利用它写好博士论文，因而留下许多需要进一步研讨的问题。然而，更为惭愧的是，博士毕业至今已六年有余，这些问题却并没有彻底解决，并且随着研究的深入，问题彰显得更突出，甚至其中的问题已经远远超出了我的能力范围。这也是迟迟不出版的原因之一。

民主是我中学以来思考的一个重要问题，并在生活中力图去探索和实现民主的价值。因而，民主早已成为我的存在意义之一。我理解的民主不只是宏大叙事中的"高层设计"或国家制度，更是微观生活的生存方式。它不是为了其他目的的手段，而就是自身。它不是修饰语，而就是主语。对我而言，民主地生活成为我的人生要义，准确地说，就是做积极公民。

我对民主的理解在哈贝马斯公共领域在场的话语民主理论中找到了共鸣。《公共领域的结构转型》是我接触哈贝马斯的第一部著作，也是印象最深刻的著作。其中对公共领域的阐释不仅激发了我对民主的理性思考，更从理论层面为我奠定了做积极公民的基石。我力求准确地把握哈贝马斯的思想，从公共领域的角度将其话语民主理论通过恰当的语词展现出来。因此，在写作过程中，我总是小心翼翼，诚惶诚恐，不敢有半句妄断。尽管如此，在这冗长的论述中，恐怕仍然有力不从心的臆想之处，还请读者指正。

虽然不敢说这篇论文是最终的成果，但是，达到现在的程度，也花费了众多师友、亲人和我自己不少的心血，在此要对帮助和关心我的人一并表示感谢！

与恩师韩震先生的三年师生缘分让我明白，成为一名韩门弟子是一种福气！先生把指导学生作为自己事业的重要部分来看待。不管什么时候，不管在哪里，对于学生的问题从不推托，总是尽力解决。在博士论文的写作过程中我对此更是深有体会。从题目的厘定到提纲的提炼，再到最终的定稿，可以说字里行间都凝结了先生的许多心血。在此用一个"谢"字根本不能回报他的恩情，那需要用一生去铭记和报答！同时感谢北京师范大学的老师们，尤其是尊敬的袁贵仁教授、杨耕教授、张曙光教授、刘孝廷教授、崔新建教授、王成兵教授、朱红文教授、曹卫东教授、吴向东教授、沈湘平教授、程光泉教授、兰久富博士、李晓东师兄和吴玉军师兄，他们的思想以及在我的博士论文开题和答辩时提出的宝贵意见或建议使我受益匪浅，并促进了本书的顺利完成。

感谢我的博士后合作导师武汉大学哲学学院的汪信砚教授，在他的指导下，我对哈贝马斯的认识论思想进行了尝试性研究，并完成了博士后报告《哈贝马斯的话语认识论研究》。他还长期关注本书的出版事宜，并提出了良好的建议。感谢中南财经政法大学哲学院王雨辰教授，他在西方马克思主义方面的研究成果总是给予我许多启发，他也一直关心本书的出版。在此特别感谢汪老师和王老师对我的工作和家庭的关心和支持，正是得益于他们的热情帮助，我才能顺利地扎根武汉！

感谢我的硕士导师山东省委宣传部张全新教授，以及山东省社会科学院韩民青研究员、山东师范大学崔永杰教授、万光侠教授和宋惠芳教授，硕士毕业后，他们仍然给予了我许多关心、帮助和指导。

感谢同门林少敏、李荣和孙宇鹏三位师兄，室友王聿、姜爱华两位师姐，好友陆丽琼博士以及西南师范大学的毛兴贵老师，他们在平时的学习与交流中给予我许多启发，在生活中给予我许多帮助。感谢同门陈高华师弟和清华大学的王贵贤师妹，他们对书稿的修改提出了宝贵的建议。

感谢我的爱人朱松峰。他在紧张学习的同时总是给予我鼓励和支持。对于这篇论文，他不仅给我提供了大量资料，而且提出了宝贵的建议。有了他的相伴，我的人生路走得更坚定，更从容。感谢我的家人，他们时时的关心和支持给我营建了心灵最安稳的港湾！

最后，我要特别感谢武汉大学马克思主义学院的领导和同事们！他们对我等年轻人的培养和重视每每令我感动，对本书的出版从精神和物质方面都给予了大力支持！同时感谢中国社会科学出版社的田文老师，为本书花费了大量精力，并最终促成其出版。

杨礼银
2012 年 10 月于武汉大学

武汉大学马克思主义理论系列学术丛书

第一批

《知识经济与马克思主义劳动价值论》 / 曹亚雄著

《列宁的马克思主义理论教育思想研究》 / 孙来斌著

《中国共产党的价值观研究》 / 李斌雄著

《思想政治教育价值论》 / 项久雨著

《现代德育课程论》 / 佘双好著

《建国后中国共产党政党外交理论研究》 / 许月梅著

第二批

《马克思主义经济理论中国化基本问题》 / 孙居涛著

《新中国成立以来中国共产党思想理论教育历史研究》 / 石云霞著

《马克思主义中国化史》 / 梅荣政主编

《中国古代德育思想史论》 / 黄钊著

第三批

《马克思主义与中国实际"第二次结合"的开篇
（1949—1966 年）研究》 / 张乾元著

《从十六大到十七大：马克思主义基本原理在当代
中国的运用和发展》 / 袁银传著

《邓小平社会主义观再探》 / 杨军著

《"三个代表"思想源流和理论创新》 / 丁俊萍著

《当代中国共产党人的发展观研究》 / 金伟著

《中国共产党的历史方位与党的先进性建设研究》 / 吴向伟著

《思想政治教育发生论》 / 杨威著

《思想政治教育内容结构论》 / 熊建生著

《青少年思想道德现状及健全措施研究》 / 佘双好著

《走向信仰间的和谐》 / 杨乐强著

第四批

《马克思主义理论教育思想发展史研究》 / 石云霞主编

《中国社会正义论》 / 周志刚著

《先秦平民阶层的道德理想——墨家伦理研究》 / 杨建兵著

《中共高校党建作用研究（1921—1949）》 / 李向勇著

《〈共产党宣言〉国际战略思想研究》 / 向德忠著

《和谐思维论》 / 左亚文著

《党的重要人物与早期马克思主义中国化》 / 宋镜明 吴向伟著

第五批

《科学发展观视野下的当代中国经济追赶战略》 / 孙来斌主编

《高校思想政治理论课程的国际视野》 / 倪愫襄主编

《自由职业者群体与新时期统一战线工作研究》 / 卢勇著

《共产国际与广州国民政府关系史》 / 罗重一主编

《哈贝马斯的话语民主理论研究——以公共领域为视点》 / 杨礼银著

《马克思主义与社会科学方法论集》 / 黄瑞祺著